김포는 포구로 둘러싸인 반도이다. 교하와 염하 사이에
20개가 넘는 크고 작은 포구가 있었다. 어선과 조운선,
강화와 개풍, 파주를 오가는 나룻배들로 포구는 늘
북적거렸다. 조강 연안은 고려시대 이래 전국 각지로부터
도읍을 오가는 수많은 선박들로 번성한 것이다.

교하와
염하 사이

한강 하구 조강 이야기

교하와
염하 사이

초판 1쇄 인쇄 · 2025년 6월 5일
초판 1쇄 발행 · 2025년 6월 10일

지은이 · 윤기묵
펴낸이 · 한봉숙
펴낸곳 · 푸른사상사

주간 · 맹문재 | 편집 · 지순이 | 교정 · 김수란, 노현정 | 마케팅 · 한정규
등록 · 1999년 7월 8일 제2-2876호
주소 · 경기도 파주시 회동길 337-16 푸른사상사
전화 · 031) 955-9111(2) | 팩스 · 031) 955-9114
이메일 · prun21c@hanmail.net
홈페이지 · http://www.prun21c.com

ⓒ 윤기묵, 2025

ISBN 979-11-308-2278-5　03910
값 22,000원

푸른사상
산문선
58

한강 하구 조강 이야기

교하와
염하 사이

윤 기 묵
역사에세이

푸른사상
PRUNSASANG

한강에서 가장 큰 물길, 조강

한강은 큰 강이다. 무려 920개의 하천이 굽이굽이 흘러 원시의 기억
과 세월의 흔적을 이 강물에 보탠다. 소양강, 임진강 등 국가하천 19개
와 홍천강, 평창강 등 지방 1급 하천 15개, 그리고 내린천, 오대천, 탄
천 등 지방 2급 하천 886개가 모이고 모여서 한강을 이룬다.

한강이라는 이름은 백제인들이 불렀다는 '한수(漢水)'에서 비롯되었
다. '한'은 '크다' 또는 '우두머리'를 뜻하는 우리말이다. 그러므로 한수
에서 '한'을 음차한 한강은 곧 '큰 강'을 의미했다. '욱리하(郁里河)'라 불
렀다는 기록도 있는데 규모가 압도적이라는 뜻의 우리말 '으리'를 한자
에서 음차하다 보니 '욱리'로 표기하지 않았나 생각된다.

고구려인들은 한강을 '아리수(阿利水)'라 불렀다. '아리'는 '멀다 또는
길다'라는 뜻의 우리말이다. 고구려의 주무대가 요동이었음을 감안하
면 아리수는 '먼 강' 또는 '긴 강'이라는 뜻으로 사용한 것으로 보인다.
그렇다면 한강은 강 이름을 나타내는 고유명사라기보다 크기나 위치
를 나타내는 부사적 의미로 사용되었을 가능성이 더 크다 하겠다.

그래서일까? 강 전체를 한강이라 부르면서도 지역(나루)마다 부르는

이름이 달랐다. 예컨대 한강의 상류인 정선에서는 조양강(朝陽江) 또는 동강(桐江)이라 불렀고 중류인 여주에서는 여강(麗江)이라 불렸으며 서울에서는 경강(京江)이라 불렀다. 또 하류인 김포에서는 조강(祖江)이라 불렀는데 이렇게 불러야 한강의 어느 위치를 지칭하는지 알 수 있었다.

특히 교하(交河)와 염하(鹽河)가 흐르는 조강의 위상은 독특했다. 교하는 한강과 임진강이 합류하는 지점의 강을 말하며 염하는 소금강이라는 뜻을 가진 김포와 강화 사이의 해협을 말한다. 여기에 예성강이 합류하여 강인지 바다인지 모를 교동도 앞 말도(唜島)까지의 강을 조강이라 했으니 조강이야말로 한강 중에서도 가장 '큰 강'이 아닐 수 없다.

더군다나 이 강의 물길로 한성 백제의 수도 위례성, 고려의 수도 개경, 그리고 조선의 수도 한성이 연결되어 있었으니 이 강이 우리나라 역사 전개에 얼마나 중요한 역할을 하였는지 충분히 예상할 수 있을 것이다.

중국 사람들은 하천의 이름을 크기와 위치에 따라 천(川), 강(江), 하(河)로 불렀다. 남쪽의 큰 하천을 일컫는 보통명사로 사용된 강이 '장강(長江)'이었고 북쪽의 하는 '황하(黃河)'였다. 우리나라에서 현재에도 하로 불리는 큰 하천은 교하와 염하가 유일하다. 이 강들을 품은 조강은 조하(祖河)를 뛰어넘어 조해(祖海)라 해도 부족함이 없는 강과 바다의 시원임에 틀림없다.

교하와 염하 사이에 김포가 있다. 백제와 고구려에서는 '검개' 또는 '검포(黔浦)'라 불렀다고 하는데 신라가 삼국을 통일한 후 경덕왕 16년(757)에 김포로 개명했다고 『삼국사기』 「지리지」는 전한다. 한자에서 음차한 '검'과 '금(김)'은 '곰'과 마찬가지로 '신(神)'을 뜻하는 우리말로 김포(검포)는 곧 '신령스러운 포구' 또는 '국가항구'라는 의미를 가지고 있다. 검포에서 유래한 검단과 검암 등의 지명이 김포 정명 1,268년(2025년 현재)이 지난 지금까지도 이 지역에 남아 역사성을 더한다.

또 한반도의 관문이라 하여 '혈구(穴口)' 또는 '갑구지(나루 입구)'라 불렸던 강화는 선사시대부터 삼국시대를 거쳐 고려, 조선과 근현대에 이르기까지 역사의 변곡점마다 빠지지 않고 등장하는 장소이다. 그래서 강화의 역사를 우리나라 역사의 축소판이라 부르는지도 모르겠다.

"한강 하구 조강 이야기"라는 부제가 붙은 『교하와 염하 사이』는 김포를 중심으로 조강이 시작되는 파주 교하에서 강화 말도까지 우리 산하가 들려주는 역사지리 이야기이다. 남북이 분단되면서 접경지역이 되어버린 탓에 접근이 쉽지 않고 그나마 남아 있던 유적들도 군사적 목적에 의해 훼손되어 안타까움을 더하고 있지만 그래도 이 지역은 우리 역사의 보고라 할 만큼 많은 이야기들을 품고 있다.

더욱이 조강은 분단된 우리나라에서 유일하게 남북이 공동으로 이용할 수 있는 수역과 정확하게 일치하는 곳이라서 '공유하고 공존하는 평화'의 산 교육장이 되기도 한다. 지금은 비록 군사분계선을 나타내는 부표만 강물 위에 떠다니고 있지만, 언젠가는 배를 띄워 조강을 건널 날이 꼭 오리라 믿어 의심치 않는다.

김포에서 25년을 살았지만 조강의 역사성을 잘 알지 못했다. 한강 하구라는 지명이 더 익숙했고 접경지역이라 금단의 땅으로만 알고 있었다. 파주 오두산 전망대에서 김포 문수산성에서 그리고 강화 연미정에서 그저 바라만 보았던 조강이었다. 1953년 체결된 정전협정에서 민용 선박의 자유 항행을 허용하였지만 지난 70년 동안 뱃길은 전혀 열

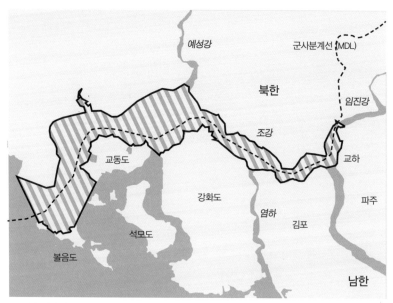

2018년 남북이 공동으로 이용하기로 합의한 한강 하구 수역(길이 70km, 면적 280km²). 조강 수역과 정확히 일치한다. 밀물 때는 염하와 한강이 조강에서 하나 되고 썰물 때는 임진강과 한강이 조강에서 하나 된다고 한다.

리지 않았다. 오히려 2,000년 역사의 포구가 제일 먼저 사라졌다.

그사이 김포는 서울과 인천에 많은 땅을 내어주고 팽창하는 도시의 변두리로 밀려났다. 개발은 제한되었고 출입은 통제되었다. 이러한 김포의 현실을 직시하고 미래의 희망을 옛 포구에서 찾으려는 노력이 있었다. 학술대회가 열렸고 보고서가 발간되었다. 통일한국이 도래하면 조강과 김포가 재차 한반도의 중심으로 부상할 것을 확신하는 듯했다. 담론의 확산이 필요했다. 졸렬한 필치나마 담론의 확대 재생산을 위해 이 글을 썼다.

프롤로그

차 례

차례

1부

조강물참

물골을 찾아서

백제의 건국신화

백제는 한반도에서 약 700여 년(BC 18~AD 660) 동안 존재했던 우리
나라 고대사 주역 중 하나다. 수많은 사실(史實)과 유적을 이 땅에 남겼
다. 다만 기록으로 남긴 사료가 많지 않아 건국시조와 왕실의 혈통, 건
국 도읍지 등 나라의 시원을 밝히는 데 어려움이 있었다. 지금까지 학
계의 주류라 할 만한 정설도 딱히 없는 듯하다.

백제의 건국신화는 『삼국사기』(1145), 『삼국유사』(1281) 등의 국내 사
료와 중국의 사서 『수서』(636)와 『북사』(659) 그리고 일본의 사서 『속일본
기』(797)에 각각 실려 있다. 국내 사서에서는 '온조(溫祚)' 또는 '비류(沸
流)'를 시조로 기록하였고 중국 사서에서는 '구태(仇台)'를, 일본 사서에
서는 '도모(都慕)'를 건국 시조로 묘사하였다.

『삼국사기』 권23 「백제본기」 시조 온조왕조에는 백제의 건국신화
를 기록한 본문과 주석이 실려 있다. 그런데 본문과 주석의 내용이 서

로 달라 어느 신화가 사실에 더 부합하는지 학자마다 주장과 의견이 분분하였다. 역사는 사실을 다루는 학문이자 동시에 사실에 대한 해석의 학문이므로 불분명한 사료를 대신하여 다양한 해석과 의견이 존재해 왔다. 그럼 본문과 주석이 어떻게 다른지 그 내용을 살펴보자.

본문에서는 백제의 시조는 온조이며 고구려를 건국한 추모왕(주몽)의 셋째 아들이라고 기술되어 있다. 추모왕이 북부여에 있을 때 이미 결혼하여 아들이 있었는데 졸본부여로 망명한 뒤 다시 졸본부여의 공주와 결혼하여 비류와 온조 두 아들을 두었다는 것이다. 그런데 추모왕이 고구려를 건국하자 북부여에서 낳은 아들이 찾아와 태자가 되었고 비류와 온조는 태자로부터 해를 입을까 두려워 남쪽으로 내려와 온조가 하남위례성에 나라를 세우니 그 나라가 백제라는 것이다.

주석에서는 백제의 시조는 비류이며 부여왕 해부루의 서손인 우태와 졸본부여 출신의 소서노 사이에서 태어난 두 아들 중 큰 아들이라고 기술되어 있다. 작은아들은 온조이다. 우태가 죽자 과부가 된 소서노는 부여에서 도망온 주몽을 도와 고구려를 건국하는 데 일조하여 마침내 왕비가 되었으나 주몽이 부여에 있을 때 결혼하여 낳은 아들이 와서 태자가 되자 비류가 모친과 아우와 함께 패수와 대수 두 강을 건너 미추홀에 나라를 세우니 그 나라가 백제라는 것이다.

언뜻 보면 본문과 주석의 내용이 비슷해 보이지만 거기엔 공통점과 분명한 차이점이 있다. 공통점은 비류와 온조가 같은 혈통의 형제이고 그들의 어머니가 고구려 건국시조인 추모왕의 부인이었다는 점이며, 차이점은 본문에서는 그들의 아버지가 고구려의 추모왕이고 어머니는 졸본부여의 공주라 했으나 주석에서는 그들의 아버지가 부여의 우태이고 어머니는 졸본부여의 소서노라 했다는 점이다. 또 본문에서는 온조가 하남위례성에 나라를 세웠다고 했는데 주석에서는 비류가 미추홀에 나라를 세웠다고 했다.

그렇다면 왜 이처럼 서로 다른 내용의 신화가 본문과 주석으로 나뉘어 『삼국사기』「백제본기」 시조 온조왕조에 함께 수록되어 있는 것일까? 이에 대해 윤내현 교수는 『한국열국사연구』「백제의 건국과 성장」에서 "백제의 건국시조를 온조 또는 비류로 보는 두 종류의 신화가 오랫동안 전해져 내려왔는데 『삼국사기』 편찬자가 어느 것이 옳은 것인지 판단할 수 없어서 두 전설을 모두 수록한 것 같다"는 의견을 피력하였다.

한편 두 신화는 시조의 부모가 누구인지 명확하게 밝힘으로써 백제 왕실의 혈통을 직접적으로 언급하고 있다. 즉 본문의 신화를 따르면 백제의 왕실은 고구려계가 되는 것이고 주석의 신화를 따르면 부여계가 되는 것이다.

왕실의 혈통을 언급한 『삼국사기』의 다른 기록들을 보면, 「백제본기」 시조 온조왕조에 "그 세계(世系)가 고구려와 더불어 부여에서 함께 나왔기 때문에 부여로써 성씨를 삼았다"고 하여 백제 왕실의 성씨는 부여였다고 말하고 있다. 성씨는 곧 혈통을 나타내는 것이므로 백제의 혈통은 부여계 혈통임을 알 수 있다.

또 「백제본기」 권26 성왕조에 "봄에 도읍을 사비성으로 옮기고 국호를 남부여라 했다"고 하여 나라 이름을 남부여로 고친 사실을 말하고 있다. 나라 이름까지 부여로 고친 것을 보면 백제 왕실은 부여계로 시작된 것이 확실해 보인다.

이렇듯 부여계 혈통임을 나타내는 이름이나 상징이 보인다는 점에서 많은 학자들이 백제 왕실은 고구려계가 아니라 부여계일 가능성이 더 높다고 주장하였다. 그러자 백제의 시조는 온조보다는 비류가 더 유력하며 백제의 첫 도읍지 또한 하남위례성보다는 미추홀로 비정하는 것이 더 타당하다는 의견이 많았다.

『삼국사기』보다 136년 후에 편찬된『삼국유사』에서는『삼국사기』 본문을 인용하여 백제의 시조를 온조라 하였고 온조와 비류를 추모왕의 아들이라 하였는데 "그 세계는 고구려와 마찬가지로 부여에서 나왔으므로 해(解)로써 성씨를 삼았다"고 하여『삼국사기』에서 '부여씨'로 기록된 성씨를 '해씨'로 바꾸었다.

'해씨'는 해모수 신화에서 보듯 '부여씨' 또는 '고씨'의 원형이다. 백제는 부여씨를 취하였고 고구려는 고씨를 취하였다. 그러면서 "성왕 때에 이르러 도읍을 사비로 옮기니 지금의 부여군이다"라고 부기하고 "미추홀은 인주(仁州)이고, 위례는 지금(今)의 직산(稷山)이다"라는 주석을 달아놓았다.

백제의 건국신화 중 가장 오래된 기록인 중국 사서『수서』와『북사』에는『삼국사기』와는 전혀 다른 내용이 수록되어 있다.『수서』「동이열전」에 비해 더 부연된 백제의 건국신화가 전해지고 있는『북서』「열전」의 내용은 다음과 같다.

백제국은 그 선대가 대체로 마한의 족속이며, 색리국에서 나왔다. 그 왕이 출행 중에 시녀가 후궁에서 임신을 했다. 왕은 환궁하여 그녀를 죽이려 하였다. 시녀는 "앞서 하늘에서 큰 달걀만 한 기운이 내려오는 것을 보았는데, 거기에 감응하여 임신했습니다"라고 아뢰었다. 왕은 그 시비를 살려주었다. 뒷날 아들을 낳으매, 왕이 그 아이를 돼지우리에 버렸으나, 돼지가 입김을 불어넣어 죽지 않았다. 뒤에 마구간에 옮겨놓았지만, 말 역시 그와 같이 하였다. 왕은 이를 신령스럽게 여겨 그 아이를 기르도록 명하고, 이름을 동명(東明)이라 하였다. 장성하면서 활을 잘 쏘자, 왕은 그의 용맹스러움을 꺼려, 또다시 죽이려고 하였다. 동명이 이에 도망하여 남쪽의 엄체수에 이르러, 활로 물을 치니 물고기와 자라들이 모두 다리를 만들어주었다. 동명은 그것을 딛고 물을 건너 부여에 이르러 왕이 되었다. 동명의 후손에 구태(仇台)라는 자가 있어 매우 어질고 신의가 두터웠다. 그가 대방의 옛 땅에 처음 나라를 세웠다. 한(漢)의 요동 태수 공손탁이 딸을 주어 아내로 삼게 하였다. 나라가 점점 번창하여 동이 중에서 강국이 되었다. 당초에 백가(百家)가 바다를 건너왔다고 해서 백제(百濟)라고 불렀다.

두 사서에 실려 있는 백제 건국신화는 먼저 부여의 시조인 '동명신화'를 언급한 다음 동명의 후손인 구태가 대방의 옛 땅에 백제를 세웠다는 내용을 담고 있다. 동명신화는 지금부터 약 2,000년 전인 후한 시대 왕충이 지은 『논형』(90) 「길험편」에 실려 있는데 『수서』와 『북사』 편찬자들이 『논형』의 이 기사를 기반으로 부여라는 나라에서 백제가 파생된 것으로 본 것이다.

북쪽 오랑캐 탁리국 왕의 시녀가 임신하였다. 그래서 왕이 그녀를 죽이고자 하였다. 시녀가 말하기를 "달걀 같은 기운이 하늘로부터 저에게 내려와 임신을 하게 되었습니다"라고 하였다. 그 후에 아들을 낳았는데, 왕이 돼지우리에 버렸으나 돼지들이 입김을 불어주어 죽

물골을 찾아서

지 않았다. 다시 마구간으로 옮겨 말에 깔려 죽게 했으나, 말도 입김을 불어주어 죽지 않았다. 왕은 하늘의 아들이 아닐까 의심하여 어미에게 아이를 거두어 종처럼 천하게 기르도록 하였다. 이름을 동명(東明)이라 하고 말을 기르도록 명하였다. 동명은 활을 잘 쏘았는데, 왕은 동명에게 나라를 빼앗길까 두려워하여 그를 죽이고자 하였다. 동명이 달아나 남쪽으로 엄호수에 이르렀다. 활로 물을 치자, 물고기와 자라가 떠올라 다리를 만들었다. 동명이 건너자 물고기와 자라들이 이내 흩어져서, 쫓던 병사들은 건널 수가 없었다. 동명은 도읍을 정하고 부여의 왕이 되었다. 그런 까닭에 북쪽 오랑캐 땅에 부여국이 생겨났다.

부여의 건국과 관련된 이 동명신화는 3세기에 편찬된 진나라 진수의 『삼국지』 「위지동이전」 부여조와 5세기에 편찬된 범엽의 『후한서』 「동이열전」 부여조에도 실려 있다. 모두 『논형』의 기록을 기반으로 하여 작성된 것이다.

『논형』의 동명신화를 기반으로 만들어진 건국신화는 부여와 백제로 끝나지 않는다. 고구려 건국신화도 동명신화를 모티브로 했다. 먼저 고구려 건국신화로 가장 오래된 「광개토대왕비」(414)에 기록된 내용을 보자.

옛날에 시조 추모왕이 기틀을 열었다. 북부여에서 출자하였다. 천제의 아들이고, 어머니는 하백의 여랑이다. 알을 깨고 나왔다. 나면서 성스러웠다. □□□□□□ 명령하여 수레를 타고 남하하였다. 도중에 부여의 엄리대수를 만났다. 왕이 나루에 이르러 말하기를, 나는 "황천의 아들이요, 어머니는 하백의 딸인 추모왕이다. 나를 위하여 갈대를 이어주고, 거북은 물 위에 뜨라"고 하니, 소리에 응하여 곧 갈대가 이어지고 거북이 물에 떴다. 그런 뒤에 물을 건넜다. 비류곡의 홀본서성산 위에 도읍을 세웠다.

고구려의 건국신화가 제일 먼저 기록된 중국 사서는 6세기에 위수가 편찬한 『위서』의 「열전」이며 백제의 건국신화가 실려 있는 『수서』 「동이열전」에도 고구려의 건국신화가 실려 있다. 동명신화를 모티브로 하였지만 백제의 건국신화와 크게 다른 점은 난생신화가 삽입되었다는 점이다.

백제의 건국신화에서는 한 시비가 달걀 같은 물건이 내려와 임신을 하였고, 그렇게 하여 낳은 동명의 후손이 세운 나라가 백제였다는 것에 비해 고구려 건국신화에서는 수신의 딸 하백이 일광감응에 의해 알을 낳았는데, 그 알을 깨고 나온 주몽이 고구려를 세웠다는 것이다.

고구려의 선조는 부여에서 나왔다. 부여왕이 일찍이 하백의 딸을 붙잡아 방 안에 가두자 햇빛이 따라와 비추었는데, 거기에 감응하게 되어 알 한 개를 낳았다. 한 사내아기가 껍질을 깨뜨리고 나오니, 이름을 주몽이라 하였다. 부여의 신하들이 주몽은 사람의 소생이 아니라고 하여 모두 죽이자고 청했지만, 왕은 듣지 않았다. 그가 장성하여 수렵하는 데 따라가서 잡는 것이 가장 많으니, 또 그를 죽이자고 청하였다. 그 어머니가 주몽에게 이 사실을 알려주니, 주몽은 부여를 버리고 동남쪽으로 달아났다. 중도에 큰 강을 만났는데, 물이 깊어서 건널 수가 없었다. 주몽이 "나는 하백의 외손이고 태양의 아들이다. 이제 어려움을 당하여 추격하는 군사들이 곧 뒤쫓아오는데, 어떻게 하면 건널 수

물골을 찾아서

가 있겠는가?"라고 하였다. 이에 물고기와 자라들이 모여서 다리를 만들어주어, 주몽은 마침내 건넜으나, 추격하던 부여의 기병은 건너지 못하고 돌아갔다. 주몽이 나라를 세워, 스스로 국호를 고구려라 하고, 고를 성씨로 삼았다.

그럼 8세기에 편찬된 일본의 사서 『속일본기』에 실려 있는 백제의 건국시조 도모는 어떤 탄생신화를 가지고 있을까?

> 황태후의 그 백제 먼 조상이 도모왕인데, 그는 하백의 딸이 해의 정기에 감응하여 태어났다.

이 자료는 간무천황의 황태후인 다카노노니이카사 조상의 시조에 얽힌 이야기이다. 축약된 자료지만 백제의 먼 조상 도모왕의 탄생신화가 고구려 건국시조인 주몽의 탄생신화와 매우 유사한 모티브를 가지고 있음을 알게 해준다. 하백의 딸이 해의 정기를 받아 도모왕을 낳았다는 내용이 바로 그것이다. 이렇듯 백제의 건국신화는 『논형』의 동명신화를 기반으로 만들어진 부여와 고구려의 건국신화와 궤를 같이하고 있다.

백제의 분립

백제의 건국을 비롯하여 백제 역사 전반을 연구한 사학자들의 수많은 논문과 저서 중에 학계뿐만 아니라 일반 대중들로부터 큰 관심을 받은 역사평설이 있다. 재야 사학자 김성호 박사가 쓴 『중국진출 백제인의 해상활동 천오백년』이 그 책이다.

  그는 "역사란 새로운 사료라야 새로워지는 것이 아니라 새로운 해석으로도 새로워지는 것임을 알게 되었다"고 하면서 "알기 때문에 책을 쓰는 것이 아니라 궁금하고 모르는 것이 많아서 책을 쓴다"고 했다. 그의 지적 호기심과 진지한 역사 공부가 대중들로 하여금 사료에서 지워진 또 다른 백제를 만나게 해주고 있으니 독자로서 감사할 따름이다.

  김성호 박사 또한 백제의 건국신화를 기록한 『삼국사기』 권23 「백제본기」 시조 온조왕조의 본문과 주석 중 주석의 내용이 역사적 사실에 조금 더 부합한다고 보았다.

  그는 북부여에서 도망 온 주몽을 도와 고구려를 건국하는 데 일조하여 왕비가 된 소서노가 자신과 주몽 사이에서 태어난 아들 온조를 제쳐두고 전 남편(우태)의 자식인 비류를 태자로 삼으려 하자 이에 불만을 품은 주몽이 북부여에서 결혼하여 낳은 아들 유리를 데려다 왕위를 계승시킴으로써 소서노의 졸본부여 세력을 권력에서 배제시켰고 이에 신변의 위협을 느낀 소서노가 자신이 낳은 두 아들을 데리고 한반도 남쪽으로 망명한 것으로 해석했다.

  흥미로운 점은 비류와 온조가 동복형제라는 설정에는 변함이 없으나 『삼국사기』 본문에서는 둘 다 주몽의 자식이라 했고 주석에서는 둘 다 우태의 자식이라 했는데 김성호 박사는 두 사람의 어미가 소서노라는 전제하에 비류의 아비는 우태이고 온조의 아비는 주몽으로 아버지를 달리 해석했다는 점이다. 이러한 해석은 뒤에서 다시 언급하겠지만 「광개토대왕비」에 기록된 백제 남정(南征)의 내용을 이해하는 데 많은 도움을 준다.

물골을 찾아서

소서노와 비류, 온조 일행이 망명하여 처음 정착한 곳은 『수서』와 『북사』에 기록된 것처럼 대방국의 옛 땅인 황해도였다(BC 18). 예성강 중류 어디쯤으로 추정된다.

고조선 시대에 한반도에는 고조선의 거수국(渠帥國, 제후국)인 한국(韓國)이 있었다. 우리나라 국호인 대한민국의 어원이 되는 그 한국이다. 마한, 변한, 진한을 포함하고 있어 아직도 한국보다는 삼한이라고 부르는 사람들이 더 많다. 한민족에게 분열 의식을 심어주기 위해 일제가 부른 이름을 그대로 따라 부르고 있는 것이다.

고조선 시대에 한국의 강역은 오늘날 청천강을 북쪽 경계로 하여 한반도 남부 해안까지 미쳤다고 한다. 그러나 고조선이 붕괴되고 고조선의 거수국들이 독립하여 열국 시대가 시작되자 요서에 있는 나라들이 대거 요동과 한반도로 이동하였는데, 최씨낙랑국과 대방국은 한반도로 이동하여 한국의 강역 일부를 차지하였다.

최씨낙랑국은 오늘날 평양을 중심으로 평안도 지역에 정착하였고 대방국은 황해도 지역을 차지하였다. 그리하여 한국의 북쪽 경계는 멸악산맥과 예성강 유역으로 축소되었다. 소백산맥이 우리나라의 중부지방과 남부지방의 경계라면 멸악산맥은 북부지방과 중부지방의 경계이다.

대방국의 옛 땅에 정착한 소서노와 비류, 온조 일행은 최씨낙랑국과 우호 관계를 맺고 예족 토착세력인 말갈을 경계하며 나라의 기틀을 다져나갔다. 한국이 이들의 정착을 허락한 것은 최씨낙랑국과 말갈의 위협을 막아내는 완충지대 역할을 기대했기 때문이다.

그러나 성을 쌓고 목책을 세우는 문제로 최씨낙랑국과 갈등하다 결국 우호관계가 깨지자(BC 10), 최씨낙랑국의 사주를 받은 말갈의 공격을 피해 패수(예성강)와 대수(조강) 두 강을 건너 미추홀에 상륙하였다(BC 9). 그리고 새로운 정착지를 찾아 안성천이 시작되는 한산 부아악(광주 용인)에 오른 두 형제는 안성천 중류와 하류 두 선택지를 두고 의견을 달리하였는데, 바다와 육지가 만나는 해빈(海濱)에 살기 원했던 비류는 당초 상륙했던 미추홀(아산 인주)로 되돌아가고, 온조는 안성천의 조차(밀물과 썰물 때의 수위차) 한계지점인 직산(천안 입장)에 정착하였다.

안성천은 우리나라에서 조차가 큰 곳으로 평균 조차가 8.5미터에 달한다. 두 형제가 선택한 두 지역간의 거리는 직선거리로 대략 80리(약 30킬로미터)밖에 되지 않지만, 그들간의 심리적 거리는 이보다 훨씬 멀었던 모양이다. 마침내 백제는 비류백제와 온조백제로 분립하였다.

그런데『삼국사기』권23「백제본기」시조 온조왕조에는 "비류는 미추홀의 땅이 습하고 물이 짜서 편안히 살 수가 없었다. 위례성으로 돌아와서 보니, 도읍은 안정되고 백성들은 편안하고 태평하므로 마침내 부끄러워하고 후회하다가 죽었다"고 기록하여 마치 비류가 자신의 처지를 비관하여 자살한 것처럼 묘사하였다.

이후 비류는 백제의 역사에서 완전히 사라지고. 오늘날 전해지고 있는「백제본기」는 온조의 역사 즉 온조백제의 역사만 기록되어 있다. 온조백제에 의해 비류백제의 역사가 인멸되었을 것으로 김성호 박사는 추정하였다.

그러면서 그는『삼국사기』권23「백제본기」시조 온조왕조 곳곳에 비류백제의 기록이 편입되어 있다고 주장했다. 예컨대 "온조 27년(9) 4월에 차령 남쪽 웅진(공주)에 도읍하고 있던 마한을 드디어 멸하고 9년

물골을 찾아서

뒤인 온조 36년(18)에 다시 고사부리성(웅진)을 축조한 것으로 되어 있다. 그러나 온조백제가 차령 이남으로 남하한 것은 400여 년 후의 일로 소서노의 죽음과 관련하여 한강 유역으로 옮겨간 온조가 그 직후에 웅진으로 남하했다는 것은 있을 수 없는 일이다"며 이 기사들이 비류백제의 기록임을 분명해하였다. 왜냐하면 서기 18년을 기하여 비류백제는 미추홀에서 차령산맥을 넘어 금강 중류의 웅진(공주)로 천도했기 때문이다.

내가 보기에는 BC 2년 사당을 세우고 국모에게 제사를 지냈다는 기사와 AD 8년 마한을 병합할 계획을 세우고 기습하여 병합한 기사 그리고 AD 9년 아산에 대두산성을 쌓았다는 기사와 AD 18년 탕정성(아산 읍내동산성)을 쌓았다는 기사, AD 25년 아산 벌판에서 5일 동안 사냥(군사훈련)을 했다는 기사 등도 미추홀(아산)과 웅진(공주)에 근거지를 마련한 비류백제의 기록으로 읽힌다.

『삼국사기』권23 「백제본기」 온조 13년(BC 6)에 소서노의 죽음과 관련된 기록이 있다. "봄 2월에 왕도의 늙은 할멈이 남자로 변하였고, 다섯 마리의 호랑이가 성 안으로 들어왔다", 이어서 "왕의 어머니가 돌아가셨는데 나이가 61세였다"라는 기사가 그것이다.

모종의 변고가 있었음을 은유적으로 표현한 이 기사는 도대체 무슨 사건을 암시하고 있는 것일까? 이에 대해 김성호 박사는 "추측건대 소서노가 형제간의 싸움을 종식시키기 위해 위례성에서 비류측과 내통하며 비류측의 공격을 유도하자 온조측 강경파가 소서노를 살해한 것 같다"고 해석했다.

이에 비류측의 반격을 우려한 온조측은 광주 하남으로 천도할 결심

했으며 마침내 이듬해인 BC 5년 직산에서 광주로 천도하여 한성백제 시대를 열었다는 것이다.

물골을 찾아서

미추홀은 우리나라 고대 지명 중 하슬라와 더불어 가장 널리 알려진 이름이다. 미추홀은 인천을, 하슬라는 강릉을 가리킨다. 미추홀을 고구려에서는 매소홀이라 불렀다고 하는데 한자에서 음차한 '미'와 '매'는 모두 '물[水]'을 의미하며 '추'와 '소'는 사이시옷 'ㅅ'을, 그리고 홀은 '골(고을, 邑)'을 의미한다. 그러므로 미추홀과 매소홀은 모두 '물골'이라는 뜻이다. '물이 많은 골짜기[水谷]' 또는 '물 많은 고을[水邑]'이란 의미가 아니었을까 생각된다. 참고로 하슬라는 '하(크다)'와 '슬라(바다)'의 합성어로 '큰 바다'라는 뜻이다.

미추홀을 인천이라고 단정 지은 것은 『삼국사기』「지리지」와 『고려사』「지리지」에 "인주(인천)는 본래 고구려 매소홀현으로 미추홀이라고도 한다"라는 기록 때문이다. 그러나 『삼국유사』「남부여전」에는 "미추홀은 인주이며 위례는 '지금[今]'의 직산이다"라는 주석을 달아놓았다. 즉 미추홀은 그냥 인주이고 위례는 '지금'의 직산이라 하여 '지금'을 부가한 것이다.

이러한 '지금'의 용례에 의할 경우 '지금'이 부가되지 않은 인주는 지금의 인주(인천)가 아니라 옛날의 인주가 된다. 오늘날의 인천이 인주로 불린 것은 『삼국사기』가 씌여진 고려 인종 23년(1145)이고 이전의 인주는 충남 온양이었다. 오늘날의 아산시 인주면이 바로 옛날의 인주에 해당한다.

그리고 인주면의 포구인 '밀두리(密豆里)'는 고대어로 미추홀과 같은 계통의 지명이라고 한다. '밀물과 썰물이 들락거리는 머리'라는 뜻의 '밀머리'를 한자에서 음차하여 '밀두리'라 불렸다는 것이다.

그렇다면 조수가 드나드는 강 하구 또는 조차의 한계지점을 모두 미추홀이라 불렸을 가능성이 높다. 이 경우 백제가 처음 정착했던 예성강 중류 어디쯤도 미추홀이 된다. 뿐만 아니라 최근에 유력한 백제의 첫 도읍지로 각광받고 있는 임진강 유역도 미추홀이라 불렸을 개연성이 높다.

『삼국사기』「지리지」를 보면 수원(水原)도 '매홀군'으로 불렸다는 기록이 있다. "수성(水城)군은 본래 고구려 매홀군으로 신라 경덕왕 때 이름을 바꾸었으며 지금의 수주(水州)이다"라는 기록이 그것이다.

그러니까 수원이라는 지명은 매홀(고구려 시대)-수성(통일신라 시대)-수주(고려 시대)-수원(조선 시대)으로 바뀌면서도 우리말 '물골'이라는 뜻은 계속 이어져온 것이다. 뿐만 아니라 수원과 인근 화성에는 매향, 매교, 매산, 매탄, 매송, 매곡, 매화 등의 지명이 남아 있어 '물'을 뜻하는 '매'가 아직도 사용되고 있음을 알게 해준다.

역사지리학자들 중 일부는 경기도 파주시 적성면 주월리 임진강변을 가장 유력한 백제의 첫 도읍지로 꼽고 있다. 1996년 7월 임진강의 홍수로 범람한 강물이 이 지역을 휩쓸고 지나가면서 토성 유적과 유물들이 세상에 그 모습을 드러냈는데 조사해보니 초기 백제의 토성 유적으로 확인되었다. 이 토성이 육계토성이다.

임진강과 지류 하천의 합류 지점에 위치하고 있는 육계토성은 방어

1930년대 고랑포. 고랑포는 한국전쟁 전까지 임진강에서 가장 번성했던 포구였다. 조수가 드나드는 조차의 한계지점으로 바다로 향하는 뱃길이 열려 있었다.

적 성격의 시설이 아니라 수로를 따라 서해와 연결되었던 지역 거점이었을 것으로 추정하고 있다. 실제로 일제강점기 때만 해도 인근 고량포까지 바다의 뱃길이 열려 있어 매우 번성했다고 한다.

고량포에 대한 자료를 검색하다가 1930년대에 촬영되었다는 사진을 보고 깜짝 놀랐다. 지금은 갈대만 무성한 이곳에 저토록 많은 가옥이 있었다는 사실이 믿기지 않았다. 무려 3만여 호가 거주하여 대규모 저잣거리가 형성되어 있었다 하니 서해에서 올라온 수산물과 경기 북부지역 농산물의 교역이 얼마나 활발했는지 이 사진 한 장으로도 충분히 짐작할 수 있었다.

또한 이곳에는 육계토성과 인접하여 임진강을 쉽게 건널 수 있는 가여울로 불리는 여울목이 위치하고 있어 남북을 연결하는 전략적 요충지이기도 했다. 실제로 이 여울목으로 한국전쟁 때 북한의 인민군 전

물골을 찾아서

차부대가 건너왔다고 한다.

윤내현 교수도 『한국열국사연구』 「백제의 건국과 성장」을 통해 이러한 주장에 힘을 실었다.

임진강 유역의 자연지세로 보아 한강과 만나는 하류는 강폭이 넓어 건너기가 쉽지 않았을 것이고, 그 상류나 한탄강은 건너기가 쉬웠을 것이다. 그러므로 비류와 온조가 한강 북쪽의 임진강 유역에서 백제를 건국했을 것으로 본다면 임진강과 한강 사이의 지역에서 미추홀이라는 지명을 찾아야 한다. 그런데 「광개토왕릉비문」에서 한강 이북 지역에 미추성(彌鄒城)이 있었음이 확인된다. 396년(영락 6)에 고구려의 광개토왕은 백제를 친 적이 있는데, 46개의 백제 성을 공략한 다음 아리수를 건너 백제의 도성을 쳤다. 이때 공략한 46개의 성 가운데 22번째로 미추성이 등장한다. 고구려는 북쪽에서 남하하여 오늘날 한강 남부에 있었던 백제의 도성을 쳤으므로 미추성은 당연히 한강 북쪽에 있어야 하는 것이다. 이 미추성 지역이 백제의 건국지였을 것이다.

육계토성을 백제의 첫 도읍지로 꼽고 있는 역사지리학자 대부분은 육계토성과 서울의 풍납토성의 유사성을 특히 주목하였는데 더욱이 풍납토성을 하남위례성으로 비정한 학자일수록 두 토성의 유사성이 결국 초기 백제성의 특징이라는 데 인식을 같이하였다.

가장 큰 특징은 강변 평지에 흙으로 성을 쌓았다는 점이다. 고구려와 신라의 성은 대부분 돌을 쌓아 만든 석성인 데 반해 백제의 성은 흙을 켜켜이 쌓고 단단하게 다진 이른바 판축기법의 토성으로 석성만큼 견고한 것으로 알려져 있다.

또 다른 특징은 다른 토성과 연계하여 강 유역을 함께 방어하고 성의 배후를 지켜주는 또 다른 성이 존재한다는 점이다. 예컨대 풍납토성 근처에는 몽촌토성이 있고 배후에는 남한산성이 있는 것처럼 육계토성 근처에는 이잔미성이 있고 배후에는 칠중성이 있다는 것도 유사한 점이다.

마지막으로 토성과 가까운 강 유역에 고대 고분들이 분포하고 있다는 점이다. 서울 석촌동에 백제 지도층의 무덤인 기단식 적석총이 있는 것처럼 임진강변 곳곳에 돌무지무덤인 적석묘들이 발견되고 있다. 학곡리 적석총도 그중 하나이다.

그러나 국내 및 중국 사료를 종합하면 비류와 온조 일행은 압록강변 졸본부여에서 남천하여 대방의 옛 땅인 황해도 예성강 중류 어딘가에 정착했다. 아마도 조강을 통해 조수가 드나드는 조차의 한계 지점이었을 것이다. 이 지역이 한국과 최씨낙랑국과의 접경지역이었던 만큼 최씨낙랑국의 견제와 간섭이 심했고 최씨낙랑국의 사주를 받은 말갈의 침입도 빈번하였다.

결국 이들의 군사적 압박을 견디지 못한 비류와 온조 일행은 배를 이용하여 예성강과 조강을 건너고 염하와 경기만을 지나 평택시와 당진시 사이 바닷가인 아산시 인주면 밀두리에 상륙하였다. 최씨낙랑국과 말갈의 영향권에서 최대한 벗어난 것이다. 비류는 인주 해빈에 나라를 세우길 원했지만 온조는 인주에서 안성천을 따라 80리 더 들어간 직산에 정착하길 원했다. 결국 두 형제는 세력을 나누어 비류백제와 온조백제로 분립하였다.

온조백제의 직산 도성에 거주하던 소서노는 형제간의 분란을 해소

임진강변 돌무지무덤 학곡리 적석총. 2002년 발굴 조사 결과 백제토기인 두들림무늬 토기를 비롯해 낙랑계로 추정되는 경질무문토기가 함께 출토됐다. 연천 삼곶리, 우정리, 횡산리 등 임진강변에는 학곡리 적석총과 같은 형식의 적석총들이 분포해 있는데 이 무덤의 주인공은 한성백제의 북부를 지켰던 예족 출신 진씨 가문의 무덤으로 비정하기도 한다.

하기 위해 비류측과 내통하다 온조측 강경파에 의해 살해당했고 비류측의 반격을 우려한 온조측은 서둘러 도성을 광주 하남으로 옮겼다. 그러자 최씨낙랑국과 말갈의 영향권에서 또다시 자유로울 수 없었다.

온조백제는 예성강변 토호 세력인 부여 출신 해씨 가문과 임진강변 토호 세력인 예족 출신 진씨 가문과 연합하여 말갈의 침략으로부터 하남위례성을 방어하고자 했다. 온조백제에게 가장 위협적인 세력은 여전히 말갈이었다.

최씨낙랑국 또한 백제와 전쟁을 벌이긴 했지만 대체로 말갈을 사주하여 백제를 침략했기 때문에 말갈과의 전투가 백제 초기에 가장 큰 위협이었다. 온조백제는 말갈의 군사적 압박을 극복하기 위해 해씨 가문과 진씨 가문에게 우보(右輔)라는 벼슬을 제수했다. 군사 업무를 관장하는 막중한 벼슬이었다.

『삼국사기』 권23 「백제본기」 온조 2년(BC 17) 기사에 "3월에 왕이 재종숙부 을음이 지식과 담력이 있다고 하여 우보로 삼고, 군사에 관한 업무를 맡겼다"는 내용이 나온다. 사료 해설에 따르면 우보는 백제 초기의 관제로 좌보(左輔)와 함께 설치되었으며, 왕을 도와 군사와 행정 업무를 포함한 국정 전반을 총괄하는 직책으로 좌·우보에는 왕족을 비롯한 유력한 인물들이 임명되었고, 전임자가 사망한 후 후임자가 임명되었기 때문에 임기는 종신제였다고 한다.

이후 온조 41년(AD 23) 을음이 죽자 북부 출신 해루가 우보로 임명되었고, 다루왕(재위 28~77) 7년(34)에는 동부의 흘우가 임명되었다. 그리고 다루왕 10년(37)에 좌보라는 관직이 생기면서 흘우는 좌보로 옮겨가고 북부 진씨 가문의 진회가 우보로 임명되었다.

좌·우보에 임명된 호족 가문은 말갈과의 전투를 주도한 세력이었다. 그러므로 그들은 자신들의 근거지에 토성을 쌓았고 성의 배후를 지켜주는 또 다른 성도 쌓았다.

한강과 임진강, 예성강이 합수하는 곳에 세워진 오두산성, 월롱산성, 봉서산성 등은 황해도 방면에서 남하한 해씨 가문의 근거지 성으로 보이며 내륙을 관통하는 추가령 구조곡을 따라 남하하는 세력이 만날 수 있는 요충지인 파주시 적성면에 세워진 육계토성, 이잔미성, 칠중성 등은 진씨 가문의 근거지 성으로 보인다.

백제사를 연구하는 많은 역사지리학자들은 백제의 북부지역 중 고고학적 성과물을 반영하여 파주·적성·포천 지역 일대를 유력한 호족 세력의 거주 지역으로 보았는데 이들 지역 중 백제 초기에 가장 유력했던 진씨 가문의 근거지를 적성 일대로 추정하였다.

육계토성이 있는 이 일대는 백제 왕성인 풍납토성과 유사성이 많고 백제와 관련 있는 유물이 일찍부터 출토되었다는 점, 말갈과 최씨낙랑국으로 통하는 교통의 요지에 위치한다는 점 등을 들어 이와 같은 대규모의 성을 축조할 수 있는 세력은 백제 초기에 가장 유력한 호족이었던 진씨 가문밖에 없다고 결론지었다.

그렇다면 임진강변 육계토성을 유력한 백제의 첫 도읍지인 미추홀로 비정했거나 하북 위례성일 가능성이 있다고 주장한 역사지리학자들의 견해도 어느 정도 이해가 된다. 왜냐하면 한국은 수십 개의 부족국가 연맹체였고 일찍이 한강을 중심으로 형성된 부족국가 중에 백제에 협력했거나 귀부한 해씨 가문과 진씨 가문 등이 백제가 국가의 기틀을 다지고 중앙집권 체제를 이루는 데 크게 공헌했기 때문이다.

한강에 깃든 백제

하남위례성의 위치

한국의 거수국이었던 백제는 한국에 사신을 보내 한강 남쪽으로의 천도 계획을 미리 알리고 아울러 방어 지역을 확정하여 보고했다. 백제가 실효 지배하고 있는 강역을 승인받기 위함이었다. 한국의 양해를 얻은 백제는 마침내 하남위례성으로 천도하여 본격적인 한성백제 시대를 열었다. '위례'라는 명칭은 울타리 뜻하는 우리말 '우리'에서 비롯된 것 같다는 정약용의 견해가 가장 타당해 보인다.

그런데 하남위례성의 위치에 대해서는 아직까지도 명확하게 밝혀진 것이 없다. 『삼국사기』 편찬자들도 위치를 파악하지 못해 『삼국사기』 권37 잡지6 지리4 "삼국유명 미상지분(三國有名 未詳地分)", '위치는 알 수 없고 지명만 남아 있는 곳'이라는 항목에 위례성을 수록했다.

미추홀이야 불과 몇 년밖에 도읍하지 않았으므로 유적과 유물이 많지 않아 알 수 없다 하더라도 BC 6년부터 AD 475년까지 약 500여 년 동안 도읍했던 한 나라의 왕궁의 위치를 이렇게까지 모를 수가 있을까?

지금까지 고대 유물 발굴을 통해 하남위례성의 위치를 추적해온 역사지리학자들의 의견을 종합하면 한강 남쪽으로 천도한 백제의 도읍은 서울 강동구와 송파구, 경기도 하남시와 광주시, 성남시 부근으로 추정되며 왕궁의 입지로는 풍납토성과 몽촌토성, 하남 춘궁동과 교산동 그리고 남한산성이 가장 유력하다고 한다. 중요한 것은 이 중 한 곳만이 왕궁이 아니라 이 모든 곳이 다 왕궁이었을 가능성이 높다는 것이다.

『삼국사기』에는 온조왕(재위 BC 18~28) 15년(BC 3) 봄 정월에 새로 궁궐을 지었다는 기사가 나온다. "신작궁실 검이불루 화이불치(新作宮室 儉而不陋 華而不侈)", 즉 새로 지은 궁궐은 검소하지만 누추하지 않았고 화려하지만 사치스럽지 않았다고 왕궁의 모습을 소개하고 있다.

한강변에 위치한 이 왕궁을 중심으로 풍납토성과 몽촌토성을 쌓아 백제 도성의 양대 축을 형성했으며 한강 수로가 가지고 있는 이점을 활용하여 해상교통의 중심지로 발전해 나갔을 것으로 학계는 추정하고 있다. 그러므로 풍납토성과 몽촌토성은 한성백제의 최초 도읍지라는 상징성을 가지고 있는 유적임에 틀림없다는 것이다.

또 『삼국사기』권23 「백제본기」에 하남위례성은 한산(漢山) 아래 위치했다는 기록을 시작으로 근초고왕 26년(371) 도읍을 한산으로 옮겼다는 기록, 그리고 기루왕 27년(103), 개루왕 4년(131), 비유왕 29년(455), 동성왕 6년(483)에 한산에서 사냥을 했다는 기록 등이 나온다. 『삼국사기』에서 한산을 언급한 횟수가 위례성보다도 많다고 하니 한산도 분명 백제의 도읍으로서의 모종의 역할을 했을 것이다.

사냥을 했다는 기록은 산성 군사훈련을 했다는 의미로 해석된다. 고이왕 3년(236)과 진사왕 7년(391)에는 강화도로 추정되는 서해의 큰 섬으로 사냥을 다녀왔다는 기록도 있는데 이 역시 해상 군사훈련을 한 것으로 보고 있다.

한산에 대한 기록 중 특히 주목을 끈 부분은 "왕인군퇴 이도한산(王引軍退 移都漢山), 즉 왕이 군대를 이끌고 물러나 도읍을 한산으로 옮겼다는 대목이다. 『삼국사기』 기록에 의하면 근초고왕(재위 346~375)은 태자 근구수와 함께 패수(예성강)에서 고구려군을 물리치고 옛 대방땅 대부분을 점령하였으며 여세를 몰아 평양성을 공격하여 고국원왕을 살해했다. 고구려 역사상 전쟁에서 왕이 전사한 최초의 사건이었다.

이 일로 양국은 돌이킬 수 없는 적대 관계가 되었고 이에 근초고왕은 청야전술 차원에서 곧바로 배후의 산성으로 도읍을 옮기고 방어에 주력해야 했다. 결국 이 사건은 고국원왕의 증손자인 장수왕으로 하여금 하남위례성을 함락시키고 개로왕을 사로잡아 처형하는 보복의 단초를 제공하였다. 오늘날 남한산성으로 추정되는 한산은 유사시에 대비한 또 하나의 도읍이자 왕궁이었던 것이다.

한성백제 최후의 왕인 개로왕(재위 455~475)도 궁궐을 지었다. 그가 지은 왕궁의 모습은 화려했다. "흙을 쪄서 성을 쌓고 그 안에는 궁실과 누각과 정자를 지었는데 웅장하고 화려하지 않은 것이 없었다"고 『삼국사기』는 전한다. 이는 불교가 도입됨으로써 불교적인 건축양식이 왕궁에도 적용되었기 때문이다.

실제로 이러한 토목공사를 벌이도록 부추긴 사람은 도림이라는 승려였다. 그는 고구려에서 보낸 첩자로 알려져 있는데 그의 꾀임에 넘

1950년대 남한산성 항공사진. 남한산성을 꼭짓점으로 하여 동쪽의 객산, 서쪽의 금암산 사이의 삼각형 모양의 넓은 들판이 고골이다. 당시엔 경기도 광주군 동부면이었던 하남의 너른 벌판과 멀리 한강이 흐릿하게 보인다. 광주군 초부면 마현리가 고향인 정약용은 한강 뱃길로 한성을 오가며 이곳의 풍광과 유적을 눈여겨 보았고 『아방강역고』를 통해 이곳이 한성백제의 수도인 하남위례성이라고 주장하였다. 오늘날 남한산성으로 추정되는 한산은 유사시에 대비한 또 하나의 도읍이자 왕궁으로 비정하는 학자들이 많다.

어가 대규모 공역을 일으킨 개로왕은 재정 고갈과 민심 이반이라는 통치기술의 한계를 극복하지 못하고 몰락했다.

그럼 개로왕이 왕궁 등을 지으면서 대규모 토목공사를 벌인 곳은 어디였을까? 제일 먼저 팔각, 십이각형의 독특한 형태의 건물터와 하남동사지 같은 사찰 유적, 대형 건물지 등이 발견되고 있는 하남시 춘궁동과 교산동 일대가 손꼽힌다. 이 지역은 풍납토성 못지않게 한성백제의 최초 도읍지로 유력하게 거론되는 곳이기도 하다.

경기도 광주군 초부면 마현리(지금의 경기도 남양주시 조안면 능내리)가 고향인 정약용(1762~1836)은 한강 뱃길로 한성을 오가면서 강 건너에 있는 이곳의 풍광과 유적을 눈여겨 보았고 『아방강역고』를 통해 이곳이야말로 한성백제의 수도인 하남위례성이라고 주장하였다.

최근엔 춘궁동 능 너머 고분군이 위치한 고골이라는 곳이 왕궁터일 가능성이 높다고 구체적으로 위치를 제시한 백제 연구단체의 주장도 주목을 받고 있다. 남한산성을 꼭짓점으로 하여 동쪽의 객산, 서쪽의 금암산 사이의 삼각형 모양의 넓은 들판이 고골인데 1950년대 촬영된 남한산성 항공사진에 그 모습이 남아 있다.

조강의 조차 한계지점인 임진강변에 육계산성이 건설되었던 것처럼 하남위례성도 조강의 조차 한계지점인 한강변 잠실섬 안쪽에 건설되었다. 밀물 때 서해의 바닷물이 더 이상 올라오지 않는 곳에 배를 정박하였다가 썰물을 이용하여 빠르게 한강을 지나 교하에서 임진강으로 진입하거나 조강을 통해 예성강과 서해바다로 나아갈 수 있었기에 백제는 해상강국으로 거듭날 수 있었다.

한강에 깃든 백제

한강에 깃든 백제

한강은 현재 하남시로 불리는 경기도 광주군 동부면의 너른 벌판을 휘돌아 흐르면서 여울에 쌓여 있는 모래로 미사섬과 잠실섬, 부리섬을 만들었다. 잠실섬 북쪽으로는 우기 때만 샛강이 생긴다 하여 '새[新]+내[川]'라 부르고 한자의 뜻을 빌려 '신천'이라 기록한 신천강이 흘렀고 남쪽으로는 한강의 본류인 송파강이 흘렀다.

그리고 송파강으로 성내천과 탄천, 양재천이 합류하였는데 서해의 바닷물이 잠실섬에 막혀 이 이상은 올라오지 않았기에 백제인들은 이 하천에서 식수와 생활용수를 해결할 수 있었다. 송파강 지류인 성내천을 사이에 두고 풍납토성과 몽촌토성이 건설되어 성내천은 자연스럽게 두 토성의 해자(垓子)가 되었고 송파강을 통해 한강과 연결되는 수로 역할도 하였다.

그러나 오늘날 한강에는 잠실섬도 부리섬도 없으며 송파강도 흐르지 않는다. 1970년대 '한강공유수면매립사업'을 하면서 송파강을 매립하고 신천강을 확장하여 한강의 물길을 완만한 곡선으로 바꾸었기 때문이다. 홍수에 대비하기 위함이었다고 하는데 이 사업의 결과로 잠실섬과 부리섬은 육지가 되었고 송파강은 일부만 남아 석촌호수가 되었다.

송파강변에 조성한 몽촌토성과 적석총 고분군도 이제는 강변이 아니라 내륙 깊숙이 들어와 있다. 송파강이 매립됨에 따라 백제가 해양 강국으로 거듭나는 데 핵심 역할을 했던 송파진과 조선시대 경강삼진(京江三津) 중의 하나로 번성했던 삼전도도 사라졌다.

한강에 깃든 백제가 500여 년의 세월의 풍상을 견디며 도읍을 이어

송파강을 매립하여 잠실섬과 부리섬을 육지로 만들고 신천강을 확장하여 한강의 물길을 바꾼 탓에 한성백제 시대의 특징이 사라져버린 하남위례성 추정지. 풍납토성–몽촌토성–방이동 고분군–석천동 고분군을 선으로 연결하면 송파강 물길이 만든 옛 지형을 추정할 수 있다.

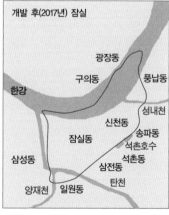

1970년대 한강공유수면매립사업을 하면서 송파강을 매립하고 신천강을 확장하여 한강의 물길을 완만한 곡선으로 바꾸었다. 홍수에 대비하기 위함이었다고 하는데 이 사업의 결과로 잠실섬과 부리섬은 육지가 되었고 송파강은 일부만 남아 석촌호수가 되었다. 1988년 서울올림픽을 치렀던 올림픽주경기장이 잠실섬과 부리섬에 건설된 사실을 아는 사람은 많지 않다.

한강에 깃든 백제

갈 수 있었던 것은 한강 주변의 자연지형이 천혜의 요새처럼 도성을 방어하는 데 최적을 조건을 제공했기 때문이기도 하지만 지정학적 요충지마다 성을 쌓아 이중 삼중으로 방어선을 구축했기 때문이다.

그중 한성백제를 대표하는 성으로 백제의 운명과 흥망성쇠를 함께 한 성이 있다. 한강을 사이에 두고 도성인 풍납토성과 마주 보고 있는 아차산성(아단성)과 한강과 임진강이 만나 조강으로 흐르는 지점에 있는 오두산성(관미성)이 그것이다. 이 두 성을 굳건히 지키고 있었을 때 한성백제는 번성했고 이 성들을 잃었을 때 한성백제는 몰락했다. 관미성의 위치에 대해선 아직도 백가쟁명식 해석이 분분하다.

아차산에 오르면 풍납토성 전체가 한눈에 들어온다. 그리고 멀리 강동구와 하남시, 구리시까지 조망된다. 누가 봐도 도성을 방어하는 데 최대 요충지임에 틀림없는 입지조건이다. 산 아래 한강변은 급경사이지만 구리 토평 지역으로는 넓은 저습지가 조성되어 당시엔 이곳으로 한강을 건너 다녔다고 한다. 백제는 아차산에 토성을 쌓고 토평벌을 통해 한강을 건너는 인력을 통제하며 도성을 방어했던 모양이다.

『삼국사기』권24「백제본기 2」에는 책계왕(재위 286~298) 원년 고구려 침략에 대비하기 위해 아단성과 사성을 수리했다는 기사가 나온다. 아차산성이 아단성이라는 이름으로 문헌에 등장하는 첫 번째 기사이다.

> 고구려가 대방을 치자 대방이 우리에게 구원을 요청하였다. 이에 앞서 왕이 대방왕의 딸 보과(寶菓)에게 장가들어 부인으로 삼았으므로 말하기를, "대방과 우리는 장인과 사위의 나라이니 그 요청에 응하지 않을 수 없다"라고 하였다. 마침내 군사를 내어 구하니 고구려가 원망하

였다. 왕은 그들이 쳐들어와 노략질할까 염려하여 아단성(阿且城)과 사성(蛇城)을 수리하며 대비하였다.

이 기사는 책계왕 이전에 이미 아단성과 사성이 축성되어 있었음을 알게 해준다. 사성은 삼성동토성을 일컫는데 풍납토성, 몽촌토성과 더불어 한성백제의 3대 토성으로 알려져 있다. 지금은 멸실되어 대부분 사라지고 경기고등학교와 봉은사 주변에 일부 흔적이 남아 있다.

역사지리학계에서는 삼성동토성을 한성백제 왕궁을 보호한 방어성으로 추정하고 있다. 풍납토성의 북쪽은 아차산성, 서쪽은 삼성동토성, 동쪽은 이성선성, 남쪽은 남한산성이 방어했다고 보는 것이다. 삼성동토성이 한강과 맞닿아 방어성 역할뿐 아니라 강을 통해 도성으로 들어오는 지방이나 외국의 선박을 통제하는 역할도 했을 것으로 보고 있다.

아차산성이 등장하는 또 다른 기록은 「광개토왕릉비문」이다. 영락 6년(396)조에는 광개토대왕(재위 391~412)이 백제로부터 공취한 58개 성 가운데 아단성이 포함되어 있다.

백잔(百殘)과 신라는 옛날 고구려의 속민이 된 이래 조공해 왔었는데, 왜가 신묘년(391) 이래 바다를 건너와서 백잔 · □□ · 신라를 파하고 신민으로 삼았다. 영락 6년에 광개토대왕은 친히 수군을 이끌고 잔국(殘國)을 토벌하였다. 고구려군은 적의 남쪽을 공격하여⋯**각미성**, 미사성, **아단성**⋯58개 성을 공취(攻取)하였다. 그 나라 성을 핍박했음에도 잔병(殘兵)들이 정의에 불복하고 감히 나와 맞서 싸우매, 이에 대노한 광개토대왕은 아리수(한강)를 건넜다. 선두부대로 하여금 성을 공격하게 하여 잔병들이 소굴로 되돌아감에 따라 성을 쉽게 포위하였다.

한강에 깃든 백제

1930년대 **촬영된 광개토왕릉비.** 비문에 따르면 광개토대왕은 먼저 관미성(각미성으로 기록)을 포함하여 한강 이북의 온조백제(백잔으로 기록) 18성을 공취한다(392). 그리고 관미성을 전초기지로 삼아 직접 수군을 이끌고 비류백제(잔국으로 기록) 토벌에 나선다(396). 광개토대왕은 충남 아산 해안가 미추홀에 상륙하여 파죽지세로 비류백제 수도인 거발성(충남 공주)을 포함하여 충남 일대의 성을 점령하고 북상하면서 경기도 남부 일대의 성을 추가로 공략한다. 이때 광개토대왕에게 공취된 비류백제성은 40개이다. 이로써 광개토대왕은 병신년 남벌(南伐)전쟁을 단행하여 온조백제 18성과 비류백제 40성 등 58성과 700촌을 공취하였다. 광개토대왕 비문의 58성 위치를 비정한 김성호 박사가 제시한 자료에 따르면 공취한 58성의 위치는 황해도에 4, 경기도 16, 충남 25, 위치 미상이 15이다.

궁핍해진 백잔주(百殘主)는 남녀 포로 1천 명과 세포(細布) 1천 필을 헌상하였으며 왕은 스스로 무릎을 꿇고 맹세하기를 종금 이후 영원히 노객이 되겠다고 하였다. 광개토대왕은 앞의 잘못은 은혜로이 용서하고 뒤에 순종한 정성은 기특히 여겼다. 58개 성과 7백촌을 득하고, 잔왕제(殘王弟)와 대신 10인을 잡아 도읍으로 개선하였다.

비문에서 백잔주(百殘主)로 기록된 백제왕은 제17대 아신왕(재위 392~405)이다. 그는 재위기간 내내 광개토왕의 남정(南征)에 맞서 분투하였으나 번번히 실패하여 백제의 국력을 약화시킨 암군으로 평가되고 있는 비운의 군주이다. 그의 치세에 호족 세력 상당수가 징집을 피해 왜(倭)로 망명했다는 기록이 있는 것으로 보아 그의 죽음 또한 연이은 실정과 전쟁의 패배에 불만을 품은 호족 세력의 정변에 기인했을 것이라고 분석된다.

비류백제의 멸망

「광개토왕릉비문」은 역사가 사실을 다루는 학문이자 동시에 사실에 대한 해석의 학문임을 여실히 보여주는 사료이다. 한국과 일본 학계에서 최대 쟁점이 되고 있는 "백잔과 신라는 옛날 고구려의 속민이 된 이래 조공해왔는데, 왜가 신묘년 이래 바다를 건너와서 백잔·□□·신라를 파하고 신민으로 삼았다"는 기사에서 '백잔'과 '왜'는 누구를 지칭하는 것이고, 바로 다음 기사인 "광개토대왕은 친히 수군을 이끌고 잔국을 토벌하였다"에서 '잔국'은 또 어느 나라를 지칭하는 것인지가

한강에 깃든 백제

사실 관계를 비교 분석하고 해석하는 데 가장 중요한 핵심이라 할 수 있을 것이다.

이에 대해 김성호 박사는 고구려의 이권을 침해한 것은 '왜'인데 엉뚱하게 '잔국'을 토벌했다는 기록에 의문을 제기하며 문맥상 '왜'가 곧 '잔국'일 가능성에 무게를 두었다. 또 '백잔'과 '잔국'은 어떻게 다르기에 '잔국'에게는 무력으로 쳐 없애는 토벌이라는 단어를 사용하면서 '백잔'에게는 은혜로 용서했다는 표현을 사용했는지 궁금해하였다.

결국 그는 백제는 하나만 있었던 것이 아니라 둘이었다는 결론을 내렸다. 나라의 흥망이 다르고 지리적 위치도 다르며 나라의 이름도 다르게 기록되어 있다는 이유 때문이었다. 그는 '잔국'을 웅진에 도읍한 비류백제로 보았고, '백잔'은 한성에 도읍한 온조백제로 보았다.

이 대목에서 비류와 온조의 아버지를 달리 해석한 이유도 설명되었다. 두 사람 모두 소서노가 낳은 자식이지만 비류의 아비는 우태이고 온조의 아비는 주몽이라는 혈통적 차이가 광개토대왕의 남진정책에 영향을 미쳤다고 본 것이다. 즉 혈연관계가 없는 비류백제는 이때 수군을 동원하여 멸망시켰고(396), 주몽을 국부로 제사지내온 온조백제는 항복만 받고 나라를 보전시켰다는 것이다.

사실 우리나라 사료에는 비류백제에 대한 기록이 거의 없다. 온조백제에 의해 의도적으로 인멸되었기 때문이기도 하지만 백제라는 나라가 둘이었다는 사실을 몰랐던 탓에 두 나라의 유제(遺制)와 사실(史實)을 명확히 구별하지 않았기 때문이다. 비록 비류백제의 역사가 망실되었다 하더라도 실체를 입증할 근거는 중국 사료 여러 곳에 남아 있다.

중국 남조 양나라의 역사서『양서』권54 백제전에 "백제는 도성을 고마라 하고 읍을 담로라고 하였다. 이는 중국의 군현과 같은 말이다. 그 나라에는 22개의 담로가 있는데, 모두 왕의 자제와 종족으로 나누어 다스리게 하였다"는 기록도 그중 하나이다. 이 담로제가 비류백제의 유제였다.

김성호 박사는 한반도 전역에서 담로계 지명이 발견되고 있으며 거의 서남해안 전역에 분포되어 있다고 했다. 뿐만 아니라 바다 건너 제주도와 일본 규슈섬의 야마대국도 비류백제의 담로였다고 주장했다. 섬과 바닷가에 거주하는 사람들을 '와' 또는 '와지'라고 불렀다는 기록과 왜(倭) 또는 옥저(沃沮)라고 표기했다는 기록한 상기해보면「광개토왕릉비문」에서 언급한 '왜'와 아신왕 치세에 '왜'로 망명했다는 기사에서 등장하는 '왜'는 비류백제가 운영한 담로일 가능성이 높다.

그가 제시한 담로계 지명으로는 탐라(耽羅, 제주), 담산(擔山, 창원), 동음(冬音, 강진·연백·강화·영광·밀양·음성), 동암(冬岩, 서산·함평), 동홀(冬忽, 황주·진양), 동화(冬火, 김천), 동비(冬非, 개성), 동을(冬乙, 김포) 등이다. 아울러 일본어로 웅진을 '구마'라 하고 담로를 '다무로'라 하며 군대주둔 또는 점령지를 뜻한다고 했다. 그러므로 백제(百濟)의 일본식 발음인 '구다라(くだら)'는 곧 '구마다무라'에서 m음인 마와 무가 탈락한 약칭이라는 것이다.

'구다라'와 관련된 용어 중에 '구다라나이(くだらない)'가 있다. 백제의 일본식 발음인 '구다라'에 일본어의 부정문 '나이'가 더해져 '백제의 것이 아니다' '백제의 것이 아니니 형편없다'는 의미에서 시작된 말인데 오늘날에는 쓰임새가 더욱 확대되어 '말도 안 된다' '무의미하다' '가치가 없다' 등의 의미로 사용되고 있다고 한다.

한강에 깃든 백제

정복전쟁에 탁월한 전략과 전술을 운영한 광개토대왕의 등장으로 백제의 방어선이 무너진 탓도 있지만 제13대 근초고왕, 제14대 근구수왕(재위 375~384)대에 해상강국으로 번성했던 백제가 제15대 침류왕(재위 384~385)과 제16대 진사왕(재위 385~392), 그리고 제17대 아신왕으로 이어지기까지 불과 10여 년 세월이 흘렀을 뿐인데 왜 나라가 거의 몰락할 지경에 이르게 된 것일까? 해답은 백제의 운명과 흥망성쇠를 함께한 오두산성(관미성)과 관련이 있다. 조강의 두물머리에서 그 해답의 실마리를 찾아보자.

오두잣 이야기

우리말 땅이름

역사 공부의 한 축은 지리 공부이다. 그래서 역사학자뿐만 아니라 지리학자의 역사 평설에도 귀를 기울인다. 이 글의 주제가 우리 산하의 역사지리 이야기인 만큼 우리말 땅이름 공부도 중요한 학습 대상이었다.

국립중앙도서관 이기봉 학예연구사가 쓴 『천년의 길』과 『잃어버린 우리말 땅이름』은 지리 공부의 좌표를 제시해준 고마운 책이다. 한자의 소리와 뜻을 빌려 우리말 땅이름을 표기해놓고 정작 읽을 때는 한자의 소리로만 읽는 우리의 오랜 습관 때문에 우리말 땅이름을 대부분 잃어버렸다는 그의 지적은 정확했다.

예컨대 새로 마을이 생기면 그 마을을 우리말로 '새말(새마을)' 또는 '새골(새고을)'이라 부르고 한자의 뜻을 빌려 新(새)+村(마을)이라 썼다. 그런데 어느 순간 '새말'과 '새골'은 사라지고 한자의 뜻을 빌려 기록한

'신촌(新村)'만 남아 전국에 '신촌'이라는 지명을 가지고 있는 마을이 30여 개가 넘는다.

몽촌토성의 '몽촌'도 우리말 '곰말'을 한자의 뜻과 소리를 빌려 쓴 것인데 '곰말(굼말→꿈말)'은 사라지고 夢(꿈)+村(마을)만 남아 몽촌이 되었다. '곰'은 '검' 또는 '금'과 같이 신神, 제사장(왕검), 왕(임금)을 뜻하는 우리말이므로 '곰말'은 제사장 또는 왕이 거처하는 왕궁을 의미했다.

한성백제 시대를 마감하고 공주로 천도하여 웅진백제 시대를 열었을 때 '곰말'이 몽촌으로 표기된 것처럼 왕이 건넌 강은 '곰내'-곰(熊)+내(川)-'웅천'이 되었고 건넌 나루는 '곰나루'-곰(熊)+나루(津)-'웅진'이 되었다. '곰말'은 '곰주'-곰+州(고을)로도 불렸는데 '공주'로 발음되어 한자로 公州로 표기되었고 '웅천'은 '곰강'-곰+江(강)이라 불리다가 '금강'으로도 발음되어 錦江으로 표기되었다.

중국에서는 강의 이름을 발원지에서 강하구까지 전체를 총칭하여 부르지만 우리나라에서는 나루를 중심으로 한 나루 명칭이 곧 강 이름이었다. 한강이 지역(나루)마다 이름을 달리하여 동강, 여강, 경강, 조강으로 불린 것처럼 금강도 지역마다 부르는 이름이 달라서 공주 지역에서는 금강이라 불렀고 부여에서는 백마강, 서천에서는 백강(백사강 또는 백촌강)으로 불렀다.

이렇듯 지명에 새겨진 땅의 역사는 역사 전반을 이해하고 해석하는 데 촉매 역할을 한다. 그래서 역사 연구의 지평을 넓히는 작업의 일환으로 잃어버린 우리말 땅이름을 복원하려는 이기봉 학예연구사 같은 학자의 수고에 박수를 보내는 것이다.

'잣'은 성(城)의 우리말이다. 볼록[凸]하게 튀어나온 모양의 어원이라고 우리말 사전에 나와 있는데 같은 의미로 신체의 일부를 표현하는 '곳' '젓' '좃'과 어원이 같다. 이 말들은 지금도 사용되고 있는 반면에 '잣'은 거의 사용되고 있지 않다. 제주도에서만 유일하게 '돌담'을 일컫는 방언으로 사용되고 있다고 한다.

이기봉 학예연구사는 오두산성을 '오두잣'으로 표기하였다. 이제는 한자로 표기할 이유가 없으므로 당연히 우리말로 표기한 것이다. 그의 노력으로 몽촌토성이 '곰말잣'으로 읽히고 풍납토성을 '바람드리잣', 오두산성을 '까마귀머리잣'으로 표기하게 될 날이 꼭 오리라 믿는다.

오두잣 이야기

오두잣은 경기도 파주시 탄현면 성동리에 있다. 해발 119미터 정도의 나지막한 산성이다. 우리나라 고대 성곽을 연구해온 건축학자 성순택은 저서 『베일 속의 고대왕국 한성백제』에서 강가에 세워진 성들은 해상교통로를 방어하기 위한 해군기지 성격의 성이라고 주장했다.

백제는 한강 본류와 지류가 합쳐지는 지역의 구릉지마다 이러한 성들을 구축하였는데 오두잣은 한강 본류와 임진강이 만나 조강이 시작되는 구릉지에 세워졌고, 김포 동성산성과 북성산성, 고양의 멱절산토성, 양천의 양천고성과 용왕산토성 등도 한강 수로를 통제하기 위해 한강 본류와 지류가 합쳐지는 지역의 구릉지에 건설한 백제의 해군기지였다는 것이다.

그는 임진왜란 때 행주대첩으로 잘 알려진 행주산성도 백제성이라 주장하였다. 아직까지 백제계 유물은 발견되지는 않았지만 창릉천이 한강과 합류하는 지점의 구릉지 덕양산에 건설되었다는 점과 초축이 토성으로 이루어져 있다는 점이 백제성의 특징과 부합한다는 것이다.

조선시대 지리학자 김정호(1804~1866)는 1864년『대동지지』「교하편」을 편찬하면서 오두잣을『삼국사기』권13「고구려본기」제6 광개토왕 원년(391) 기사에 나오는 백제의 관미성이라 주장하였다.

> 겨울 10월에 백제 관미성(關彌城)을 공격하여 함락시켰다. 그 성은 사면이 가파른 절벽으로 바닷물이 둘러싸고 있어 왕이 군사를 일곱 길로 나누어 20일을 공격하여 함락시켰다.

『삼국사기』에 기록된 관미성의 입지 조건을 보면 '사면이 가파른 절벽으로 바닷물이 둘러싸고 있다'고 하여 마치 바닷가 섬에 위치하고 있는 것처럼 묘사되어 있다. 이로 인해 학자들 중에는 강화도의 하음산성과 교동도의 화개산성을 유력한 관미성 후보로 비정한 이도 있다. 오두잣은 바다가 아닌 강가에 위치하고 있어 기록의 입지 조건에 부합하지 않는다고 본 것이다. 그러나 조강은 밀물과 썰물의 높이 차이가 무려 9미터에 이르는 세계적으로 조차의 규모가 큰 강이다. 밀물로 인해 오두잣이 바닷물에 둘러싸일 수도 있다는 점을 간과했거나 아니면 조수간만의 차에 대한 과학적 인식이 부족하여 바닷가 섬에만 주목했던 것은 아닐까?

김정호처럼 관미성이 바다가 아닌 강가에 위치했을 거라 주장하는 학자들이 여러 명 있다. 김성호 박사도 그중 한 사람이다. 그는 김정호와 달리 예성강 하구 북안에 소재하던 미라산고성을 관미성으로 비정

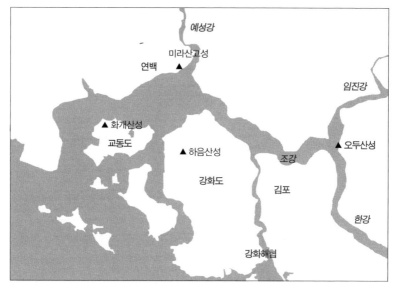

관미성 추정지 4곳. 역사지리학자들이 추정하고 있는 관미성의 위치는 한강과 임진강이 만나는 교하의 오두산성(김정호), 강화도 하음산성(신채호), 교동도의 화개산성(천관우), 예성강 하구 북안의 미라산고성(김성호) 등이다. 모두 조강 인근 성들을 비정했다.

하였다. 이유는 미라산고성에서 뱃길로 연결되는 예성강 최상류가 바로 비류백제가 백련철을 조달하던 곡나철산(谷那鐵山)이기 때문이다.

『일본서기』「신공황후기」에는 "칠지도(七支刀)를 만들기 위해 경기도 광주에서 서북으로 7일 걸리는 곡나철산에서 철을 가져왔다"는 기록이 있다. 뿐만 아니라 백제와 왜 간에 곡나철산의 철 공급을 위해 맹약을 맺었다는 기사도 실려 있다. 곡나철산은 경기도 광주의 서북쪽으로 걸어서 7일이 소요되는 황해도 곡산, 수안 등지로 비정된다. 흥미로운 것은 학자들 모두 관미성을 조강 인근에 위치한 성들에서 찾았다는 점이다. 관미성이 백제의 해상교통로를 보호하고 한성백제의 외곽을 방어하는 데 핵심적인 역할을 했다는 데는 이견이 없었다는 말이다.

오두잣 이야기

조선시대 지리학자 김정호가 『대동지지』에서 관미성으로 비정한 파주 교하 오두잣 통일전망대에서 바라본 조강. 사진 속 풍광은 밀물이 닥치면 주변이 바닷물에 둘러싸인 것처럼 보일 수도 있겠다는 생각이 들 정도로 광활하다. 김성호 박사가 비정한 미라산고성 주변도 예성강에 밀물이 닥치면 이와 비슷한 풍광이 연출되었을 것이다.

사실 어느 성이 관미성이든 간에 조강에 위치한 성을 빼앗겼다는 것은 한성백제의 외곽 방어선이 무너지고 해상교통로가 봉쇄되었다는 것을 의미한다.

더욱이 오두잣은 임진강을 통해 육상교통로와 연결되어 있었으므로 김정호의 주장대로 오두잣이 관미성이라면 한성백제는 해상뿐만 아니라 육상교통로까지 모두 봉쇄된 것이다. 오두잣에서 백제 도성까지의 거리는 육로로는 50킬로미터 정도이고 수로로도 60킬로미터가 채 되지 않는다고 하니 관미성의 상실은 곧 닥쳐올 국가의 위기를 의미했다.

대성팔족

관미성을 고구려 광개토왕에게 빼앗긴 백제의 왕은 제16대 진사왕이다. 그는 근구수왕의 둘째 아들로 왕위 계승자가 아니었다. 형이자 선대왕인 침류왕이 즉위한 지 얼마 되지 않아 갑자기 죽는 바람에 왕위를 물려받은 것이다. 물려받았다기보다는 찬탈했다는 표현이 더 옳을 것이다. 침류왕은 불교를 공인한 고구려 소수림왕(재위 371~384)과 신라의 법흥왕(재위 514~540)처럼 백제에 불교를 공인한 왕이다.

삼국 모두 왕실이 적극적으로 나서서 불교를 수용하고 공인하였는데 불교가 왕권을 강화하는 데 크게 도움이 되었기 때문이다. 이 과정에서 호족들의 극심한 저항과 반발이 있었고 그 결과로 왕이 교체된 것이다. 백제에서는 이런 식으로 왕이 시해되고 왕실이 교체되는 일이 다반사였다. 호족 간의 권력투쟁 이면에는 온조계와 비류계의 치열한 왕권다툼이 있었다.

관미성을 빼앗긴 진사왕도 사태의 심각성을 깨닫고 이를 수습하려다 죽임을 당했으며 침류왕의 아들로 진사왕을 제거하고 왕위에 오른 아신왕도 광개토왕에게 항복한 후 이를 만회하기 위해 왜를 끌어들이는 등 고군분투하다 결국 비정상적인 죽음을 맞이하였다. 왕위 계승에 따른 호족 간의 권력투쟁의 결과가 침류왕-진사왕-아신왕의 죽음을 재촉했고 해상강국으로 번성했던 한성백제의 몰락을 가속시켰다.

『삼국사기』「백제본기」 제3 진사왕조를 보면 진사왕이 구원에서 사냥했다는 기사와 구원 행궁에서 사망했다는 기사가 나온다.

오두잣 이야기

390년 겨울 10월, 왕이 구원에서 사냥하다가 7일 만에 돌아왔다. 392년 겨울 10월, 고구려가 관미성을 쳐서 함락시켰다. 왕이 구원에서 사냥하며 열흘이 지나도록 돌아오지 않았다. 392년 11월, 왕이 구원 행궁에서 사망하였다.

구원은 『삼국사기』 권37 잡지6 지리4 삼국유명 미상지분(위치는 알 수 없고 지명만 남아 있는 곳)에 실려 있다. 왕이 사냥했다는 기록 때문에 한성백제 시대 왕의 수렵지로 추정하기도 하지만 고대 국가에서 왕이 사냥했다는 기록은 주로 군사훈련과 관련이 있으며 이를 통해 왕권을 강화해왔다는 것이 학계의 중론이다.

구원은 왕의 처가인 진씨 가문의 근거지일 가능성이 높다. 육계토성이 있는 파주 적성으로 추정된다. 390년엔 진가모가 도곤성을 함락시키고 200여 명의 포로를 잡아오자 이곳에서 그를 병관 좌평으로 임명하는 행사를 한 것 같고 392년엔 진가모, 진무 등과 함께 관미성 탈환을 위한 군사행동을 모색하다가 그들에게 살해된 것으로 보인다.

온조백제는 예성강변 토호 세력인 북부여 출신 해씨 가문과 임진강변 토호 세력인 졸본부여 출신 예족 진씨 가문과의 연합정권이라 했다. 온조백제와 비류백제를 별개의 나라로 보지 않고 하나의 백제 안에 온조계와 비류계가 공존했다고 보는 시각에서는 통상 해씨를 온조계, 진씨를 비류계로 분류한다.

백제에서 비류계로 분류되는 왕은 제8대 고이왕(재위 234~286), 제9대 책계왕(재위 286~298), 제10대 분서왕(재위 298~304), 제12대 계왕(재위 344~346), 제22대 문주왕(재위 475~477), 제23대 삼근왕(재위 477~479),

제24대 동성왕(재위 479~501)이다.

온조계인 제13대 근초고왕이 전왕인 비류계 계왕을 시해하고 왕위에 오르면서 해씨 가문이 아닌 진씨 가문과 연합했다. 이로 인해 5대에 걸쳐 약 60년 동안 진씨 가문에서 왕비가 배출되었고 진씨들이 모든 권력을 독점하였다.

진사왕을 축출하고 왕위를 오른 아신왕 또한 관미성을 탈환하기 위해 진씨 가문의 지원을 받아 분투하였지만 성공하지 못했다. 『삼국사기』 「백제본기」 제3 아신왕조를 보면 이와 관련된 기사가 실려 있다.

> 393년 봄 정월, 진무를 좌장으로 임명하여 군사에 관한 일을 맡겼다. 진무는 왕의 외삼촌으로서 침착하고 굳세며 지략이 많았으므로 당시 사람들이 그를 따랐다. 가을 8월, 왕이 진무에게 "관미성은 우리 나라 북쪽 변경의 요새이다. 그 땅이 지금은 고구려의 소유로 되어 있다. 이것을 과인이 애통해하니, 그대는 응당 이 점에 마음을 기울여 이 땅을 빼앗긴 치욕을 갚아야 할 것이다"라고 말했다. 왕은 마침내 1만 명의 군사를 동원하여 고구려의 남쪽 변경을 칠 것을 계획하였다. 진무는 병졸보다 앞장서서 화살과 돌을 무릅쓰고 석현 등의 다섯 성을 회복하기 위하여 먼저 관미성을 포위했는데, 고구려 사람들이 성을 둘러싸고 굳게 방어하였다. 진무는 군량의 수송로를 확보하지 못하여 군사를 이끌고 돌아왔다.

중국의 역사서 『수서』, 『신당서』, 『통전』에는 백제를 대표하는 8개 호족의 성씨가 등장한다. 대성팔족(大姓八族)이라 불린 이들의 성씨는 진씨(眞氏), 해씨(解氏), 사씨(沙氏), 연씨(燕氏), 협씨(劦氏), 국씨(國氏), 목씨

오두잣 이야기

(木氏), 백씨(苩氏)이다. 그중 진씨와 해씨는 한성백제 시대에 왕실의 외척으로서 호족 중에서도 가장 강력한 권력을 가졌던 가문이었다.

진씨 가문에서 왕비를 배출한 것은 근초고왕 때부터였다. 근초고왕-근구수왕-침류왕-진사왕-아신왕대까지 5대에 걸쳐 약 60년(346~405) 동안 권력의 정점에 있으면서 왕위 계승을 좌지우지했다. 위 기사에서 좌장으로 등장하는 진무는 진사왕을 죽이고 아신왕을 옹립한 인물이다. 아신왕의 외삼촌이자 장인으로 알려져 있다. 당대에 최고 권력을 누렸지만 고구려와의 전투에서 번번히 패함으로써 세력이 많이 약화되었다.

거듭된 고구려와의 전쟁에 지친 호족 세력들은 이틈을 이용하여 아신왕을 제거하고 왜에 머무르고 있던 그의 아들 부여영으로 하여금 왕위를 잇도록 했다. 암군을 제거하기 위한 친위 쿠데타 성격의 정변이었다. 그러나 정변은 또 다른 정변으로 확대되어 골육상쟁으로 이어졌다. 부여영의 귀국을 기다리며 섭정을 맡고 있었던 아신왕의 둘째 동생 부여훈해를 막내 동생인 부여설례가 주살하고 왕위를 차지한 것이다.

부여설례의 배후엔 부여영의 등극을 반대한 진무와 진씨 가문이 있었다. 부여영의 아내인 팔수부인이 해씨 가문이었기 때문에 반란을 일으켜서라도 해씨 가문이 외척이 되는 것을 막아야 했다. 그러자 해씨 가문은 가만히 있지 않았다. 결국 두 집안의 권력투쟁은 다른 호족들과 왜의 지원을 받은 해씨 가문의 승리로 끝났고 해충의 보호를 받고 있던 부여영은 귀국하여 백제의 제18대 전지왕(재위 405~420)이 되었다.

해씨 가문이 왕실의 외척이 되자 악화일로를 걷던 고구려와의 관계가 개선되기 시작했다. 양국이 군사적 충돌을 최대한 억제한 것이다.

이러한 정국 변화의 원인을 학자들은 왕비족 가문의 출신 배경에서 찾았다. 비류계로 분류되는 진씨 가문은 대방국과 백제의 접경지역인 임진강 유역의 토착세력으로 예족이었기에 대대로 고구려와 사이가 좋지 않았던 반면 온조계의 해씨 가문은 북부여에서 남하한 부여족이었으므로 고구려와 근본이 같았다.

고구려를 건국한 주몽의 본래 성씨가 해씨였다는 사실에서도 알 수 있듯이 해씨는 부여 성씨였던 것이다. 그만큼 적대감이 적었을 것이다. 백제가 관미성을 고구려에 빼앗긴 위기상황 속에서도 한성백제 시대를 80여 년(392~475)이나 더 유지할 수 있었던 것도 바로 이런 이유 때문이 아니었나 생각된다. 백제는 끝내 관미성을 수복 못 하고 한성을 떠나 웅진으로 천도하였고 훗날 한강 유역을 점령한 신라가 관미성을 비롯한 백제의 해군기지를 모두 차지하였다.

오두잣 이야기

교하 천도론

광해군의 왕권 강화 시도 1—교하 천도

백제와 고구려에서는 교하를 '천정구(泉井口)' 또는 '어을매곶(於乙買串)'이라 불렀다. '천정구'는 뜻을, '어을매곶'은 소리를 적은 것이다. '천정'은 '샘과 우물'로서 두 물이 합수되는 것을 뜻하며 '어을'은 우리말 '어우르다'의 '어울'을 한자에서 음차한 것으로 보이는데, '여럿을 모아 크게 되게 하다'라는 뜻이다.

한자에서 음차한 '매'는 '미'와 더불어 '물'을 의미하고, '구'는 '구지, 꾸지, 고지, 꼬지' 곧 '곶(串)'으로 읽히므로 월미곶, 호미곶처럼 돌출된 모양을 나타내는 우리말 '잣' '젓' '좃'과 같은 어원으로 본다면, 어울매곶은 '물이 모여 큰물로 흐르는 강가의 돌출된 곳' 정도로 해석할 수 있겠다. 오두잣 관미성을 '어울매(얼매)잣'이라 불렀는지도 모르겠다.

큰 강을 '하'로 표기하는 중국 방식에 따라 '어울매(얼매)'를 교하라 표기한 것은 비록 신라 경덕왕의 한화 정책이 우리말 땅이름을 모두 잃어버리게 한 어리석은 사대 행위였다지만 땅이름의 의미만큼은 정확하게 표현하지 않았나 생각된다.

조선시대 도성을 교하로 옮기자고 주장한 사람은 지관 이의신이다. 지관이란 풍수설에 따라 집터나 묏자리를 선정하고 평가하는 관직이다. 관직인 만큼 당연히 과거를 통해 선발되었다. 그의 이름이 실록에 처음 등장한 것은 『선조실록』이다.

선조(재위 1567~1608) 33년(1600) 6월 선조의 정비인 의인왕후가 사망하자 장지와 관련하여 임금에게 자신의 견해를 피력하고 삼정승과 함께 건원릉을 답사하였다는 내용이 나온다. 왕실의 묏자리를 선정하는 데 관여한 것으로 보아 그는 국가에서 공인한 꽤 능력 있는 지관이었던 것 같다.

실록에는 1600년부터 1630년까지 30년에 걸쳐 그의 이름이 200여 차례 등장한다. 교하 천도를 둘러싼 정치 논쟁의 중심에 그가 있었기 때문이다. 광해군 4년(1612) 8월 이의신은 승정원에 상소를 올려 도성은 왕기(旺氣)가 쇠하였으니 교하로 천도를 해야 한다고 주장하였다.

그의 상소는 전문이 전해지지 않아 그 내용을 정확히 알 수는 없으나 『광해군일기』 권59 광해군 4년 11월 15일 기사에 수록되어 있는 예조판서 이정귀(1564~1635)의 회계에서 그의 주장을 일부 엿볼 수 있다.

삼가 이의신의 상소를 보건대, 장황하게 늘어놓은 말들이 사람을 현혹시킬 뿐 무슨 뜻인지 헤아릴 수 없습니다. 풍수의 설은 경전에 나타나지 않은 말로 괴상하고 아득하여 본디 믿을 수 없습니다. 그런데 이제 참위와 여러 방술의 근거 없는 말들을 주워 모아 까닭도 없이 나라

교하 천도론

의 도성을 옮기자 하니 역시 괴이합니다. (중략) 그런데 지금 의신은 임진년의 병란과 역변이 계속하여 일어나는 것과 조정의 관리들이 분당하는 것과 사방의 산들이 벌거벗은 것이 국도의 탓이라고 합니다. (중략) 그가 이른바 교하는 복지이고 한성은 흉하다는 말에 대해 세상에 알 만한 자가 없으니 누가 능히 가리겠습니까만, 당당한 국가가 어찌 일개 필부의 허망한 말을 선뜻 믿어 2백 년의 군건한 터전과 살고 있는 수많은 우리 백성으로 하여금 갑자기 일거에 떠돌이로 만들 수 있겠습니까.

이정귀의 발언을 보면 이의신이 교하로 천도를 해야 한다고 주장하면서 도성의 왕기가 쇠한 증거로 임진년 병란, 역변의 계기, 조신의 분당, 사산의 동적 등을 예로 들고 있다. 모두 고도의 정치력과 정무적 판단이 요구되는 국정 현안들이다. 이러한 현안들을 필부나 다름없는 일개 지관이 거론했다는 점에서 다소 의외라는 생각이 들기도 한다.

그런데 교하 천도와 관련된 실록을 계속 읽다 보면 이의신의 상소가 광해군(재위 1608~1623)의 명에 의해 쓰이고 승정원을 통해 의도적으로 공론화시킨 듯한 기사가 보인다. 『광해군일기』 권63 광해군 5년 2월 23일자 기사의 마지막 행간을 읽어 보자.

이에 앞서 왕이 이의신에게 교하의 일을 상소하도록 은밀히 명하였다. 심지어는 관상감 정사륜에게 상소할 날을 가려 부치게 하였기 때문에, 비록 온 조정이 다투어 탄핵하였으나 끝내 따르지 않은 것이다.

위 기사는 본문이 아니라 세주에 실려 있어 사관의 사론으로 읽힌다. 그런데 이 기사로 인해 학자들은 '교하 천도 추진은 사실상 광해군이 치밀한 계획을 가지고 주도한 정국 쇄신 방안으로 보는 것이 타당하다'는 의견을 개진하였다.

선조의 뒤를 이어 왕위에 오르긴 했지만 종법상 자신보다 서열이 앞서는 영창대군과 임해군의 존재가 보위를 이어가는 데 큰 부담이었고, 명나라로부터 책봉을 받는 과정도 순탄치 않았던 만큼 광해군에게 가장 시급했던 것은 왕권의 정통성 확립이었다는 것이다.

이를 위해 민생 안정과 국가재정 확충을 명분으로 대동법, 호패법 시행 등의 개혁을 추진하며 왕권 강화를 시도했지만 당파간의 이해관계와 기득권층의 저항으로 번번이 좌절되었다.

광해군이 왕권 강화 차원에서 시행하고자 했던 사업 중에는 임진왜란 때 불탄 궁궐의 재건과 더불어 이궁을 신축하려는 계획도 있었다. 조선을 건국한 태조는 한성에 도읍하여 정궁으로 경복궁을 건설했으나 풍수가 좋지 않다는 이유로 태종 때 창덕궁을 새로 지었고 성종 때는 창덕궁 옆에 창경궁을 신축하여 두 궁을 일컬어 동궐이라 했다. 이 궁궐들이 전란 중에 모두 소실되자 선조는 성종의 형인 월산대군의 사저에 머물며 창덕궁 복원을 서둘렀다.

광해군 2년(1610) 마침내 창덕궁이 재건되어 흥선대원군에 의해 경복궁이 중건(1867)되기 전까지 250여 년 동안 조선의 법궁 역할을 했다. 그러나 광해군은 창덕궁에서 고작 두 달 머물다 다시 월산대군 사저로 돌아갔다. 창덕궁에 거처했던 단종과 연산군이 그곳에서 폐위되었기 때문에 꺼림칙하게 여겼다고 실록은 기록하고 있다.

선조와 광해군이 기거했던 월산대군의 사저는 경운궁이라 불리다가 훗날 고종이 거처하면서 덕수궁이라 불리게 되었으며 조선의 마지막 법궁이 되었다.

교하 천도는 광해군이 경운궁에 머물면서 추진한 정국 쇄신 카드였다. 이의신으로 하여금 교하 천도를 상소케 하고 이를 공론화시킨 뒤 비변사에 전교를 내려 교하의 형세를 그려 오라고 지시하는 등 왕권을 강화하기 위한 방편의 하나로 끊임없이 왕궁 역사를 기획했다.

자고로 제왕들은 반드시 성읍을 따로 건설하여 예기치 않은 일을 대비하였으니, 도읍 옮기는 것을 이르는 것이 아니다. 교하는 강화를 앞에 마주하고 있고 형세가 심히 기이하다. 독성산성의 예에 따라 성을 쌓고 궁을 짓고는 때때로 순행하고 싶다. 대신과 해조 당상은 헌관 · 언관 · 지관과 같이 날을 택해 가서 살피고 형세를 그려 오라.

『광해군일기』 권62 광해군 5년 1월 3일자 기사를 보면 교하로 도읍을 옮기려는 것이 아니라 단지 성을 쌓고 행궁을 지어 가끔 순행하기 위함이라고 광해군은 말하고 있다. 그러면서 교하가 강화를 앞에 마주하여 형세가 기이함을 지적하며 고려 고종 때 이곳에서 39년 동안 대몽항쟁을 한 사실을 상기시켰다.

또한 독성산성의 예에 따라 성을 쌓고 궁을 짓고 싶다고 하면서 백제의 관미성처럼 한강과 임진강이 합류하여 뱃길이 원활한 곳에 천혜의 요새를 구축하여 예기치 않은 일에 대비하겠다는 의지를 분명히 하였다.

이 기사 때문에 풍수학자 김두규 교수는 교하로의 천도가 성공했더라면 병자호란 때 인조가 무릎을 꿇고 머리를 조아리며 항복의 의미로 삼궤구고두례를 행한 '삼전도 굴욕'은 일어나지 않았을 거라 주장하기도 했다.

교하로의 천도 논쟁은 2년 동안 진행되었다. 실록에는 관련 기사가 40여 편 수록되어 있는데 당파를 초월하여 천도를 반대하는 기사가 압도적으로 많다. 그런데 흥미로운 것은 반대자의 실명이 실록에는 기록되어 있지 않다는 점이다. 주무부서인 예조의 수장으로서 예조판서 이정귀의 회계만 실명으로 소개되어 있을 뿐 수록되어 있는 대부분의 상소들은 홍문관, 사헌부, 사간원 등 삼사에서 연명으로 올렸다고만 기록되어 있다.

『광해군일기』가 인조반정으로 집권한 서인들에 의해 쓰여진 실록이라는 점을 감안하면 더욱이 실록의 책임자가 정묘호란과 병자호란 때 두 번이나 강화도로 피난해야 했던 윤방(1563~1640)이었다는 점에서 당대에도 김두규 교수의 주장과 비슷한 인식을 공유했을 가능성이 있다. 이런 분위기 속에서 사료를 편찬했다면 교하 천도를 반대했던 자신들의 실명을 실록에 남기지 않았을 개연성 또한 있지 않을까?

광해군의 왕권 강화 시도 2—궁궐 영건

교하 천도 계획이 무산되자 광해군은 궁궐 영건을 통한 왕권의 정통성 확립과 왕권 강화를 모색했다. 광해군 7년(1615)부터 새 궁궐 건립에 대한 논의를 시작하여 이듬해에 사직단 바깥에 궁궐터를 확정 지었다. 광해군이 경운궁에서 농성하며 의도한 결과였다. 이 무렵 그는 다시 창덕궁으로 이어했다. 『광해군일기』 권101 광해군 8년 3월 24일자 기사에 교하 천도 대신 새 궁궐을 짓기로 한 내용이 나온다.

> 왕이 성지와 시문룡 등에게 인왕산 아래에다 새 궁궐의 터를 잡게
> 하였다. 왕이 이의신의 말을 받아들여서 장차 교하에 새 도읍을 세우
> 려고 하였는데, 중론이 한꺼번에 일어나서 그렇게 하지 못하였다. 이
> 에 성지와 시문용 등이 왕에게 토목공사를 크게 일으키려는 뜻이 있음
> 을 알고 몰래 인왕산 아래가 궁궐을 지을 만하다고 아뢰자, 왕이 크게
> 기뻐해서 즉시 터를 잡으라고 명하였다. 이에 이이첨이 비밀히 아뢰기
> 를, "교하에 대한 의논을 정지하고 이곳에다 궁궐을 지으면 백성들이
> 반드시 앞다투어 달려올 것이다"라고 하였다. 이 당시에 여러 신하들
> 이 교하의 일에 대해 앞다투어 간쟁하였었는데 인왕산 아래의 역사에
> 대해서는 다시 간쟁하지 못하였다.

광해군이 인왕산 아래에 신축했다는 궁궐은 인경궁이다. 지금은 전
각은 고사하고 궁궐터조차 남아 있지 않아 정확한 위치와 규모를 알 수
는 없지만 "인왕산을 휘감은 전각이 즐비하여 들보와 기둥은 법궁보다
작았으나 칸수는 10배는 되었고, 토목공사의 장대함과 장식의 사치스
러움이 예전에 없던 바였다"고 실록은 기록하고 있다.

『광해군일기』가 광해군의 폐정을 드러내려는 의도를 가지고 부정적
인 논조로 작성되었다는 점과 오늘날 궁궐이 흔적조차 남아 있지 않은
점을 감안하면 인경궁은 그다지 화려하고 웅장한 궁궐은 아니었던 것
같다.

광해군의 왕궁 역사는 인경궁으로 끝나지 않았다. 인경궁 역사를 시
작한지 얼마 되지 않아 인경궁과 가까운 새문동에 또 다른 궁궐 경덕궁

을 짓기 시작한 것이다. 경덕궁 영건과 관련하여 실록의 세주에는 다음과 같은 기사가 수록되어 있다.

새문동에 신궁을 세울 것을 의논하였다. [성지가 이미 인왕산 아래 신궐을 복정하였는데, 술인 김일룡이 또 이궁을 새문동에 세울 것을 청하였다. 이곳은 바로 정원군의 옛집이다. 왕이 그곳에 왕기가 있다는 말을 듣고 빼앗아 관으로 들였는데, 김일룡이 왕의 뜻에 영합하여 이 의논이 있게 된 것이다. (후략)]

『광해군일기』는 광해군의 궁궐 영건을 민폐를 일으킨 폐정의 대표적인 사례로 지적하면서 관련 내용을 자세히 수록하고 있다. 위의 세주에서는 광해군의 이복동생이자 인조(재위 1623~1649)의 아버지 정원군의 집에 왕기가 있어 이 집을 빼앗아 경덕궁을 지었다고 언급하고 있으나 사실은 정원군의 형인 신성군의 집을 경덕궁에 편입시킨 것이다.

선조의 아들 중 임해군과 광해군은 공빈 김씨의 소생이고 의안군과 신성군, 정안군은 의빈 김씨 소생이다. 선조는 이들 아들 중 신성군을 가장 총애하여 세자로 책봉하고 후계로 삼으려 했다.

그러나 중신들의 반대로 무산되자 자신이 대군(하성군) 시절에 담당하였던 중종(재위 1506~1544)의 장남 복성군의 계후자 역할을 신성군에게 물려주었다. 계후자란 양자로 입적되어 대를 잇는 사람을 말한다. 그런데 신성군이 임진왜란 중에 병사하자 선조는 정원군의 3남인 능창군으로 하여금 신성군을 계후토록 했던 것이다. 이로써 능창군은 신성군뿐만 아니라 복성군의 계후자가 되었다.

중종이 진성대군 시절에 혼인하여 궁을 나가게 되자 이복형인 연산군(재위 1495~1506)은 곡식 7,000석을 내려 새문동에 사저를 지어주었다. 중종반정으로 왕위에 오른 중종은 이 집을 장남인 복성군에게 물려주었는데 복성군은 세자인 이복동생(인종)의 왕위 계승에 걸림돌이 된다는 모함을 받고 죽임을 당했다.

나중에 '작서의 변'(1527)이라 불린 이 모함이 무고로 판명되어 복권되었으나 후사를 이을 아들이 없었기에 중종은 손자인 하성군(선조)으로 하여금 계후자로 삼아 대를 잇게 했다. 그래서 중종의 새문동 잠저는 복성군을 거쳐 선조의 소유가 되었고 선조는 이 집을 신성군에게 물려주었는데 신성군이 일찍 죽는 바람에 능창군의 소유가 된 것이다.

광해군은 왕기가 있다는 이 새문동 집을 주목하지 않을 수 없었다. 이 집에서 중종과 선조 두 선대왕이 배출되었고 선조의 총애를 한 몸에 받았던 신성군의 계후자로 능창군이 지목되자 자신의 반대 세력들이 능창군을 구심점으로 하여 집결할 것을 우려했다.

결국 광해군은 능창군의 옥사(1615)를 일으켜 능창군을 제거하였고 그가 물려받은 새문동 집을 중심으로 이궁인 경덕궁을 영건하기에 이른 것이다. 그리고 보면 인경궁과 경덕궁은 왕기설을 명분으로 지은 궁궐임을 알 수 있다. 궁궐 영건과 관련하여 왕기설을 강조하는 것은 정상적인 왕위 계승이 아닌 상황에서 배태되는 것이라는 것이 학계의 중론이다.

국왕으로서의 명분이 취약하기 때문에 왕기를 통해 이를 보완하려는 정치적 의도가 깔려 있다는 것이다.

인경궁을 건축하였던 사직동에는 선조의 생부인 덕흥대원군 사저가 있었다. 선조도 이곳에서 태어났다. 왕궁에서 태어나지 않았음에도 왕

경덕궁(경희궁)의 서암. 경덕궁은 진성대군(중종)—복성군—하성군(선조)—신성군—능창군으로 이어져온 중종의 새문동 잠저에 세워졌다. 태령전 뒤뜰에 서암이라는 큰 바위가 있는데 이 바위에 왕기가 있다 하여 왕암으로 불렸다는 이야기가 전해져온다.

이 될 수 있었던 것은 그 집에 왕기가 있었기 때문이라는 논리로 그 위치에 궁궐을 영건한 것이다. 경덕궁도 같은 논리로 지었다. 왕권의 정통성 확립과 왕권 강화에 궁궐 영건만큼 좋은 명분이 없었던 것이다.

인조반정으로 광해군을 폐위하고 왕위에 오른 인조도 능창군 집을 자신의 생부인 정원군의 집으로 둔갑시켜 이 집의 왕기로 인해 자신이 왕이 되었다는 논리를 폈다. 정원군을 원종으로 추승하여 선조에서 원종을 거쳐 자신으로 내려오는 왕통의 정통성을 세우려 한 것이다.

이러한 명분 때문에 인경궁이나 경운궁이 광해군의 폐정의 상징으

교하 천도론

로 간주되어 훼철되었던 것에 비해 경덕궁은 그대로 유지되었고 인조 이후 역대 왕들의 이궁으로 활용되었다. 서궐이라고도 불렸던 경덕궁은 영조 때 경희궁으로 이름이 바뀌었으며 한성도성의 5대 궁궐로 지금도 그 흔적이 남아 있다.

오늘날 많은 역사학자들은 광해군을 개혁군주로 높이 평가하면서도 그가 벌인 궁궐 영건에 대해서는 대부분 부정적인 견해를 피력한다. 왕권 강화라는 명분 아래 과도하게 물력을 낭비하여 국력을 약화시켰고 국론을 분열시켰으며 민심 이반을 초래했다는 것이다. 차라리 교하천도를 과감하게 밀어붙였더라면 이후 조선의 운명은 완전히 달라졌을 것이라는 데 모두 동의하고 있는 듯하다.

그런데 교하로의 천도는 광해군 때가 아니라 지금이 적기라고 주장하는 학자가 있다. 그의 주장을 포함하여 통일한국의 수도를 언급하고 있는 학자들의 주장을 들어보자.

통일한국의 수도

파주 장릉과 김포 장릉

파주 교하를 통일한국의 수도로 삼아야 한다고 주장한 사람은 풍수학자 최창조 교수이다. 그는 고려의 국역 풍수 전통을 바탕으로 자생 풍수라는 우리 풍수의 원형을 정립한 학자로 평가받고 있다. '풍수술'을 '풍수학'으로 격상시켰으며 인문학의 담론으로 제시하여 풍수가 뭣 자리나 잡는 잡술에서 '민족지형학'으로 인식되도록 만들었다는 것이 그에 대한 학계의 평가이다. 그런 그가 통일한국의 수도로 교하를 꼽은 것이다. 그의 저서『한국의 자생 풍수 Ⅰ』에 그 이유가 나온다.

우리의 국도는 산간 분지 지형에서 산지와 평지의 점이지점으로 진전되어 나오는 경향을 보여왔다. 삼한의 수도를 비롯하여 경주, 개경 등이 분지에 속하는데, 이런 곳을 풍수에서는 장풍국의 땅이라고 한다. 그리고 한성은 동쪽과 북쪽은 산지이지만 서쪽과 남쪽은 강에 면

한 평야인 점이 지역에 자리 잡았다. 이런 곳을 득수국의 땅이라 한다. 즉 수도는 장풍의 땅에서 득수의 땅으로 헤쳐 나온 셈이다. 풍수는 지리뿐만이 아니라 천시의 중요성도 간과하지 않는다. 고려 시대까지는 장풍의 터가 천시에 맞는 땅이었다. 평양, 공주, 부여는 천시를 얻지 못한 땅으로 그 결과는 우리가 역사에서 보는 바와 같다. 그리고 득수의 땅 다음으로 수도 입지가 될 수 있는 것이 평지룡의 땅이다. 우리나라 지형에서 평지룡에 해당하는 곳은 해안 지역이다. 교하가 바로 그런 땅이다. 다만 광해군 때 이의신은 아직 평지룡의 땅으로 천시가 가지 않았는데도 그것을 주장한 잘못을 저질렀으므로 성공할 수가 없었던 것이다.

'천시'에는 '때를 따라서 돌아가는 자연 현상'이라는 뜻도 있고 '하늘의 도움이 있는 시기'라는 뜻도 있다. 알맞은 시기라는 의미의 '때'가 가장 적합한 해석 같은데 광해군이 시도한 교하 천도는 때가 이르지 않았다는 것이다. 즉 우리 풍수가 지지하고 있는 '국도오백년지기설'에 위배되기 때문에 천시가 가지 않았다고 한 것이다.

교하의 풍수 및 지리적 입지의 타당성에 대해 그는 교하가 국토의 남북을 관통하는 길목의 중앙에 있고, 한강, 임진강, 예성강 등 3대 강의 교회지점이면서 세계화 시대에 걸맞은 항만 입지가 뛰어나고 지성(地性)이 관후박대(寬厚博大)하다는 점을 들어 통일한국의 수도로 적격이라고 주장했다. 다만 통일한국의 수도인 만큼 남북한이 모두 인정하기까지 시간이 필요하므로 통일 후 30~50년쯤 개경에 임시 통일 수도를 두고, 그사이 교하에 새로운 수도를 건설하여 앞으로 500년 동안 국가의 장래를 도모해야 한다는 것이 그의 교하 수도론이다.

장명산을 주산으로 나라의 만세를 기하고, 오도리 일대를 혈처, 그러니까 왕조로 하자면 대궐터로 삼아 민족 자존의 주체성을 확립하며, 당하리를 명당으로 하여 백성의 발 아래 서 있다는 민주 의식을 기조로 하면 되리라. 구태여 큰 도읍이 무슨 필요가 있을까. 그런 수도 기능은 서울이 대신해줄 것이다. 그리고 심학산을 조산으로 하여 원대한 포부를 가꾸어 나간다면 그것이 바로 겨레의 큰 서울, 교하가 되리라.

최창조 교수의 바람대로 우리나라가 통일된다면 통일 수도로서 교하가 선택될지는 알 수 없으나 그의 처음 주장으로부터 30여 년이 지난 지금 교하에는 운정 신도시가 건설되었으며 계속해서 대규모 택지가 조성되고 있다. 교하의 너른 벌판에 평지룡이 꿈틀대고 있는 것이다.

풍수학자 김두규 교수도 통일한국의 수도에 대해 언급했다. 그는 새로운 통일한국에는 당연히 새로운 수도가 필요한데 남북한의 민심이 하나 되고 통일한국이 세계의 강국이 되는 풍수 조건이 충족되어야 한다는 점을 강조했다. 그는 "서울과 평양에서 가까운 거리에 있는 개발이 안 된 바닷가의 처녀지"를 풍수 조건으로 제시하며 서울, 교하, 김포, 강화도의 중심축이라 할 수 있는 김포를 지목했다.

김포가 풍수적 입장에서 '천리장강(千里長江)의 형제상봉(兄弟相逢)의 터'라는 것이 첫 번째 이유였다. 즉 천리장강인 임진강을 사이에 두고 백두대간에서 흘러가 남쪽을 거쳐 북상하는 한남정맥과 개경을 거쳐 남하하는 예성정맥, 두 대간(형제)이 김포를 두고 서로 만난다는 것이다.

또 "조선의 수도가 처음에는 한(漢), 두 번째는 하(河), 세 번째는 강

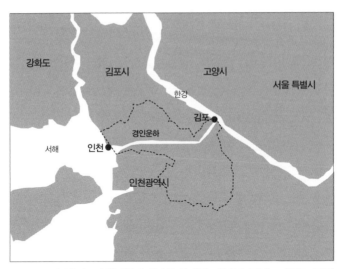

아라뱃길 경인운하. 서해(인천)와 한강을 연결하는 운하로 길이는 18킬로미터이다. 원래는 지방2급 하천 굴포천이 흘렀던 물길인데 홍수 피해를 방지하기 위해 한강으로 흐르는 물길을 서해로 바꾸었다. 이로써 김포는 사해(四海)로 둘러싸인 섬이 되었다.

(江), 네 번째는 해(海) 자(字)가 들어가는 순서로 바뀔 것이다"는 광해군 때의 참언을 두 번째 이유로 들었다. 이 참언을 퍼트린 인물로 『홍길동전』의 저자 허균(1569~1618)이 거론되고 있는데 그가 꿈꾼 세상은 필연적으로 수도를 옮겨야 가능했기 때문이다.

눈여겨볼 부분은 漢, 河, 江, 海 글자가 모두 '물 수(氵)변'을 가지고 있다는 것이다. 수도가 강이나 바닷가에 들어선다는 의미이다. 여기서 언급된 첫 번째 한(漢)은 당시 수도인 한성을, 두 번째 하(河)는 교하를, 그리고 세 번째 강(江)은 한때 고려의 수도(강도) 역할을 했던 강화도를, 마지막 네 번째 해(海)를 김포로 전망했다.

그는 "미래 통일 수도는 일한(一漢), 이하(二河), 삼강(三江), 사해(四海)

을 포괄하면서 동시에 북한 주민들까지 기꺼이 동의할 수 있는 땅이어야 한다"며 조선시대 지리학자인 서거정(1420~1488)의 표현을 인용했다. 당시 서거정은 '사해(四海)'를 '남해제도(南海諸島)'라 했는데 김두규 교수는 이를 "동쪽으로 삼각산 봉우리가 보이고 서쪽으로는 강화도가 두르고 있는 곳"으로 해석하여 김포로 전망한 것이다.

김포를 둘러싸고 있는 물길만 보면 김포는 사해(四海)가 아니라 삼강(三江)이라 해야 맞다. 한강이 임진강을 만나 교하가 되고 또 염하를 만나 조강으로 흐르는 곳 중심에 김포가 있기 때문이다. 그런데 2012년 준공된 경인운하 아라뱃길 지도를 보니 김포는 영락없는 사해(四海)였다. 아니 사해(四海)로 거듭난 땅이었다.

통일한국의 수도

결국 두 풍수학자가 통일한국의 수도로 전망하고 비정한 곳은 다름 아닌 조강이었다. 조강이 시작되는 파주 교하와 교하와 염하 사이의 김포였다. 교하의 평지룡이 강 건너 김포까지 이어진 것이다. 이 이어짐을 풍수의 원리로 해석하여 왕릉을 조성했다는 김포 장릉(章陵)이 최근 논란의 중심에 섰다.

장릉과 가까운 곳에 검단 신도시가 조성되고 있는데 건설 중인 아파트가 김포 장릉에서 계양산으로 이어지는 조경을 방해하여 평지룡의 이어짐이 크게 훼손되었다는 것이다. 이는 김포 장릉을 비롯하여 조선의 왕릉이 유네스코 세계문화유산에 등재된 이유에도 반(反)한다 하여 논란을 더욱 키웠다. 유네스코 한국위원회는 조선왕릉 등재 이유를 다음과 같이 설명하고 있다.

> 조선 왕릉은 유교 문화의 맥락에서 자연 및 우주와의 통일이라는 독
> 특하고 의미 있는 장례 전통에 입각해 있다. 풍수지리의 원리를 적용
> 하고 자연경관을 유지함으로써 제례를 위한 기억에 남을 만한 경건한
> 장소가 창조되었다. 건축의 조화로운 총체를 보여주는 탁월한 사례로,
> 한국과 동아시아 무덤 발전의 중요한 단계를 보여준다.

김포 장릉은 인조반정으로 광해군을 폐위하고 왕위에 오른 인조의
아버지 추존왕 원종과 어머니 인헌왕후의 능이다. 인조와 인열왕후는
합장되어 파주에 묻혔는데 능호가 김포 장릉과 한자만 다른 파주 장릉
(長陵)이다. 부자의 능호가 모두 장릉인 것도 특이한데 두 장릉과 계양
산이 남북으로 이어져 하나의 특징적인 조경을 이루고 있다는 특이성
이 유네스코 세계문화유산으로 등재될 때 플러스 요인으로 작용했다.

인조는 광해군 때 교하 천도론과 당시 유행했던 "일한(一漢), 이하(二
河), 삼강(三江), 사해(四海)" 참언에 숨어 있는 풍수지리 원리를 충분히
알고 있었던 것 같다. 살아서는 이괄의 난과 정묘호란, 병자호란으로
세 번이나 도성을 버리고 공주로, 강화도로, 남한산성으로 도망가기
바빴던 암군이었지만 죽어서는 미래의 도성이 될 만한 터에 자신과 부
모의 묘를 평지룡으로 연결해놓았으니 말이다.

김포의 옛이름은 검포이다. 한자에서 음차한 '검'과 '금(김)'은 '곰'과
마찬가지로 '신'을 뜻하는 우리말이다. 검단 또한 '신'을 뜻하는 우리말
'검(黔)'과 곡(谷, 마을)을 뜻하는 고대어 '단(丹)'의 합성어인데 '단'은 '단

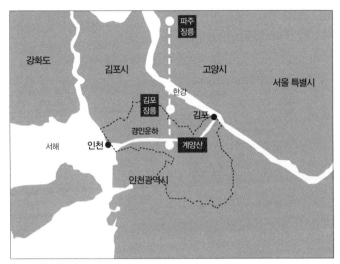

풍수의 원리로 조성된 파주 장릉과 김포 장릉. 두 장릉과 계양산이 남북으로 이어져 하나의 특징적인 조경을 이루고 있다는 특이성 때문에 유네스코 세계문화유산으로 등재될 때 중요한 플러스 요인으로 작용했다.

(壇)' 또는 '당(堂)'과 통한다. 그러므로 검단은 '신에게 제사 드리는 마을' 또는 '신에게 제사 드리는 제단'이라는 뜻을 가지고 있다. 검단 주변 지명도 원당(元堂), 당하(堂下), 당곡(堂谷, 골)이라 하여 천신제를 드렸던 마을이었음을 알게 해준다. 교하 운정 신도시와 더불어 검단 신도시 또한 통일한국의 수도가 될 개연성이 충분히 있다 하겠다.

김포시 풍무동 당곡마을에서 25년째 살고 있는 나는 이 글을 쓰면서 위의 내용을 「왕릉뷰 아파트」라는 제목의 시로 표현하였다. 2023년에 발간한 시집 『촛불 하나가 등대처럼』에 이 시가 수록되어 있다.

검개는 김포의 옛이름이다
검포라고도 불렀다

통일한국의 수도

김포 장릉에서 바라본 검단 신도시 왕릉뷰 아파트. 평지룡이라 할 수 있는 계양산이 아파트에 가려 보이지 않는다. 왕릉이 들어서기 전에 이곳은 하늘에 제사를 지냈던 제단이었다.

한자에서 음차한 '검'은 '곰'과 마찬가지로
'신'을 뜻하는 우리말이다
검개는 '신성한 포구'라는 뜻이고
검단은 신의 '검'과 마을을 뜻하는 '단'의 합성어로
'신에게 제사 드리는 마을'이라는 뜻이다

조선의 제16대 국왕 인조는
신에게 제사를 드리는 마을에 부모의 묘를 썼다
추존왕으로 추봉하여 왕릉으로 조성했다
오래된 무덤들은 파묘되어 어디론가 사라졌고
검단 주변 원당 당골에 묘지와 당집이 성행하여
오갈 데 없는 원혼과 영혼들을 위로하였다

인조는 도성을 세 번이나 버렸던 암군이었다
'一漢 二河 三江 四海' 참언에 미혹되었다
수도가 일한 한성에서 이하 파주 교하로
다시 삼강 강화도로 종당엔 사해 김포로 바뀐다는
평지룡 풍수지리를 믿었다
부모를 김포 장릉에 모셨고
자신은 파주 장릉에 터를 잡아 풍수로 연결했다

도시 개발 계획에 따라 검단 신도시가 건설되자
장릉 주변에도 고층 아파트가 세워졌다
어느 날 문화재청은 아파트 공사를 중지시켰다
조선 왕릉을 유네스코 세계문화유산 등재 사유로 꼽은
풍수지리 원리의 장묘 문화가 훼손되었기 때문이라 했다
두 장릉을 연결하는 용 봉우리 조산이 계양산인데
아파트가 계양산과 이어지는 조망을 막고 있다는 것이다

장릉 주변 아파트는 왕릉뷰 아파트라 명명되었고
문화재 보호 명목으로 졸지에 철거될 운명에 처해졌다
입주자들은 미숙한 행정을 질타하며 분통을 터트렸지만
여론은 문화재 보호에 방점을 찍어주었다
이 일은 마치 안식처를 빼앗기고 어디론가 사라져
온 동네를 당집으로 만든 그 시대를 연상케 한다
왕릉 때문에 백성들이 쫓겨 다니는 일은
전통 시대 암군 하나로 족하지 않은가

— 졸시, 「왕릉뷰 아파트」 전문

통일한국의 수도

김포는 포구다

포구로 둘러싸인 김포

서울에는 노량진과 마포처럼 예전에 배가 드나들거나 배가 정박했던 한강 나루터에서 기인한 지명이 많다. 그런데 같은 나루라도 노량진은 나루 진(津) 자를 쓰고 마포는 물가 포(浦) 자를 쓴다. 이유가 뭘까?

'진'은 우리말로 '나루'이다. 하천에 의해 일시적으로 끊어진 길을 이어주는 접합점이자 수운과 육운에 의해 운반된 물화가 교역되는 상업적 거점을 일컫는다. 그래서 '나라'의 어원을 나루에서 찾는 학자도 있다. 나루가 모여 나라를 이루었다고 보는 것이다.

'포'의 우리말은 '개'이다. 물가 중에서도 '개펄'을 뜻한다. 개펄은 밀물과 썰물 같은 조수로 인해 개흙이 퇴적되어 생긴 지형이다. 이러한 지형은 배의 출입과 정박이 용이하여 일찌감치 포구로 활용되었다. 그러므로 포구란 배가 드나드는 개의 어귀이다. 개 어귀의 바위를 갯바위라 불렀는데 접안에 도움을 주었기에 한자로 감암(甘巖) 또는 검암(黔

巖)이라 부르며 신성시했다.

조수가 드나들지 않는 강에는 나루만 있었겠지만 조강과 한강처럼 밀물과 썰물의 높이 차이가 무려 9미터에 이르는 세계적으로 조차의 규모가 큰 강에는 다양한 형태의 나루와 포구가 있었다. 대표적인 나루로는 광나루(광진), 양화나루(양화진), 동작나루(동작진), 노들나루(노량진), 삼밭나루(삼전도), 사평나루(한강도)가 있었고 포구로는 두뭇개(두모포), 삼개(마포), 검개(김포)가 있었다.

김포는 포구로 둘러싸인 반도이다. 교하와 염하 사이에 20개가 넘는 크고 작은 포구가 있었다. 고기잡이 어선과 화물을 실은 조운선, 강화와 개풍, 파주를 오가는 나룻배들로 포구는 늘 북적거렸다. 육운보다는 수운이 발전했던 시대였던 만큼 예성강을 통해 개경 가는 선박과 한강을 통해 한성을 오가는 범선이 하루에 천 척이 넘었다고 한다.

전종한 교수는 김포에 이토록 많은 포구들이 발달한 이유에 대해 조강 연안이 고려시대 이래 전국 각지로부터 도읍을 오가는 수많은 선박들로 번성하였다는 점뿐만 아니라 이 일대 포구들이 정기적으로 발생하는 조수로 인해 선박들의 필수 기항지일 수밖에 없었다는 점, 또 이들 포구가 국가 간선 수운망을 통해 도읍과 연결되어 있었고 내륙으로 뻗어 있는 육운망과도 연결되어 있어 교통 및 유통의 지역적 결절로서 기능을 하고 있었다는 점 등을 주요 원인으로 꼽았다.

김포반도의 여러 포구 가운데 월곶면에 위치한 조강포는 단연 최고(最古)의 포구였다. 해상강국이었던 한성백제의 해군기지였을 가능성이 제기되고 있는 포구로 '백제의 요서 경략'에도 모종의 역할을 했을 것으로 추측된다.

김포는 포구다

우리 고대사의 최대 쟁점 중 하나인 근초고왕(재위 346~375)과 근구수왕(재위 375~384)대의 '백제의 요서 경략'은 백제가 중국의 영토 일부를 공략해서 지배했다는 『송서』「이만열전」기사에서 비롯되었다. 488년에 편찬된 『송서』의 이 기사가 사실이라면 백제의 선박 건조 능력을 비롯하여 강력한 해군력을 방증하는 것이라고 고대 해양사를 연구해 온 윤명철 교수는 주장했다.

그는 서해에서 사용되었던 선박들이 주로 한강 밤섬에서 건조되었다는 역사적 사실을 근거로 백제 또한 이곳에서 군선을 건조했을 것이라 추정하였고 고려를 세운 왕건(재위 918~933)의 집안이 조강과 경기만을 장악한 해상 토호 세력이었다는 점을 들어 조강포에서 선박이 건조되고 수리되었을 것으로 보았다.

조강포가 백제의 해군기지였다면 광개토왕이 남정을 도모했을 때 관미성 공격에 앞서 이곳부터 점령하여 백제의 해군력을 무력화시켰을 가능성이 높다. 실제로 광개토왕의 남정 주력부대는 수군이었다. 대동강과 예성강에서 출정한 540여 척의 배에 수군 1만 명을 비롯하여 총 3만 5천 명의 병력이 남정에 동원되었다. 관미성인 오두잣을 공격하려면 조강의 커다란 조차를 피할 기항지가 필요했을 것이고 물때에 맞춰 병력을 이동시켜야 했으므로 군사를 일곱 길로 나누었을 것이다.

「광개토왕릉비문」에는 영락 6년(396) 광개토왕이 백제로부터 공취한 58개 성 가운데 비성(沸城)이 등장한다. 학계에서는 이 비성을 조강포와 관미성을 방어했던 통진 동성산성으로 비정하고 있다. 경기도박물관의 학술 조사에 따르면 동성산성은 김포 지역의 5개 현 중 하나로 북부지역을 관할하는 행정 중심지 동성현의 성이었다. 삼국시대와 통일

신라 시대에 북방으로 진출하기 위한 전초기지 성격의 교두보로서 강 건너 관미성 오두잣과 연계하여 서해에서 한강 유역으로 진출하려는 적을 저지할 목적으로 백제가 축조한 관방 유적이었다.

그러므로 고구려 군대는 관미성 공격에 앞서 동성산성을 먼저 도모해야 했고 조강포부터 점령해야 했던 것이다. 동성현은 조선 초기에 통진현에 통합되면서 행정적 기능이 약화되었고 강화도를 중심으로 해안과 강안에 관방 유적이 축조되면서 군사적 기능까지 상실하여 폐성된 것으로 보인다.

조강포의 추억

조강포는 고려시대에 더욱 번창했다. 왕건의 조상은 신라 말기에 경기만 일대에서 밀무역을 하던 재당신라인 즉 당귀인이었다. 김성호 박사는 왕건의 증조부가 되는 이 당귀인의 이름을 왕작(王作)이라고 추정했는데 그의 아들인 작제건이 조강 북안 개풍군 정주현 당두포에 정착하면서 고려 해상왕조의 씨앗이 뿌려졌다고 했다.

왕건이 스물한 살이 되던 896년, 철원에 도읍하였던 궁예의 태봉국이 예성강변 송악(개성)으로 천도하자 조강과 경기만의 패권을 둘러싸고 신라와의 일전을 피할 수 없게 되었다. 『삼국사기』 권50 「궁예전」을 보면 궁예의 수군이 정주(풍덕), 염주(연안), 백주(배천) 등 조강 북안과 강화, 교동, 하음(강화 북부), 공암(서울 강서구), 검포(김포) 등 조강 남안을 공략한 기사가 나온다. 사료에는 언급되어 있지 않지만 학계에서는 이 작전을 수행한 지휘관이 왕건이라고 단정하고 있다. 송도로 막 천도한

김포는 포구다

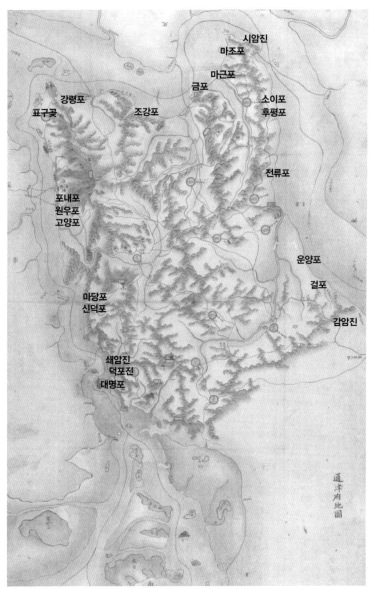

시암진
마조포
마근포
금포
소이포
후평포
강령포
표구곶
조강포
전류포
포내포
원우포
고양포
운양포
걸포
마당포
신덕포
감암진
쇄암진
덕포진
대명포

通津府地圖

〈통진부지도〉(1872). 김포반도가 크고 작은 포구로 둘러싸여 있다. 강령포, 조강포, 마근포
등 조강의 3대 포구를 비롯하여 20개가 넘는 포구가 국가 간선 수운망을 통해 도읍과 연
결되어 있었고 내륙으로 뻗어 있는 육운망과도 연결되어 있어 교통 및 유통의 지역적 결
절로서 기능을 하고 있었다.

궁예에게 수군이 있었을 리 만무하고 그 지역 호족들을 포함하여 배후의 지원 세력이 없었다면 강화에 주둔하고 있던 신라의 해군기지 혈구진을 공략하기가 쉽지 않았을 거란 분석 때문이었다.

이러한 분석의 실마리는 『고려사』 권88 「후비열전」에 기록된 왕건의 제1부인 신혜왕후의 기사가 제공했다. 신혜왕후의 부친이자 왕건의 장인인 유천궁은 밀무역으로 큰 재산을 일군 무역상이었기에 수군 못지않은 상선과 상단을 운영하고 있었다. 궁예 수군이 공략한 조강과 한강 유역은 등주 항로의 물류 거점이었으므로 유천궁은 이 지역을 샅샅이 꿰고 있었고 배후에서 왕건을 물심양면으로 지원할 수 있었다. 이때 왕건이 공취한 검포(김포)가 바로 조강포였다.

특히 오늘날 서울 강서구 지역인 공암은 신라가 아닌 후백제의 견훤 세력이 장악하고 있었다. 전라도 나주 상인들이 등주항로를 이용하기 위해 한강 하류에 진출하자 서해안 경제권을 장악하기 위해 전라도에서 올라온 견훤의 수군이 발빠르게 공암을 접수하였던 것이다. 그러나 유천궁 상단을 무시할 수 없었던 나주 상인들은 왕건의 지배에 복종하고 협력할 수밖에 없었는데 이들은 훗날 왕건으로부터 성씨를 제수받아 공암 허씨 또는 양천 허씨가 되었다.

강화도의 혈구진 공략에 성공한 왕건은 경기도 화성에 있는 신라의 또 다른 해군기지 당성진을 공략하여 경기만을 완전히 장악했다. 이로써 서해안 교역권의 패권을 차지한 왕건은 여세를 몰아 서해안을 멀리 남하하여 영산강 하류의 나주를 공략하였다. 견훤의 의표를 찌른 기상천외의 전략이었다. 이 작전에 공암의 나주 상인들이 목대잡이가 되어주었고 결과적으로 고려 개국의 단초를 만들어주었다.

김포는 포구다

왕건에게 협조한 한강과 임진강 주변의 호족 세력과 상인들 이른바 조강 세력에게 조강포는 물류의 거점이자 교통의 요지였다. 여기에 고려가 개국되자 수도 방위를 위한 해군기지와 조선소 역할까지 더해져 고려시대 내내 최고의 전성기를 구가했다.

조선시대에도 조강포는 조운(漕運)의 기항지로서의 명성을 잃지 않았다. 왕조가 바뀌어 도읍이 개경에서 한성으로 바뀌었을 뿐 물때는 예전 그대로였고 조강을 들고 나는 배들도 여전히 조강포에 머물며 오갈 때를 기다렸다.

서해 바다에서 조강포에 이르는 물길은 두 갈래였다. 강화도를 지나 황해도로 흐르는 서쪽 물길은 해서, 관서지방 배들이 이용했고 강화와 김포 사이를 흐르는 염하의 남쪽 물길은 삼남지방의 배들이 이용했다.

조강포는 선박들의 안전한 운항을 위한 기항지로서의 기능뿐만 아니라 강을 횡단하는 나루로서의 기능과 육로와 수운이 만나는 결절지이자 여객과 물품의 적환지로도 기능하였다. 그러므로 대부분의 조운선은 이곳에서 먼저 닻을 내렸다.

그러나 한국전쟁 이후 접경지역이 된 조강포에는 옛 포구의 흔적이 전혀 없다. 군사적 목적 때문에 2천 년의 역사가 거짓말처럼 사라진 것이다. 20세기 들어 철도와 도로의 발달로 육운망이 수운망을 능가하기 시작하면서 포구의 기능이 서서히 쇠락하고 있었지만 한국전쟁 이전만 하더라도 20개가 넘었던 조강의 포구들이 어항(漁港)으로서 그나마 명맥을 유지하고 있었다. 지금은 대부분 철조망에 둘러싸여 자취를 감추었고 접경지역에서 조금 벗어난 염하 하류의 대명포, 신덕포, 원우포와 한강 하류의 전류포만이 김포가 포구였음을 증거하고 있다.

철조망에 갇혀 있는 조강포 유허비. 역사적으로 크게 번성했던 포구라고는 도저히 믿기지 않는 현재의 조강포 모습. 한국전쟁과 남북분단으로 접경지역이 된 조강포는 군사적 목적 때문에 역사의 흔적을 모두 지워버렸다.

몇 년 전 조강포와 인근 마을이 부동산 투기꾼들의 관심을 한 몸에 받은 적이 있었다. 이명박 정부가 추진한 '한반도 대운하 사업'의 첫번째 터미널 예정지로 이 지역이 거론되었기 때문이다.

철조망에 갇혀 있는 금단의 땅에도 부동산 광풍을 불게 한 부동산 공화국의 투기 세력들도 문제지만 세계 2위의 도로율과 육운망을 자랑하는 나라에서 느닷없이 대운하를 건설하겠다며 국토 전체를 개발 광풍으로 몰고 간 토건 세력들의 발상이 더 큰 문제였다. 결국 그 세력들이 권력을 쟁취하여 벌인 '4대강 사업'은 사람과 자연 모두에게 피해를 입히고 국토에 커다란 생채기를 남겼다.

한편 남북관계가 대결 국면에서 화해 국면으로 전환될 때면 어김없이 조강포가 세간의 주목을 받았다. 2018년 남북정상회담 때에도 '한

김포는 포구다

강 하구의 공동 이용'이 주요 의제 중 하나였는데 합의서에는 한강 하구의 공동 이용과 함께 공동 수로 조사와 민간 선박 이용 군사적 보장 등의 내용이 담겼다. 이에 실무를 맡은 김포시는 조강통일경제특구 조성, 뱃길 복원과 생태계 조사 등 한강 하구 남북 공동 활용, 문화 교류 등을 북한에 제안하겠다는 의사를 밝혔다.

조강통일경제특구는 조강의 양안인 남한의 김포시 월곶면 조강리와 북한의 개경시 개풍군 조강리에 국가산업단지를 조성하고 조강을 가로지르는 (가칭)조강평화대교를 건설한다는 계획이다. 이 다리가 건설되면 강북의 자유로가 개성과 연결되어 있는 것처럼 강남의 올림픽대로가 개성과 연결되는 것이다. 이 계획은 남북관계가 다시 경색되면서 여전히 계획 상태로 머물러 있지만 남북 협력사업이 본격화할 경우를 대비해 조강포구 복원과 더불어 2.48킬로미터의 다리 건설만큼은 타당성 조사 등을 통해 꾸준히 추진하고 있다고 한다.

그러고 보니 하천에 의해 일시적으로 끊어진 길을 물길로 이어주었던 한강의 나루와 포구에는 어김없이 다리가 건설되었다. 광나루에는 광진교가, 양화나루에는 양화대교가, 동작나루에는 동작대교가, 노들나루에는 노량대교가, 사평나루에는 한남대교가 건설되었고 두뭇개에는 동호대교가, 삼개에는 마포대교가, 검개에는 김포대교가 건설되었으며 일산의 이산포와 김포의 감암포를 뱃길로 이어주었던 나루에는 일산대교가 건설되었다.

김포의 조강포와 개풍의 조강포를 뱃길로 이어주었던 나루에도 조강다리가 하루빨리 건설되어 남북통일로 이어지기를 간절히 기대해본다.

조강을 노래함

　고려시대와 조선시대에 국가의 주요 간선 수운망으로 명성을 떨쳤던 조강이지만 문인이나 학자들이 이곳의 풍광을 묘사하거나 평설한 기록은 그리 많지 않다. 그나마 고려시대에는 이규보가 지은 「조강부」와 백원항이 지은 「행도조강유작」 시가 유명하며, 조선시대에는 김시습의 『금오신화』 중 「용궁부연록」에 나오는 조강신의 노래가 널리 알려져 있다.

　또 김시습과 동시대를 살았던 성현이 지은 「도조강」은 조강을 건너며 이규보를 회상하는 시로 유명하고, 황정욱의 시 「등오두성녹시동유」는 오두산성과 교하의 풍광을, 정두경의 시 「용산」 7수는. 오대산에서 발원한 한강이 조강에 이르러 서해로 흘러 들어가는 모습을 표현하고 있다. 신유한이 지은 「조강행」은 조강에 기대어 사는 사람들의 애환을 잘 표현한 수작으로 꼽힌다.

이규보의 「조강부」

조강을 묘사한 인물을 꼽으라면 고려시대 대문호 이규보(1169~1241)가 첫 손가락에 꼽힐 것이다. 그의 문집인『동국이상국집 』권1에는「조강부(祖江賦)」를 비롯한 6편의 부(賦)가 실려 있다. 부는 시와 산문의 중간 형태로 심미성과 수사성을 강조하는 장르이다. 이규보는 이 부의 형식을 빌려 자신이 살고 있는 무신집권 시대의 사회 상황을 묘사하고 그 상황 속에서 대응하며 살아야 하는 이규보 개인의 사상이나 감정 등을 묘사하고 있다고 문철영 교수는 「이규보의 '賦'에 담긴 담론과 숨겨진 자아」 논문에서 분석했다. 「조강부」는 6편의 부 가운데 유일하게 서문이 함께 실려 있는데 작품을 지은 시기, 작품의 배경 그리고 저작 의도 등이 비교적 잘 나타나 있다.

정우(貞祐) 7년 4월에 내가 좌보궐(左補闕)에서 탄핵을 받고 얼마 후에 계양(桂陽) 원으로 부임하는 길에 조강(祖江)을 건너려고 하였다. 이 조강은 본래 물결이 빠르고 세찬 데다 마침 폭풍을 만나 온갖 곤란을 겪은 후에 건너게 되었다. 그래서 이 부(賦)를 지어 신세를 슬퍼하고 내 마음을 스스로 달래며 마무리지었다.

정우 7년은 고려 고종 6년으로 1219년이다. 이때 이규보의 나이는 52세였다. 한 해 전인 1218년 12월에 이규보는 지방 수령 가운데 팔관회를 축하하는 표를 올리지 않은 이를 적발하여 탄핵하려 했으나 상관인 금의가 만류하여 포기한 일이 있었다.

그런데 이듬해에 최충헌에게 이 일이 알려지자 '감찰의 책무를 다하지 못했다' 하여 금의와 이규보 모두 탄핵을 받았다. 그러나 최충헌은 금의를 측근이라는 이유로 용서해주었고 이규보만 면직시켰다. 이규보로서는 참으로 불공정하고 억울한 일이었다.

유배성 좌천을 당한 이규보는 계양도호부부사 병마검할이 되어 계양으로 부임하는 길에 조강을 건넜다. 조강은 평소에도 조수로 인해 물결이 빠르고 거센데 그날따라 폭풍까지 불고 있었다. 온갖 고생과 곤란을 겪으며 강을 건넌 이규보는 강물에 요동치는 배와 다름없이 세상의 격랑에 흔들리는 자신의 처지를 돌아보면서 이 부를 지어 스스로를 위로하였다고 밝히고 있는 것이다

넓디넓은 강물이	活活江流
경수처럼 흐린데	濁如涇水
시커먼 빛 굼실굼실	漆色而泓
굽어보기도 무서워라	難俯視
여울져 솟구치는 모양	湍又激而迅兮
구당(협곡)에다 비할쏜가	豈瞿塘之足譬
달리는 뭇 내를 모았으니	控百川之奔會兮
솥의 물이 들끓는 듯	若鼎湯之驚沸
이무기와 악어가 입을 벌리고	蛟鰐呀呀以流涎
독룡이 숨어 엿보는 듯	又安測毒龍之潛伏以伺
물살을 거슬러 나아가려 하나	泝灘欲徑進兮
배가 가는 양 그대로 멎는구나	船如行而尚止
저녁이 아닌데 어두워지고	不夕而暝
바람도 없는데 물결친다	不風而波

조강을 노래함

눈 같은 물결이 콸콸 돌에 부딪는 모양	雪浪礧石以崩騰兮
진(秦)과 진(晉)이 팽아에서 싸우는 듯	若秦晉戰于彭衙
저 사공은 집채 같은 물결에 익숙해도	篙工狎翫靈胥兮
빙빙 도는 소용돌이를 무서워하네	猶畏夫洄洑與盤渦
잠깐 온 길을 돌아보니	顧區區一瞥之所如
콸콸 출렁이는 서슬에 멀리 나온 듯	豈以其澎濞鬱怒兮成此邀遷

「조강부」는 내용을 기준으로 크게 세 개의 단락으로 나뉜다. 위의 첫째 단락은 조강에 대한 묘사이다. 도강하기 결코 쉽지 않은 강이라는 것을 강조하기 위해 굽어보기도 무섭고 강물의 흐름이 전쟁터를 방불한다고까지 표현하면서 자신이 살아온 현실 세계 즉 '평탄치 않은 벼슬길'이 이와 다르지 않았음을 암시하고 있다.

이 몸은 지금 귀양가는 길	子旣被謫
이 험한 강물을 만났구나	遭此嶮流
외로운 배 오뚝이 들쑥날쑥	孤舟兀以出沒兮
어디로 가리, 갈 길은 먼데	其將安適兮去悠悠
벌판엔 우거진 풀	望平皐兮草暗
먼 개(浦)에 자욱한 연기	遡極浦兮煙愁
새 소리 찍찍짹짹	鳥鳴軋軋
잔나비 울음 구슬픈데	猿哭啾啾
지는 해는 뉘엿뉘엿	落日兮掩掩
뜬구름은 뭉게뭉게	黃雲兮浮浮
오마가 좋다 하나	雖五馬之足榮兮
내 바란 것 아니로세	亮非吾之攸期

아아, 이 머나먼 길	嗟此邁征
옛날엔들 없었던가	古氣無之
맹자는 세 밤 자고 주를 떠났고	孟三宿而出晝兮
공구도 노를 더디더디 떠났으며	丘去魯兮遲遲
가의는 낙양의 재자로되	賈誼洛陽之才子兮
비습한 장사 땅에 귀양 갔네	謫長沙之濕卑
성현도 그랬거니	聖賢尙爾
내 다시 무엇을 슬퍼하리	子復何悲
불우했던 옛사람들보다	較昔人之未遇兮
나는 또 한 고을 수령으로 인을 찼구나	吾又專城兮斗印纍纍

　위의 둘째 단락은 좌천되어 유배나 다름없는 길에 오른 자신의 처지를 돌아보고 또 주위를 둘러보며 자신이 겪고 있는 불우한 현실이 결코 혼자만의 어리석음 때문이 아니라 맹자[孟]와 공자[丘], 가의와 같은 선현들도 좌천되고 귀양 갔다는 역사적 사실을 제시하며 좌절감을 공유하고 있다.

　가의는 전한(기원전 200년경)의 정치가이자 시인이다. 그 또한 좌천되어 타지로 부임하러 가는 길에 멱라수를 지나가 되었는데 멱라수에 빠져 죽은 초나라 시인 굴원을 생각하며 「조굴원부」를 지었다. 굴원이 귀양 가서 그 억울한 마음을 「어부사」로 읊고 멱라수에 빠져 죽은 이래로 강물은 곡절 많은 시인의 마음을 상징하는 존재가 되었기에 굴원을 애도하며 자신의 처지를 한탄한 것이다. 이규보가 가의를 호출한 것도 같은 이유에서였다.

　　　　　　　　　　　　　　　　　조강을 노래함

곡산(송악산의 별칭)이 가려져서 차츰 멀어지니	鵠山隱翳兮漸遠
장안을 바라보매 눈만 피로하다	望長安兮徒自疲
이미 상도를 떠나온 몸	業已離於上都兮
계양이 가까우니 반가워라	欣桂陽之伊邇
어기여차, 배를 대어라	于以泊舟
저기 저 비탈 언덕에 누가 와서 맞는고	于彼碕涘誰其來迎
시골뜨기 늙은 아전들	貿貿殘吏
채색 장막이 너울너울	紛綵幕兮葳蕤
붉은 기가 펄렁펄렁	爛紅斾兮旖旎
산기슭에 행차를 쉬니	弭節兮山之椒
횃불이 숲을 비춰 새가 놀라 날아간다	炬火照林兮鳥驚以飛
잠깐 거닐며 머리카락을 흩으니	聊逍遙以散髮兮
바람이 옷깃을 펄펄 날리는구나	風攪攪兮吹衣
강물이 아무리 빨라도	江水駛而疾兮
나는 분명 건너왔네	子旣濟其何疑
가자, 여기 즐길 만하거니	行矣尙足樂兮
어찌 고향만을 그리워하리	何必眷眷兮懷歸
출처는 맘대로 안 되는 것	出處不自謀兮
낙천지명하여 선철을 따르리라	樂天知命兮先哲是希

위의 셋째 단락에서는 '강물이 아무리 빨라도 나는 분명 건너왔네' 하며 안도하면서 고단한 현실을 기꺼이 받아들이려는 모습을 보인다.

방점을 찍을 수 있는 부분은 마지막 구절인 '낙천지명하여 선철을 따르리라'인데 낙천지명이란 '천(天)을 즐기며 명(命)을 알면 어리석음을 범하지 않는다.'라는 뜻으로 『주역』에 나오는 말이다. 해석하면 '하늘의 뜻에 순응하여 자기의 처지에 만족하니 아무것도 걱정하지 않는다.'이다. 안분지족(安分知足)한 삶을 추구하겠다는 것이다.

다른 한편으로 낙천지명은 당대의 이백, 두보와 더불어 3대 시성으로 불리는 백거이를 호명하는 말로 들리기도 한다. 낙천이 백거이의 자(字)이기 때문이다. 이 경우 낙천지명혜(樂天知命兮)를 '낙천의 명을 앎이여'라고 해석하고 선철시희(先哲是希)를 '선철(백거이)을 따르리라'로 해석할 수 있다. 즉 백거이가 추구한 명철보신(明哲保身)의 삶을 따르겠다는 의미이다.

그리고 보니 이규보와 백거이는 많이 닮았다. 수천 편의 시를 남긴 것도 닮았고 벼슬살이를 하다가 몇 차례 좌천된 것도 닮았으며 무엇보다도 유연자적한 삶을 살고 싶어 했다는 점이 가장 닮은 점이라 할 수 있을 것이다. 실제로 이규보는 계양 유배 이후 입신(立身)보다는 보신(保身)에 주력하는 삶을 살았다.

백원항의 「조강에 이르러」

백원항(1260~1330)의 「행도조강유작(行到祖江有作, 조강에 이르러)」라는 시는 『동문선』 제20권에 실려 있다. 그러나 시를 쓴 백원항이라는 인물에 대해선 알려진 바가 거의 없다. 석당학술원에서 발간하는 『석당논총』에 실린 여운필 교수의 논문 「백원항의 생애와 시세계」를 통해 그의 생몰연대와 관직 등의 이력을 조금이나마 파악할 수 있었다.

그는 1260년경에 출생하여 충렬왕 5년(1279)에 사마시에 장원급제

조강을 노래함

하고, 1279년부터 1286년 사이에 예부시에 등제하였으나 오랫동안 말직에서 저회하였던 듯하다. 충렬왕 33년에는 충선왕과 세자(충숙왕)를 시종하여 원나라에 다녀오고, 충선왕 3년에는 선군별감을 지냈으며, 이듬해에 유배되었다가 곧 해배되어 전교령이 되었던 것으로 보인다. 충숙왕 2~3년경에 총부전서가 된데 이어, 4년에는 동고시관이 되었으며, 5년에는 밀직사에 올랐다. 충숙왕 8년에 다시 연도에서 충숙왕을 시종하고, 첨의평리로 승진하였으며, 언제인가 찬성사로 승진하는 등 충숙왕의 측근으로 활약하다가 1330년 무렵에 사망하였을 듯하다.

　현전하는 백원항의 시는 완편 16제 16수와 연구 1편이다. 작품의 출처를 고려 말에 편찬된 『선수집』과 『속동인문』 등의 시선집이었을 것으로 여운필 교수는 추정한다. 이 문집들이 현전하지는 않지만 적어도 『동문선』이 편찬되었던 성종 9년(1478)까지는 존재하였기에 백원항의 시가 『동문선』에 수록될 수 있었던 것이다.

　여운필 교수는 백원항의 시세계를 술회시, 관각시, 경물시로 나누어 분석하였는데, 경물시인 「조강에 이르러」에 대해서는 전반적으로 형사에 치중한 경향이 강하며, 정경의 융합을 보여 주는 경우 송나라 시풍의 감정 절제를 특성으로 하였다고 평가했다.

나룻배 떠나려니 밀물이 가로막아	小舟當發 晚潮催
강가에 말을 매고 홀로 쓴웃음 짓네	駐馬臨江 獨冷哈
언덕 저편 세상일은 언제 끝나려는지	岸上世情 何日了
앞사람 건너기 전 뒷사람이 또 왔네	前人未渡 後人來

이 시는 짧지만 이규보의 긴 「조강부」보다도 더많은 영감과 여운을 준다. '언덕 저편 세상일'이 무엇인지 모르겠으나 시인은 끝나길 간절히 기원하고 있다. 시인이 살았던 시대는 원나라 간섭기였고 지금은 분단시대이다. 백원항 연구자 여운필 교수는 이렇게 감상했다.

이 시는 조강도 주변의 을씨년스러운 경물과 그로 인한 서정적 자아의 정서가 적절히 어우러진 표현적 양상을 보여준다. 저녁에 조강에 이른 것으로 보아, 시적 화자는 남쪽 어디에서 개경으로 돌아오고 있었던 듯하다. 오랜 나그네 길에서 돌아오고 있었을 터인데도 안도감보다는 허탈감에 젖어 있다. 게다가 밀물마저 나루를 건너라고 재촉하니 쓴웃음만 인다. 그런데 나루터로 오는 사람들은 왜 저리 많을까? 저들도 나처럼 쓸쓸한 일 때문에 바쁜지 모르겠다. 전구에는 오랜 나그네 길에서 돌아오는 이의 앞날에 대한 불안이 은근히 배어 있다. 그러나 이를 드러내어 언표(言表)하지는 않았다. 아마 하급관직을 전전하던 때에 개경을 떠나 있다가 돌아오던 길이거나, 영흥도에 유배되었다가 해배되어 귀경하는 길이었을 법하다.

김시습의 조강신의 노래

조강을 노래한 조선시대 작품으로는 김시습(1435~1493)이 지은 『금오신화』의 「용궁부연록」에 나오는 조강신의 노래가 제일 먼저 떠오른다. 가난한 무반 집안에서 태어났지만 '오세신동'이라 불릴 만큼 뛰어난 천재성을 보였던 김시습은 세조의 왕위 찬탈 과정을 겪으면서 불의한 세상과 갈등하다 사람들로부터 평생 광인 취급을 받으며 살았다.

스무 살 때에 시작된 그의 방랑은 경주 금오산에서 7년을 보내는 동안 잠시 수그러들었는데 이 시기에 자신의 눈부신 재능을 세상에 펼치지 못한 한(恨)을 불교적 설화에 빗대어 표현한 것이 『금오신화』이다. 이런 그를 두고 이이는 "선비의 마음을 갖고 스님의 족적을 남겼다."고 평가했다.

『금오신화』 중 「용궁부연록」은 천마산 박연폭포 용왕이 고려시대 문사 한생과 조강을 다스리는 조강신, 임진강을 다스리는 낙하신 그리고 예성강을 다스리는 벽란신을 용궁으로 초대해 함께 시를 짓고 가무를 즐긴다는 것이 주요 줄거리이다. 작중에서 조강신(祖江神)은 아래와 같이 노래한다.

푸른 바다로 흘러드는 물은 그 형세가 쉼이 없어	碧海朝宗勢未休
힘차게 이는 물결이 가벼운 배를 띄웠구나	奔波汨汨負輕舟
구름이 흩어진 뒤에 밝은 달은 물에 잠기고	雲初散後月沈浦
밀물이 밀려들자 건들바람 섬에 가득해라	潮欲起時風滿洲
날이 따뜻해지니 거북과 물고기들 한가롭게 나타나고	
	日煖龜魚閑出沒
맑은 물살에 오리떼들 제멋대로 떠다니네	波明鳧鴨任沈浮
해마다 파도 속에 시달리는 이 몸인데	年年觸石多嗚咽
오늘 저녁 즐거움으로 온갖 근심이 다 녹았네	此夕歡娛蕩百憂

낙하신(洛河神)의 노래는 다음과 같다.

오색 꽃 그림자가 겹자리를 덮었는데	五花樹影蔭重茵

대그릇과 피리들이 차례로 벌여 있네　　　　　　　　邊豆笙簧次第陳
운모 휘장 두른 곳에 노랫소리 간드러지고　　　　　雲母帳中歌宛轉
수정 주렴 드리운 속에선 나풀나풀 춤을 추네　　　水晶簾裏舞逡巡
성스런 용왕님께서 어찌 못 속에만 계시겠나　　　神龍豈是池中物
문사는 그전부터 자리 위의 보배로다　　　　　　　文士由來席上珍
어찌하면 긴 끈을 얻어 지는 해를 잡아매고　　　　安得長繩繫白日
아름다운 봄 햇살 속에 흠뻑 취해 지내려나　　　　留連泥醉艷陽春

벽란신(碧瀾神)의 노래는 다음과 같다.

용왕님께선 술에 취해 금상에 기대셨고　　　　　神王酩酊倚金牀
산 비는 부슬부슬 해는 이미 석양일세　　　　　　山靄霏霏已夕陽
너울너울 곱게 춤추며 비단 소매 돌아가고　　　　妙舞偓佺廻錦袖
맑은 노래 가느다랗게 대들보를 안고 도네　　　　清歌細細遶彫梁
몇 년 동안 외로웠던가 은섬이 번득이는데　　　　幾年孤憤翻銀島
오늘에야 기쁘게도 백옥잔을 함께 드네　　　　　今日同歡擧玉觴
흘러가는 이 세월을 아는 사람 없으니　　　　　　流盡光陰人不識
예나 지금이나 세상일은 너무나 바빠라　　　　　古今世事太忽忙

　낙하신의 노래와 벽란신의 노래에도 즐거움 속에 애달픈 마음이 숨어 있으니 흐르는 강물을 주관하는 강신들도 세월의 무상함은 어쩔 수 없었나 보다.
　용궁을 다녀온 뒤 한생은 세간의 명리를 버리고 명산에 들어가 숨어 살게 된다는 이야기로 끝을 맺는데 마치 한여름 밤의 꿈같이 허망하고 속절없는 자신의 처지와 이상을 노래하고 있는 듯하다.

　　　　　　　　　　　　　　　　　　　　　　　조강을 노래함

성현의 「조강을 건너며」

성현(1439~1504)은 세조와 예종, 성종, 연산군 때의 문신이다. 대명 사신으로 네 차례나 중국을 다녀올 정도로 외교에 필수라 할 수 있는 문장과 시에 뛰어났다. 오랫동안 관직에 있으면서 홍문관 대제학에 올라 당대의 문장을 이끌었으며 문학뿐만 아니라 음악에도 조예가 깊어 『악학궤범』과 같은 음악서를 편찬하기도 했다. 『허백당집』, 『용재총화』 등의 저술이 있다. 그가 조강에 대해 읊은 시가 「도조강(渡祖江, 조강을 건너며)」이다.

백운거사 일찍이 이 나루를 건넜으니	白雲居士曾渡此
일엽편주 구름과 물 사이에서 춤을 추었을 때	一葉扁舟舞雲水
바람에 몰려온 파도를 필력에 끌어들여	風捲波濤入筆力
가슴속의 불평한 기운을 다 쏟아내었지	瀉出胸中不平氣
내가 온 오늘은 가을비가 막 그친 뒤라	我來今日秋雨餘
나루 머리의 바람 기운 맑고 아름다워	渡頭風日正淸美
길이 읊으며 노를 저어 중류에 둥둥 뜨니	長吟擊楫浮中流
한없는 나그네 시름이 창공에 흩어져버리네	無限羈愁散空翠
이공은 부를 지었는데 나는 지금 시를 짓고	李公作賦余作詩
이공은 이마를 찡그렸는데 나는 눈썹을 폈네	李公蹙頞余伸眉
행인은 제각기 근심과 즐거움이 있지만	行人遞自有憂樂
하늘 뜻이야 어찌 안위를 만들려고 하랴	天意豈肯生安危
세간에 이름 있는 사람치고 고금을 통틀어	世間賢達無今昔
공을 이어 이 글 지은이가 바로 누구던고	繼公而作知是誰

시에 등장하는 '백운거사'와 '이공'은 「조강부」를 지은 고려시대 문신 이규보이다. 「조강부」가 너무 유명해서 조선 후대까지 조강을 주제로 한 시에는 '백운거사'나 '이공'이 자주 호출된다.

고려 무신정권 시절 좌천을 당하여 개경에서 임지인 계양(부평) 가는 길에 조강을 건넜던 이규보는 물때가 맞지 않아 온갖 고생과 곤란을 겪은 일을 「조강부」에 절절히 토로한 바 있는데 그런 이규보를 회상하며 하늘의 뜻에 따라 자연현상에 순응하면 안위 따위는 우리가 걱정한다 하여 바뀌는 것이 아님을 애써 강조하고 있는 듯하다.

황정욱의 「등오두성녹시동유」

황정욱(1532~1607)은 조선 중기에 대제학, 예조판서, 병조판서를 역임한 문신으로 파주 교하가 고향이다. 황희의 후손으로 문장과 시에 뛰어났다고 한다. 그러나 임진왜란 때 왕자인 순화군과 함께 포로로 잡혀 임금인 선조에게 항복할 것을 권유하는 문서를 작성했다는 이유로 역사의 죄인으로 기록되어 있다. 왕의 특명으로 유배에서는 풀려났으나 끝내 복관되지는 못했다.

우선 그의 시 「금승산하청두명유감(金蠅山下廳杜鳴有感, 금승산 아래서 두견새 우는 소리 듣고)」를 읽어보자.

온 산에 달빛 내린 밤 슬피 우는 두견새는	滿山明月不如歸
가슴속 붉은 피를 다 말리며 울어대는데	血赤心丹盡夜啼
물 위에 늦게 돌아온 배 무사히 돌아가고 싶거든	河上晚歸歸便好

조강을 노래함

기필코 새벽 닭 울기만 참고 기다리게나   莫教驚覺待晨鷄

금승산은 교하에 있는 산으로 황정욱의 부모 묘소가 그곳에 있다. 위의 시에서는 묘소를 참배하면서 피눈물을 참는 황정욱의 심정이 읽힌다. 대인의 시 한 편에 뛰어난 절조가 엿보인다는 세평을 받았지만 참고 기다리며 의연히 풍월이나 읊아야 하는 세월이 참으로 야속했을 것이다.

그가 조강에 대해 쓴 시 「등오두성녹시동유(登烏頭城錄示同游, 오두성에 올라 함께 노니는 사람에게)」는 아래와 같다.

세 줄기 물이 합쳐 눈썹처럼 흐르는 곳   三岐水合一眉横
까마귀 머리 모양의 옛 성이 보이는데   拔地烏頭見古城
새들은 날아가고 날아오며 하얗게 날고   鳥去鳥來天界白
조수물은 들고 빠지며 파랗게 섬 하나 띄운다   潮生潮落島分青
신선이 노니는 곳 팔극루처럼 거처도 좋은 곳   神遊八極樓居好
눈길은 천 척 배를 보내고 바닷길은 맑고 맑아   目送千帆海道清
같이 노니는 우리들의 흥취 이 즐거움은   多少同遊俱興逸
의연히 풍월을 읊던 무우행이 아니던가   依然風詠舞雩行

정두경의 「용산」 7수

정두경(1597~1673)은 인조와 효종, 현종 때의 문신이자 시인이다. 이항복의 문인으로 스무 살부터 문장으로 이름을 날렸다. 33세에 문과에 급제하여 추숭도감의 낭청이 되고 부수찬에 올랐으나 을사사화의 원흥 정순붕의 자손이라 하여 체직되었다.

47세(인조 21년[1643])에 홍문관 수찬을 역임했고, 효종 즉위 후에는 부교리와 교리를 거쳐 56세에 시독관, 정언이 되었다. "그는 문명(文名)이 있지만 술을 즐기고 방일하여 간쟁에 적임이 아니라"는 사관의 비난을 자주 받았다. 59세에는 공조참의가 되었고 61세(효종 8년[1657])에 중추부 첨지가 되었다. 70세(현종 7년[1666])에는 예조참의를 거쳐 홍문관 제학과 예조참판이 되었다. 문장이 기고(奇古)하고 한시에 뛰어났으며 성품이 호탕하고 술을 즐겨 마셨다는 세평을 남겼다.

그의 시 「용산(龍山)」 7수는 다음과 같다.

오대산 앞으로 강물이 흘러내리고　　　　　五臺山前江水流
조강에서 오는 조수 한강 머리 지나가네　　祖江潮過漢江頭
공세 실어 들이는 길 바닷길과 통하거니　　貢稅自通滄海路
산하 형세 본디부터 제왕 사는 곳이라네　　山河元是帝王州

푸른 강물 백사장을 끼고서 빙 돌아들고　　碧水透迤帶白沙
저녁 돛배 빗속에서 어부 집을 향해 가네　　晚帆冒雨入漁家
주인장이 객을 보고 어디에서 왔나 묻자　　主人問客發何處
아침나절 소양강서 꽃과 이별했다 하네　　朝別昭陽江上花

공자께서 맑은 강서 닻줄 끌고 돌아가매　　公子澄江錦纜廻
버들꽃은 곳곳마다 강을 향해 피어 있네　　楊花處處向江開
춘풍 불자 떨어져서 강물 따라 흘러가니　　春風吹落隨流水
멀리에서 바라보매 흰 눈 오는 것만 같네　　遠望還疑白雪來

　　　　　　　　　　　　　　　　　　　　　조강을 노래함

무뢰배인 서울 사는 나이 젊은 악동들은	無賴京華惡少年
호주머니 속에 많은 수형전을 가졌다네	囊中多貯水衡錢
가끔은 강가로 와 술을 사서 마시고는	時來江上沽春酒
다시 수양버들 꺾어 말채찍을 만드누나	更拗垂楊作馬鞭
용산의 장사치들 배 띄워서 출발하니	龍山商賈發行舟
북을 치는 소리 속에 흰 갈매기 나는구나	打鼓聲聞起白鷗
뱃사람들 말하거니 봄 온 뒤로 바람 순해	爭道春來風勢順
조강 뜬 지 삼일이면 나주 도착한다 하네	祖江三日到羅州
해가 지자 바람 거세 하얀 물결 일더니만	日落衝風起白波
큰 강 위에 뇌우 오매 교룡들이 울부짖네	大江雷雨吼蛟鼉
아침 되자 낚싯배의 높이 석 자 되었으매	朝來釣艇高三尺
봄 강물이 한밤 새에 불어난 걸 알겠구나	始覺春流一夜多
장사꾼 탄 일천 돛배 만리 밖에서 돌아오니	賈客千帆萬里廻
긴 바람이 물결 깨어 바다 문을 열어주네	長風破浪海門開
모든 배들 연미정의 정자 앞을 지나서	俱從燕尾亭前過
양화도의 강나루를 향해 함께 들어오네	共入楊花渡口來

신유한의 「조강행」

  신유한(1681~1752)은 숙종, 영조 시대를 살았던 서얼 출신의 문장가
이다. 임진왜란 이후 서얼에게도 과거 문이 열리자 진사시에 장원하였
고 증광시에 급제했지만 신분의 한계 때문에 벼슬은 평생 한직과 벽촌

현감에 머물렀다.

1719년 39세 때 기해통신사 제술관으로 뽑혀 오른 일본 사행길에 6천여 편의 글을 지어 일본 전역에 뿌렸다. 가는 곳마다 그의 글을 청하는 이들로 장사진을 이뤘다고 하는데 앉은 자리에서 수백 편의 시문을 단숨에 써내려가 일본 문인들을 감탄하게 했다. 그의 사행일기 『해유록』은 일본 문물과 풍습을 사실화처럼 기록해 박지원의 『열하일기』와 더불어 사행기록의 쌍벽을 이룬다.

다음은 그가 쓴 「조강행(祖江行, 조강에 가다)」이다.

쪽배를 조강에 정박하고	扁舟泊祖江
저물어 강촌 주막에 투숙하니	暮宿江村廬
큰 파도 흰 눈 뿜어내듯 하고	洪濤若噴雪
물결 솟구쳐 하늘로 오르는구나	澎湃騰空虛
강촌 노인은 귀밑머리가 새하얀데	江村老翁鬢皚皚
스스로 말하기를 이 항구에 산다 하네	自言生在此港居
조강은 일명 삼기하라 한다오	祖江一名三岐河
세 강이 함께 바다로 흘러가기 때문이지요	是爲三江合朝創海波
남으론 호남, 해서론 평양으로 통하니	南通湖海西樂浪
이어진 배들은 나는 베틀 북과 같다오	舳艫相屬如飛梭
고기, 소금, 과일, 배, 쌀 산같이 쌓일 땐,	魚鹽果布米作山
이 항구에 하루에 천 척의 배가 오고 갔지요	此港一日千帆過
장년의 황모 쓴 사내는 어느 고을의 사람인지	長年黃帽何郡郎
손님들에게 청사며 금파라를 팔았지요	賈客靑絲金叵羅
모두 한강을 건너기가 어렵다고 말하지만	皆言漢水苦難越
웃으며 목로에서 술 파는 여인이 누군가 물으니	笑問當壚沽酒娥

조강을 노래함

이규보   성현

김시습   황정욱

조강을 노래했던 문인들의 삶은 한결같이 곡진했다. 건너기가 쉽지 않았던 조강처럼 그들의 삶 속에도 조강이 흘렀다. 삶은 결코 평류로 흐르지 않았다. 세상사에도 물참과 잦감과 같은 물때가 있어 시류를 잘못 타면 삶은 나락으로 떨어지기 일쑤였다.

나부가 머리를 처음 올린 듯하고	羅敷初綰髻
막수가 눈썹을 예쁘게 그린 듯하며	莫愁工畫蛾
버들가지 모양의 가는 허리로	纖纖柳枝腰
춘면가를 예쁘게 불렀다오	艷唱春眠歌
강이 날마다 흘러 봄 술이 익어갈 때면	江流日日變春酒
취해 돈을 던지며 젊은 아낙을 부르고	醉擲金錢喚少婦
달 지고 조수 일면 배 위에선 수군거리며	月落潮生船上語
봄빛이 강가 버드나무에서 일어나	韶華澹蕩江頭柳
해마다 이 항구는 번화하여	年年此港盛繁華
북녘 길손도 평양 자랑 못 할 정도였다오	北客羞誇浿江口
팔도에 자주 가뭄 들더니만	自從八路頻水旱
세상 인정 점점 바뀌어	世事人情看漸換
돛대는 구름 같고 노 소리는 찰찰대지만	布帆如雲櫓軋軋
다시는 머리 돌려 강기슭을 바라보지 않았으니	誰復回頭望江岸
아랫마을 건너마을 죄다 쓸쓸해지고	東隣北里盡蕭索
비단소매 꽃비녀의 여인들도 바람처럼 흩어졌다오	錦袖花釵風渙散
봄에는 밭에서 농사를 지어보고	春田學種稼
가을엔 부엌에서 땔나무로 불 지피지만	秋竈供樵爨
사내는 추위에 옷도 제대로 못 입고	夫寒未授衣
아낙은 배고파도 밥 지을 수 없었다오	女飢不得爨
지금은 밥하는 집도 새벽별같이 드물어	祇今烟戶似晨星
벽에 비린내 나는 고기잡이 도롱이만 바라본다오	但看挂壁漁簑腥
도롱이 차림으로 낚시 나가 저물어 허탕치고 돌아오면	
	漁簑釣艇暮虛歸
강둑엔 바람이 급하고 어둑어둑 비마저 내리니	江中風急雨冥冥
앞에 성쇠를 어찌 다 말하리오	眼前盛衰那可道

조강을 노래함

나는 얼굴이 이미 글렀고 수염과 눈썹이 희어버렸다오

儂顔已失鬢眉靑

사군이 이 말을 듣고서 마음이 처량하여 　　　使君聞此意茫然

침울하게 읊다가 붓 놓고 가을하늘 바라보네 　　沈吟落筆當秋天

그대는 알지 못하는가 　　　　　　　　　　　爾不識

삼남의 일백 곳 큰 고을에선 　　　　　　　　三南一百古名州

관기들이 머리 흔들어 금비녀 집어던진 것을 　官娃掉頭抛金鈿

가만히 앉아 민생이 피폐함을 생각하면서 　　坐思民生凋弊盡

내 홀로 어찌하여 　　　　　　　　　　　　吾獨胡爲

가야산 서너 이랑 밭에 씨 뿌리지 않는가 　　不種伽倻數畝田

신유한 평전『천하제일의 문장』을 쓴 하지영 교수는 신유한의 삶은 경계 밖에 머물러 있었다고 했다. 경계 밖의 시선으로 경계 안을 바라보았기에 그의 문학에는 특유의 날카로운 목소리가 담겨 있다는 것이다. 번성했던 조강 마을이 장마와 가뭄을 연이어 겪은 뒤 삶이 피폐해진 모습을 노인의 입을 통해 고발한 시가 「조강행」이다. 관직 생활을 하며 목도한 백성들의 비극이 시 세계 안으로 들어오게 된 것이다.

그러나 안타까운 것은 이들 시에서 신유한이 무기력한 모습으로 일관한다는 점이라고 하지영 교수는 말한다. 갑자기 가야산으로의 은거를 꿈꾸는 장면으로 마무리되는 위 시가 특히 그렇다는 것이다. 이처럼 신유한의 문학에서 자주 포착되는 개인적인 세계로의 도피는 자기 의지로 현실의 병폐를 극복할 수 없다는 깊은 무력감에 기인한다고 그는 분석했다.

그러고 보니 조강을 노래했던 문인들의 삶은 한결같이 곡진했다. 건너기가 쉽지 않았던 조강처럼 그들의 삶 속에도 조강이 흘렀다. 삶은 결코 평류로 흐르지 않았다. 세상사에도 물참과 잦감과 같은 물때가 있어 시류를 잘못 타면 삶은 나락으로 떨어지기 일쑤였다.

세조와 예종, 성종, 연산군 때의 문신으로 문학뿐만 아니라 다방면에 재능을 발휘하여 조선 전기에 대표적인 관료 문인으로 추앙받았던 성현이 조강을 건너다가 이규보를 회상하며 "하늘 뜻이야 어찌 안위를 만들려고 하랴" 했지만 사후 몇 달 지나지 않아 갑자사화가 발생하여 부관침시를 당할 줄 또 누가 알았으랴.

조강을 노래함

조강물참

이지함의 「조강물참시각표」

　바닷물이 들고 나는 시각을 물때라 한다. 해와 달이 지구에 끼치는 인력과 원심력에 의해 주기적으로 되풀이되는 현상이다. 바닷물이 들어 가득 차오르면 '물참'이라 하였고 물이 다 빠져나가면 '잦감'이라 하였다. 물참 땐 물이 밀려오므로 '밀물'이 되고 잦감 땐 물이 쓸려나 가므로 '썰물'이 된다.

　조강은 밀물과 썰물의 높이 차이가 무려 9미터에 이르는 세계적으로 조차의 규모가 큰 강이다. 물때를 모르고는 어업도 항해도 군사작전도 할 수 없었다. 그러므로 조강 주변에는 물때에 대한 이야기가 오래전부터 전해져왔는데 입말로 전승되어온 이 이야기를 '조강물참'이라 하였다.

　조강물참 이야기에는 조강과 인연이 있는 문사 두 사람이 등장한다. 한 사람은 「조강부」를 지은 이규보(1168~1241)이고 또 한 사람은 조선시대 기인(奇人)으로 널리 알려진 이지함(1517~1578)이다.

고려 무신정권 시절 좌천을 당하여 개경에서 임지인 계양(부평) 가는 길에 조강을 건넜던 이규보는 물때가 맞지 않아 온갖 고생과 곤란을 겪은 일을 「조강부」에 절절히 토로한 바 있는데 그래서인지 조강물참 이야기를 시로 지어 널리 퍼트린 사람으로 그의 이름이 유력하게 거론된다.

그가 계양에 머무르는 동안 입말로 전해져오던 조강물참 이야기를 「축일조석시(逐日潮汐詩)」로 지어 물때를 기록했다고 보는 것이다. 하루 두 번, 8시간 밀물이 들고 4시간 썰물이 나는 조강의 조차를 오언절구로 표현했다는 「축일조석시」를 읽어보자.

三卯三辰水
三巳一午時
未三申亦二
月黑復如斯

위 시만 읽어서는 아무리 학식이 있고 십이지(十二支)로 시각을 나타내는 한자를 잘 안다 하더라도 스무 글자로 조강의 복잡한 물때를 설명하기엔 무리가 있어 보인다. 더군다나 이 시를 뱃사공들이 노래처럼 불렀다 하는데 그 뜻을 정확히 알고 불렀는지 의구심이 들기도 한다.

결국 한자 중심의 사고를 가진 조선시대 양반들에 의해 이 시가 계승되어왔음을 짐작할 수 있다. 입말로 전해져온 것이 아니라 기록으로 전해져온 것이다.

조강물참 이야기는 이지함의 등장으로 비로소 한시 줄거리에 언문 곁가지가 붙어 입말로 전해지기 시작했다. 그가 관찰하여 좀더 정교하

이지함 동상. 그가 살았던 서울 삼개(마포)나루 근처(마포구 용강동 토정로 327 마포주차장 부근) 사거리 한 귀퉁이에 행인처럼 서 있다.

게 해석했다는 내용을 보면, 음력으로 매달 초하루에서 보름까지를 1주기로 하여 16일부터 그믐까지 되풀이되는 조강의 밀물은 "1일에서 3일까지 3일간은 묘시(卯時, 오전 5~7시, 토끼)에 들고, 4일에서 6일까지 3일간은 진시(辰時, 오전 7~9시, 용)에, 7일에서 9일까지 3일간은 사시(巳時, 오전 9~11시, 뱀)에, 10일 하루는 오시(午時, 오전 11시~오후 1시, 말)에 들며, 11일에서 13일까지 3일간은 미시(未時, 오후 1~3시, 양)에, 14일에서 15일까지 2일간은 신시(申時, 오후 3~5시, 잔나비)에 들어온다."고 분석했다.

이러한 관찰과 분석에 따라 그는 축일조석시에 나오는 십이지 시각을 그 시간과 방향을 수호하는 동물로 표기하여 기억하기 쉬운 「조강물참시각표」를 만들었다.

처음 사흘은 토끼 때요 다음 사흘은 용 때이고	三卯三辰水
또 사흘은 뱀 때요 다음 하루는 말 때이며	三巳一午時
양 세 마리 지나가면 잔나비가 두 마리	未三申亦二
달이 기운 후에도 또 되풀이되네	月黑復如斯

조강과 물때가 같은 강화에 여차여차해서 자리를 잡았다는 함민복 시인은 『섬이 쓰고 바다가 그려주다』라는 에세이에서 「달이 쓴 물때 달력」이야기를 시가 아닌 산문으로 풀었다. 조강물참 이야기가 물때 달력 이야기로 진화한 것이다.

　달을 보니 물때가 사릿발이다. 물때 달력을 보지도 않고 어떻게 물때를 알 수 있을까, 궁금해했던 내가 달만 쳐다보고도 물때를 알게 되었다니, 세월만 한 스승도 없는 듯하다. (중략) 왜 물은 어제보다 한 시간 늦게 들어오고 더 많이 밀려오는 걸까. 물이 밀려들어오고 쓸려나가는 속도가 매일 다른 까닭은 무엇일까. 바닷물은 하루에 두 번 들어왔다 나갔다 한다는 것밖에 모르던 나에게 그날그날 변화하는 바닷물의 움직임은 놀라웠다. 이곳 사람들은 물때가 실린 달력을 좋아한다. 집집마다 물때 달력 하나쯤은 다 걸려 있다. 그것도 눈에 잘 띄는 벽면의 명당에, 어디 그뿐인가. 물때 달력은 배 선실에 걸려 물을 타고 물고기를 쫓아다니기도 한다. 물때 달력에는 그날 물이 몇 시에 최대로 들어오고 몇 시에 최대로 나가는가와 물이 밀려들어오고 쓸려나가는 물높이가 적혀 있다. 뱃사람들은 물때에 맞춰 그물을 놓고 조개 잡는 아낙들은 물때에 맞춰 뻘일을 나간다. 그러니 물때 달력은 바닷가 사람들의 스케줄인 셈이다.

조강물참

쑷갓머리산(애기봉)에서 바라본 조강. 석양이 아름다운 낙조 명소 중 하나이다.

애기봉 평화생태공원 조강 전망대. 일명 애기봉이라 불리는 쑷갓머리산은 해발 154미터의 조강포 뒷산으로 조강과 포구를 조망하기엔 더없이 좋은 장소이다. 우물이 있었다는 기록으로 보아 뱃사람들의 숙소였던 조강원 근처가 아니었을까 생각된다. 이곳에 이지함은 움막을 짓고 살면서 「조강물참시각표」를 만들었고, 신유한은 「조강행」을 썼으며, 애기는 평안감사 홍명구를 기다렸다.

함민복 시인의 글에서 보듯 조강 언저리에서 사는 사람들에게 물때 달력은 필수품이었다. 물때 달력 없이 물때를 알려면 세월이라는 스승의 가르침을 받아야 했다.

이지함은 20년 넘게 세상을 떠돌아다녔다. 일명 '양재역 벽서사건'이라 불리는 정미사화(1547)에 장인 이정랑이 연루되어 죽임을 당하자 연좌제에 묶여 아무 일도 할 수 없었기 때문이었다. 세월과 서경덕을 스승으로 섬기며 삼개나루 인근 흙집에 살면서 배들이 물때를 기다리듯 자신도 세상에 들고 날 때를 묵묵히 기다렸다. 흙집에서 살았다 하여 호를 토정(土亭)이라 하였다.

그가 세상을 주유할 때 조강 갯가에 움막을 짓고 생활하며 조강에 수표를 세워 조수간만의 차를 오랫동안 측정하여 만든 것이 「조강물참 시각표」이다. 조강 언저리에 사는 사람들의 필수품인 물때 달력은 이렇게 만들어졌다. 달 뜨는 시간과 좀생이별을 보고 밀물과 썰물의 기준을 잡았기에 오늘날의 물때와 크게 다르지 않다고 한다.

이지함은 수리와 의학, 천문과 지리 등을 스승인 서경덕(1489~1546)에게 배웠다. 그런 까닭에 「조강물참시각표」는 격물의 가치를 일깨운 스승과 이를 실천한 제자가 보여준 청출어람의 대표적인 사례로 꼽힌다. 그래서 두 사람을 실학자의 효시로 보기도 한다.

조강포 쑷갓머리산

이지함에게도 일세를 풍미한 제자가 있었다. 임진왜란 때 옥천, 홍성 등에서 의병을 일으켜 활동하다 금산에서 700의병과 함께 전사하여 칠백의총에 묻힌 조헌(1544~1592)이 그 주인공이다. 김포 출신인 조헌이 삼개로 이지함을 찾아가 제자 되기를 청하였는데 그가 통진현감으로 재직(1576)하고 있을 때 이지함이 제자를 위해 「조강물참시각표」를 만들었다는 설도 있다.

이지함이 조강 갯가에 움막을 짓고 살았던 곳은 쑷갓머리산이라 불리는 해발 154미터의 작은 언덕이다. 조강포 뒷산으로 조강과 조강포를 조망하기엔 더없이 좋은 장소이다. 우물이 있었다는 기록으로 보아 뱃사람들의 숙소였던 조강원 근처가 아니었을까 생각된다.

이 언덕에서 사랑하는 사람을 기다리다 죽어 전설이 된 여인으로 말미암아 이 산은 애기봉(愛妓峰) 또는 여기봉(女妓峰)이라 불리기도 한다. 그녀가 사랑한 사람은 병자호란(1637) 때 순국한 평안감사 홍명구(1596~1637)인데 그를 현창하기 위해 만들어진 전설일 가능성이 높다. 우리 역사상 가장 치욕적인 전쟁이었다는 평가를 받고 있는 병자호란의 일패도지(一敗塗地) 중에 그나마 유일하게 승리한 전투가 '백전대첩'이다.

철원 김화에서 벌어진 이 전투에 홍명구와 평안병사 류림(1581~1643)이 참전했는데 홍명구는 평지인 탑곡에서 청나라 팔기군을 유인하고 류림은 백전 언덕에 매복하였다가 팔기군을 공격하여 대승을 거뒀다. 적을 유인한 홍명구의 장렬한 희생으로 얻은 승리였기에 효종은 그에게 충렬공이라는 시호를 내려주었다. 애기(여기)봉은 그의 죽음에 애틋한 사랑 이야기를 덧붙인 것이다.

2부

갑비고차

소금강 염하

일제가 만든 이름 염하

염하는 김포와 강화 사이를 흐르는 좁은 물목으로 공식 이름은 강화해협이다. 길이가 약 20킬로미터 정도 되는데 밀물일 때는 서해 바닷물이 밀려와 바다가 되고 썰물일 때는 조강물이 빠져나와 강이 되는 독특한 물길이다. 조강을 기준으로 보면 밀물일 때는 염하와 한강이 조강에서 하나 되고 썰물일 때는 임진강과 한강이 조강에서 하나 된다.

염하를 조강의 지류로 비정하는 이유는 세계적으로 조차의 규모가 큰 조강의 물길이 염하의 물길에 영향을 미치기 때문이기도 하지만 물길이 서로 이어져 있는 만큼 역사의 전개 또한 서로 불가분의 관계를 맺고 있기 때문이다. 「김포는 포구다」에서 설명한 것처럼 서해 바다에서 조강에 진입하여 개경과 한성으로 올라가는 물길은 두 갈래였다.

교동도의 강화를 지나 황해도로 흐르는 서쪽 물길은 해서, 관서지방 배들이 이용했고 강화와 김포 사이를 흐르는 염하의 남쪽 물길은 삼남

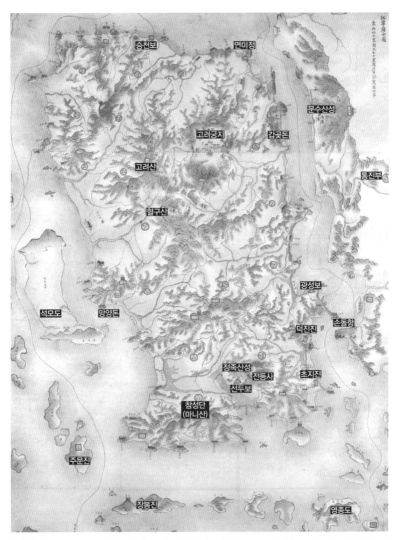

〈강화부전도〉(1872). 강화도와 김포 사이를 흐르는 염하가 그려져 있다. 염하의 공식 이름은
강화해협이다. 길이가 약 20킬로미터 정도 된다.

지방의 배들이 이용했다. 삼남지방의 배들이 천 년 넘게 이 물길을 오가며 수많은 이야기와 기록을 남겼지만 소금강이라는 뜻의 염하라는 지명은 그 어떤 문헌에도 등장하지 않는다.

일제강점기에 일본이 제작한 해도(海圖)에 염하가 표기되어 있는 것으로 보아 염하라는 지명은 일제가 남긴 잔재일 가능성이 높다. 그럼에도 불구하고 인문학적 사고의 지평을 확대하는 차원에서 강화해협과 염하를 병용하자는 주장이 있는데 학계에서는 대체로 이에 동의하는 분위기다. 해서 이 글에서도 강화해협과 염하를 함께 쓰기로 한다.

염하는 바닷바람을 이용하여 항해하거나 힘차게 노를 저어 건너가는 물목이 아니었다. 물때를 기다렸다가 조차의 물살을 타야지만 뱃길이 열리는 곳이었다. 삼남지방에서 올라온 배들은 강화 남쪽의 동그랑섬, 솔섬, 멍에섬에서 정박하고 있다가 밀물이 시작되면 빠른 물살을 타고 강화의 해안을 따라 염하로 들어 갔다.

염하가 시작되는 곳에는 조선시대의 관방 유적이 곳곳에 남아 있다. 강화도 해안에 축조된 초지진과 덕진진 그리고 광성보 등이 그것이다. 병자호란 때 강화도로 피신했다가 요새라 믿었던 강화도가 청나라 군대에 맥없이 함락당하는 것을 직접 경험한 봉림대군은 인조의 뒤를 이어 왕위(효종)에 오르자 강화도 방비를 강화하기 위해 경기 서남부 해안의 진(陣)들을 강화도로 옮겨오거나 새롭게 진과 보(堡)를 설치했다.

효종(재위 1649~1659) 7년(1656) 안산의 초지진과 남양(화성)의 월곶진, 인천의 제물진을 강화도로 옮겼고 이듬해에는 인화보와 승천보, 광성보를 설치했다. 〈강화부전도〉에서 보듯 이 유적들은 염하 해안선을 따라 나란히 위치하고 있다. 광성보의 용두돈대가 용머리처럼 김포 방향으로 길게 튀어나와 물길의 흐름을 막고 있는데 이러한 병목현상 때문에 이 지역 물살은 사납고 거칠기로 유명하다. 이곳이 손돌목이다.

손돌목은 우리나라 연안항로 중 진도의 울돌목(명량), 태안의 안흥량(난행량)과 더불어 3대 험로로 손꼽히는 곳이다. '손돌'의 '손'은 '좁다'는 뜻을 나타내는 우리말 '솔다'의 관형형이고 '돌'은 '돌 량(梁)'의 '돌'로 좁은 물목(도량)을 나타낸다. 그러니까 '손돌'은 '좁은 물목' 또는 '좁은 해협'을 가리키는 말이다. 여기에 좁아지는 길목을 뜻하는 '목'이 붙었는데 이는 '돌'의 중복 표현으로 볼 수 있으며, 울돌목도 같은 경우이다. 울돌목은 바닷물이 좁은 해협을 통과하면서 물살이 회오리치고 빠르게 흐르는 탓에 마치 우는 소리를 낸다 하여 붙여진 이름이다. 한자로는 명(鳴, 울다)+량(梁, 돌)이라 표기했다.

손돌목에는 입말로 전해져온 슬픈 전설이 있다. 전설 속의 손돌은 사람 이름이며 직업은 뱃사공이다. 고려 제23대 임금인 고종(재위 1213~1259)이 몽골의 침략을 피해 이곳에서 강화도로 건너가려 했을 때(1232) 그가 노를 저어 배를 몰았다. 그런데 배가 험한 물살 탓에 쉽게 건너가지 못하자 고종은 손돌을 의심하여 그의 목을 베도록 했다. 그때 손돌은 바가지를 바다에 띄우고 그것만 따라가면 무사히 건널 것이라고 말했다. 실제로 고종은 그가 일러준 대로 바가지를 띄워 염하를 건너는 데 성공했다. 이에 고종은 자신의 경솔함을 후회하며 손돌의 묘와 사당을 지어 제사를 지내주도록 했다고 한다. 손돌이 죽은 날은 음력 10월 20일인데 해마다 이날이 되면 손돌의 원혼이 매서운 바람을 일으키니 이를 손돌바람 또는 손돌추위라 하였다. 또 손돌이 억울하게 죽은 여울을 손돌목이라 불렀는데 억울하게 죽은 원혼은 그 땅의 서낭신이 되거나 수호신이 되어 사람들을 지켜준다고 믿었기에 손돌목을 지나는 뱃사공들은 근처 벼랑에 있는 손돌묘를 향해 무사히 염하를 건너가게 해달라고 기원했다. 이 날에는 어부들이 바다에 나가는 을 삼갔으며 겨울 옷을 마련하는 풍습이 생겼다고 한다.

전설에 등장하는 고종은 실제로 몽골의 침략을 피해 강화도로 천도한 임금이다. 고려시대에 강화도에 배를 접안할 수 있는 곳은 승천포와 갑곶진인데 개경에서 예성강을 따라 조강을 건너면 바로 승천포에 닿을 수 있었으므로 김포로 건너와 다시 염하를 건너는 수고를 할 아무런 이유가 없다. 설사 김포로 건너왔다 하더라도 강화도로 건너갈 수 있는 포구가 갑곶진이었던 만큼 손돌목이 있는 남쪽까지 내려올 이유 또한 전혀 없다.

전설의 서사에서는 언제나 역사적 사건이 차용되거나 각색되기 마련이다. 손돌목과 손돌바람 전설에 부합되는 역사적 사건으로는 몽골의 고려 침략(대몽항쟁)과 후금의 조선 침략(정묘호란)이 차용될 수 있겠다. 두 사건 모두 임금이 강화도로 피난하는 스토리를 가지고 있기 때문이다.

당연히 배를 타고 조강이든 염하든 건너야 했기에 거친 물살과 바람을 경계해야 했다. 여기서 배는 임금을 포함한 지배층을 상징하고 거친 물살과 바람은 민심을 상징한다. 배를 띄우기도 하지만 배를 엎어버릴 수도 있는 것이 물살이요 바람이라는 것을 손돌목과 손돌바람 전설은 말하고 있는 것이다.

강화도를 요새로 만든 숙종

염하 양안의 갑곶진과 문수산성도 빼놓을 수 없는 관방 유적이다. 강화 갑곶과 김포 월곶을 뱃길로 이어주었던 갑곶진은 강화도에서 가장 오래된 나루터였다. 한성백제를 시작으로 고려, 조선시대 수도 방위의 최전선이자 환란의 피난처였고 폐주의 유배지이기도 했던 강화도의 관문이었기에 여기서 전개된 우리 역사의 단편들이 파노라마처럼 펼쳐지는 곳이다.

왕위에서 쫓겨나 유배길에 올랐던 연산군과 광해군은 이 나루터에서 비로소 범부가 되었음을 실감하며 눈물을 흘렸을 것이고 후금 군대가 압록강을 건넜다는 소식에 황급히 몸을 피한 인조는 이 나루터에 도착해서야 안도의 숨을 쉬며 가슴을 쓸어내렸을 것이다.

또 강화에 유배 와서 고단한 삶의 무게를 나무꾼처럼 지고 살다가 졸지에 왕으로 추대된 강화도령 원범(철종)은 이 나루터에서 첫사랑 봉이와 기약 없이 헤어졌을 것이며, 500명에 달하는 봉영 행렬에 그만 기가 질렸을 것이다. 19세기에 제작된 〈강화도행렬도〉는 갑곶나루에서 강화읍까지 이어지는 봉영 행렬을 묘사한 그림인데 북한에서 국보로 지정하여 관리하고 있다고 한다.

한강의 주요 나루터와 포구에 다리가 놓인 것처럼 갑곶나루에도 강화대교가 건설되어 강화도를 육지와 연결했다. 강화도민의 오랜 숙원 사업이기도 했지만 강화도를 감싸고 흐르는 조강이 군사분계선 역할을 하고 있었던 만큼 접경지역을 관리해야 하는 군사적 목적이 더 컸다.

문제는 갑곶나루 바로 위 언덕에 위치한 돈대 자리에 다리가 건설되

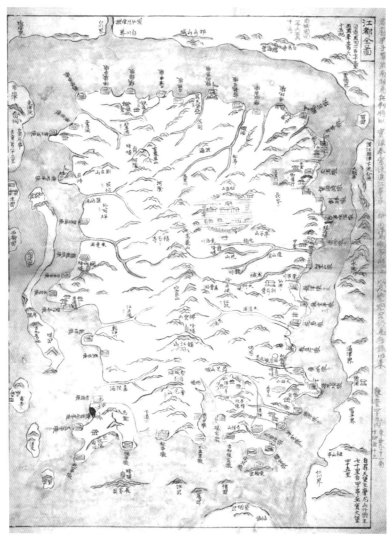

53개의 강화돈대가 표시되어 있는 〈강화전도〉(1684). 돈대란 성곽시설의 하나로 적을 감시하
거나 포를 쏠 수 있도록 만든 요새를 말한다. 강화돈대 53개 중 52개는 숙종 연간에 쌓은 것
이다. 지도 오른쪽에는 병조판서 남구만이 강화를 방문, 돈대 형세를 담은 지도를 제작하여
숙종에게 제출했다는 내용이 적혀 있다.

소금강 염하

는 바람에 갑곶돈대의 원형이 완전히 사라졌다는 점이다. 강화대교가 건설될 당시(1965) 돈대는 거의 파괴되어 흔적만 남아 있었다고 하는데 병인양요(1866) 때 프랑스 함대와 격전을 치르면서 파괴된 이후로 100년 동안 방치된 결과였다. 강화도에 설치되었던 관방 유적들은 이렇듯 무관심에 묻혀서 그 자취를 찾기도 쉽지 않다.

강화도에는 갑곶돈대를 비롯하여 53개의 돈대가 있다. 그중 52개는 숙종 연간에 쌓은 것이다. 돈대란 성곽시설의 하나로 적을 감시하거나 포를 쏠 수 있도록 만든 요새를 말한다. 남한산성과 수원화성에도 설치되어 있다. 숙종은 갑곶나루 건너편 김포 월곶 문수산에 문수산성도 쌓았다(1694). 강화도를 완전히 요새화한 것이다.

문수산(376m)은 김포에서 가장 높은 산으로 정상에 오르면 강화도가 한눈에 내려다보인다. 대몽항쟁 때는 몽골 장수가, 병자호란 때는 청나라 장수가 이 산에 올라 강화도 공략을 지휘했다. 그러므로 강화도를 방어하기 위해선 문수산부터 지켜야 했다.

현종의 뒤를 이어 숙종이 즉위했을 때(1675) 청나라에서는 '삼번의 난'(1673~1681)이 일어나 나라가 온통 내란에 휩싸여 있었다. 그리고 조선에서는 인조반정 이후 50년 동안 집권하고 있었던 서인 정권이 무너지고 남인이 정국을 장악하는 환국정치가 시작되었다. 환국의 빌미는 서인들이 당론으로 채택한 효종과 효종비 인선왕후의 상례 복제가 왕위 계승의 정통성을 부정하는 이른바 종통 부정에서 기인했다는 사실이 늦게나마 밝혀졌기 때문이다.

남인이 집권하자 그들에게 복제 논쟁의 논리를 제공했던 윤휴에게도 출사할 기회가 주어졌다. 그의 나이 59세(1674) 때였다. 윤휴는 북벌론자였다. 그는 병자호란의 치욕을 되갚고 고구려와 발해, 고려가 실효 지배했던 만주 고토를 되찾는 이른바 북벌대의를 평생 포부로 삼고 살았다.

청나라 여진족이 중원으로 입관하여 만주가 텅 비어 있는 상황에서 '삼번의 난'까지 일어나 청나라 조정이 매우 혼란한 이때가 북벌대의를 실현할 수 있는 절호의 기회라 보고 도제찰사부를 설치하여 군사체제를 평시체제에서 전시체제로 전환할 것을 주청했다. '시기를 놓치면 뒤쫓아갈 수 없다'는 상소도 여러 번 올렸다.

조선은 군사체제를 평시체제와 전시체제로 분리하여 운영하였다. 평시에는 군대 지휘관이 자신의 군대를 통솔하지만 전시가 되면 왕이 별도로 임명한 지휘관만이 그 군대를 통솔할 수 있도록 한 것이다. 이는 전시에 출동한 군대를 거느리고 회군하여 고려를 전복시킨 이성계의 '위화도회군'을 반면교사로 삼은 조치였기에 조선은 이 체제를 엄격히 지켜왔다.

윤휴의 강력한 주청과 청나라에 대한 복수설치 여론이 비등해지자 마침내 도제찰사부가 설치되었고 만과를 통해 18,000명의 무관이 선발되었다. 청나라의 의심을 피하기 위해 평안도, 황해도, 함경도를 제외한 5도에 한정한 것이었지만 영의정 허적을 도제찰사로 임명하여 언제든 출정할 수 있는 만반의 준비를 갖추었다.

숙종은 부도제찰사로 외척인 김석주를 임명했다. 그는 숙종의 어머니인 명성왕후의 사촌오빠로 도승지를 거쳐 병조판서로 재직하며 숙종을 보필했다. 윤휴는 병권을 외척의 손에 맡겨서는 안 된다고 비판했지만 열네 살 어린 숙종으로서는 왕실을 지키기 위한 최선의 선택이었다. 북벌의 실패에 따른 만약의 사태 또한 대비하지 않을 수 없었다.

김석주의 주도로 강화도에 48개의 돈대를 설치했다. 중원에 입관한 청나라가 조선을 침공한다면 병자호란 때와는 달리 서해 바닷길을 이용할 가능성이 높았다. 이 경우 조강을 통해 내륙으로 들어가는 관문인 강화도가 최전선이 되는 것은 명약관화한 일이었다. 설사 압록강을 건너온다 하더라도 왕실의 피난처로 강화도만 한 곳이 없기 때문에 이래저래 강화도 방어시설은 반드시 필요했다. 문수산성도 그런 이유로 축성한 것이다.

도제찰사부가 설치되었지만 윤휴의 평생 포부였던 북벌을 위한 군사행동은 좀처럼 이루어지지 않았다. 김석주를 비롯한 조정의 중신들은 아직 때가 되지 않았다는 주장만 되풀이했다. 그사이 '삼번의 난' 주역인 오삼계의 반란군은 청나라 팔기군에게 밀리기 시작했고 함께 반란을 도모했던 상가희와 경정충은 강희제에게 투항했다.

그런 와중에 오삼계마저 병사하자(1678) 반란군은 급격히 와해되었다. '삼번의 난'이 실패로 끝날 조짐을 보이자 숙종은 도제찰사부의 해체와 복설을 반복하며 북벌 정국에서의 탈출을 모색했다. 그가 출구전략으로 선택한 것은 정권 교체였다.

정권 교체를 위한 공작정치가 시작되었다. 그리고 이번에도 그 총대를 김석주가 멨다. 그는 영의정 허적의 아들 허견을 역모로 엮으면서 북벌론자인 윤휴도 함께 엮었다. 이들은 모두 대역죄로 죽임을 당했다. '경신대출척(1680)'이라 하여 남인들은 대거 축출되었고 권력은 다시 서인들의 차지가 되었다.

서인들은 도제찰사부 설치 등 북벌론의 책임을 모두 남인에게 돌리고 청나라에게 이들을 모두 처벌했다고 보고하면서 북벌론으로 야기된 청나라와의 긴장관계를 완화시키고자 효종의 사위인 박필성을 주문사로 청나라에 보냈다. 그의 손에는 토역전말서가 들려 있었다.

갑곶과 월곶 강화가 되다

월곶진 연미정

　백제와 고구려에서는 강화를 '혈구(穴口)' 또는 '갑비고차(甲比古次)'라 불렀다. '혈구'는 뜻을 적은 것이고 '갑비고차'는 소리를 적은 것이다. 국어학자 임홍빈 교수는 그의 논문 「고구려 지명 혈구군의 혈(口)에 대하여」에서 '혈(穴)'은 배가 드나드는 구멍인 '나루[津]'를 뜻하고 '구(口)'는 돌출된 모양을 나타내는 '구지(곶[串])'를 뜻하므로 '혈구'는 돌출된 나루 즉 '나루입구'라고 주장하였다.

　또 한자에서 음차한 '갑비'는 '구무' 또는 '굼, 굴, 골'로 발음되며 '고차'는 '고지, 꼬지, 구지, 꾸지'로 발음된다고 보았다. 그렇다면 강화는 '굴구지' 또는 '굼고지'로 불렸을 가능성이 높다.

　그런데 정작 강화라는 이름은 '갑비고차' 곧 '갑구지'가 '갑곶'이 되고 '곶'이 동음이의인 '꽃'으로 발음되어 '갑꽃'이 되었는데 갑(甲)+꽃[花] '갑화'로 불리다가 자음접변에 의해 '강화'로 발음되어 江華로 표기된 것이다. 고려시대부터 통용되고 있는 이 한자 지명으로는 그 의미를 전혀 알 수 없지만 강화는 '조강(한강)'을 통해 내륙으로 들어가는 나루 입구'라는 뜻으로 불렸음이 확실하다.

김정호는 『대동지지』(1864)에서 '갑비고차'가 백제 때의 강화도 이름이라 기록했고 이긍익은 『연려실기술』(1766)을 지으면서 "강화도는 고구려 때 '여혈군(麗穴郡)' 또는 '갑비고차'라 했다"라는 내용을 수록하였다. 여혈군은 '고구려의 혈'이라는 의미인데 고구려는 강화도 초입의 섬 교동도에 화개산성을 쌓았고 백제는 강화도에 하음산성을 쌓았다.

두 나라가 육지도 아닌 섬에 성을 쌓을 정도로 강화도를 군사요충지로 여겼다는 말이다. 한성백제 시대에 강화도는 백제 해군의 전초기지였다. 해상훈련도 대부분 강화도에서 실시되었다. 광개토왕의 남진과 장수왕의 하남위례성 함락에 수군이 동원된 점을 상기하면 고구려의 한반도 진출의 시발점이 강화도였음을 알 수 있다.

갑곶에서 멀지 않은 곳에 월곶이 있다. 갑곶을 '갑구지'라 불렀던 것처럼 월곶은 '달구지'라 불렀다. 월곶이라는 지명은 강화도뿐만 아니라 김포와 시흥에도 있는데 월곶의 '월'은 '달[月]'을 의미하는 것이 아니라 '높다'라는 뜻을 가지고 있는 '달(達)'을 한자에서 음차한 것이다. 언덕 또는 산을 뜻한다고 한다. 산에 조성된 마을을 '달동네'라 부르고 마한의 효왕이 지리산에 세웠다는 궁궐을 '달궁'이라 부르는 것도 같은 맥락이다. 강이나 바다 주변의 돌출된 언덕 또는 산을 모두 월곶이라 불렀기에 여러 곳에 같은 지명이 있는 것이다.

강화도 월곶은 효종 7년(1656) 남양에 있던 월곶진을 이곳으로 옮겨오면서 자연스럽게 월곶이라는 지명을 갖게 되었다. 이곳에 축성되었던 문루 조해루와 월곶돈대는 옛 지도대로 거의 원형에 가깝게 복원되어 있다.

강화도가 대몽항쟁 시기에 강도(江都)라 불리며 송도(松都)인 개경을 대신했기 때문에 그 시대의 유물과 흔적이 지금도 섬 곳곳에 남아 있다. 월곶돈대 안에 있는 연미정도 그중 하나이다. 교동도로 흐르는 너른 강물과 염하의 좁은 물목으로 흐르는 강물이 잠시 머무는 섬이라 하여 머머리섬이라 불렸던 유도. 그 섬이 훤히 내려다보이는 언덕에 두 강물을 배웅하며 서 있는 정자가 연미정이다.

강과 바다가 합수하는 조강의 풍광을 조망하기에 더없이 좋은 입지 조건을 가지고 있는 연미정은 조선시대 수많은 시인, 묵객들의 발길이 끊이지 않았던 강화도의 대표적인 정자이다. 강화도 출신 선비 고재형의 문집 『심도기행』(1906)에는 강화도 곳곳의 풍광을 읊은 한시들이 수록되어 있다. 그는 「연미조범」이라는 제목으로 연미정을 다음과 같이 노래하였다.

연미정 높이 섰네 두 강물 사이에 　　　　鷰尾亭高二水中
삼남지방 조운 길이 난간 앞에 통했었네 　　三南漕路檻前通
떠다니던 천 척의 배는 지금은 어디 있나 　　浮浮千帆今何在
생각건대 우리나라 순후한 풍속이었다네 　　想是我朝淳古風

연미정에 대한 기록을 좀 더 살펴보면 대몽항쟁 때 강화도로 천도한 고종이 시랑 이종주에게 명하여 구재의 생도를 이곳에 모아놓고 하과(여름철에 50일 동안 절에 들어가 공부하던 일)를 시켜 그중 55명을 선발했다

연미정. 800년 세월의 풍상을 견딘 강화도의 대표적인 정자이다.

는 기사가 이형상이 지은『강도지』(1696~1698)에 실려 있다. 이 기록은 연미정이 고려 고종 이전에 이미 건립되어 있었음을 알게 해준다.

『숙종실록』에는 연미정의 소유자를 알 수 있는 기사가 실려 있는데 숙종 4년(1678) 10월 23일 2번째 기사에 병조판서 김석주가 강화도를 살피고 돌아와 숙종에게 지도와 서계를 올린 내용이 다음과 같이 기록되어 있다.

> 월곶진은 곧 연미정이니, 중묘조(中廟朝)의 명장(名將) 황형(黃衡)의 유기(遺基)입니다. 조정에서 이미 이 진(鎭)을 설치한 뒤에 장차 대가하려고 하였는데, 황형의 후손인 고(故) 대사성(大司成) 황감이 힘껏 사양하고 받지 않았습니다. 이제는 황감의 아들 황익이 가난하고 피폐하여 떨치지 못한다고 하니, 이제 만약 그 경작하지 않은 언전(堰田)을 헤아려 준다면 거저 빼앗았다는 기롱은 없을 것입니다. 그리고 이제 이 돈소로

갑곶과 월곶 강화가 되다

정한 2, 3처에는 혹은 인가도 있고 혹은 민전이 있는데, 신이 앞서 연미(燕尾)의 대가를 주라고 청한 것도 또한 이 무리들의 마음을 위안하려고 함이니, 바라건대 묘당(廟堂)으로 하여금 품의하여 시행하게 하소서.

연미정이 있는 강화도 월곶은 중종(재위 1505~1544) 5년(1510) 삼포왜란이 일어났을 때 경상좌도 방어사가 되어 왜란을 진압하는 데 공을 세우고 중종 7년(1512) 함경도 지방의 야인이 반란을 일으키자 순변사로서 이를 진압하는 데 큰 공을 세워 공조판서에 오른 황형(1459~1520)이 낙향하여 여생을 보낸 곳이다. 그가 이곳에서 죽자 중종은 그에게 장무(莊武)라는 시호를 내리고 연미정을 포함하여 주변 땅 3만 평을 하사했다고 한다.

김석주가 올린 서계는 강화도에서 병자호란의 치욕을 겪은 효종이 남양에 있던 월곶진을 이곳으로 옮겨와 황형 집안 소유의 땅에 군부대를 설치하면서 땅을 점한 대가로 황형의 후손인 황감에게 대토(代土)를 제안했으나 당시 대사성이었던 황감은 이를 거절하였다는 내용과 함께 이곳에 돈대를 설치해야 하니 황감의 아들 황익에게 연미정과 황형사택 그리고 주변 땅들을 수용하는 대가를 헤아려주어 땅을 거저 빼앗겼다는 원망이 생기지 않도록 의정부가 자신의 주청을 의결해달라는 취지의 보고서였다.

월곶진 옛 지도에는 월곶돈대 안에 연미정이 있고 그 아래 황형사택과 조해루가 그려져 있다. 김석주의 주청대로 연미정에 월곶돈대를 설치하면서 황형 집안 소유의 주변 땅들을 모두 수용했는지는 모르겠으나 돈대 설치 이후 황형사택은 관아와 병사들의 숙소로 사용되었다고

월곶진 옛 지도. 조해루와 황형사택, 월곶돈대 안에 연미정이 그려져 있다. 연미정은 1627년 정묘호란 때 인조가 청나라와 형제관계의 강화조약을 맺은 장소이다. 돈대 설치 이후 황형사택은 관아와 병사들의 숙소로 사용되었다고 한다

한다. 그로부터 350여 년이 지난 오늘날에도 연미정과 황형사택 그리고 주변 땅들은 여전히 황씨 문중의 소유라 하니 조상이 남긴 유산을 최선을 다해 보전해온 후손들의 노력에 경의를 표하지 않을 수 없다.

황사영과 한국 천주교

황형사택에서 멀지 않은 곳에 '황형 장군 유적지'라 하여 그의 묘소

갑곶과 월곶 강화가 되다

와 사당 장무사가 있다. 눈길을 끄는 것은 장무사 앞의 '황사영 우물'인데 황형의 12세손인 황사영(1775~1801)이 어릴 때 마셨다는 안내 팻말이 세워져 있다.

'황사영 백서'로 유명한 황사영은 지금도 '반역자'라는 역사의 평가로부터 자유롭지 않다. 왜란과 호란으로부터 조선을 지켜 장무라는 시호를 받은 황형과는 달리 조선의 천주교 박해 사실을 고발하면서 "조선을 청나라의 한 성(省)으로 편입시키고, 서양의 함대를 파견해 조선 정부를 굴복시켜 신앙의 자유를 갖게 해달라"는 요청을 담은 백서를 북경 주교에게 보내려다 발각되어 대역죄로 처형되었기 때문이다.

200여 년의 세월이 흐른 지금, 그를 반역자라기보다 순교자로 추승하고 싶어 하는 한국 천주교회에서는 장무사 관리사무소 뒤편 언덕을 '황사영 생가'로 비정하고 근처 '갑곶성지'와 연계하여 성지순례길로 조성하고 싶어 한다. 하지만 이곳은 황사영의 친부인 황석범의 본가일 뿐 황사영은 애오개라 불렸던 서울 아현동에서 태어나고 자랐다는 것이 한국 교회사를 연구해온 학자들의 중론이다.

한국 천주교회의 숨은 역사를 발굴하여 『서학, 조선을 관통하다』라는 책을 저술한 정민 교수의 연구에 따르면 황사영은 창원 황씨 판윤공파의 후예로 7대조인 만랑공 황호는 대사성을 지냈고 증조부 황준은 문과에 급제하여 공조판서를 지낸 뒤 기로소(耆老所)에 든 국가 원로였다고 한다. 황준의 아들 황재정이 24세의 젊은 나이에 후사 없이 죽자 황준은 7촌 조카 황석범을 양자로 들여 후사를 이었는데 종가의 봉사손으로 들어간 황석범은 1771년 정시에 급제하여 승문원 정자와 한림을 지내다가 1774년 28세 나이에 요절했다고 한다. 그때 황석범의 아내가 임신 중이어서 황사영은 이듬해인 1775년 봄에 아버지 없이 아현동에서 유복자로 태어났다는 것이다.

황사영의 친부인 황석범의 본가는 '황형장군 유적지'가 있는 강화도 월곶의 창원 황씨 집성촌에 있었다. 그 집에서 황석범의 동생인 황석필이 살았는데 그 또한 천주교 신자였던 까닭에 함경도 경흥으로 유배 갔다는 기록이 있다. '황사영 생가'로 비정되고 있는 곳은 황석필의 집터일 가능성이 높다.

황사영이 한국 천주교회사에서 중요한 위치를 차지하고 있는 이유는 그의 집안 사람들이 당시 조선 교회를 이끌었던 대표적인 인물들이었기 때문이다. 황사영의 어머니 이윤혜는 한국 교회 최초로 세례를 받은 천주교인 이승훈(1756~1801)과 가까운 친척이었고 아내 정명련은 정약용의 맏형 정약현(1751~1821)의 딸이었다. 그녀에게 이벽(1754~1785)은 외삼촌이었고 정약종과 정약용은 친삼촌이었다. 손이 귀한 집안의 유복자였던 황사영에게 외가와 처가의 인척들은 그의 삶의 방향을 제시해준 스승이나 다름없었다.

황사영은 16세 때 진사시에 최연소 합격하였다. 한 해 전에 처삼촌인 정약용이 대과에 급제하였기에 임금인 정조(재위 1776~1800)는 이 영특한 소년이 다산의 조카사위임을 알고 있었다. 하여 그를 불러 손을 잡아주며 격려했다고 하는데 황사영은 임금이 잡아준 그 손목에 평생 명주천을 두르고 살았다고 한다.

그런 그가 왜 대역죄인으로 처형되어 오늘날까지도 '반역자'라는 오명을 뒤집어쓰고 있는 것일까? 소과에 합격하여 진사가 되었지만 황사영은 성균관에 입교하거나 대과에 응시할 마음이 없었다. 외가와 처가

갑곶과 월곶 강화가 되다

의 어른인 이승훈과 정약종으로부터 천주교 교리를 수혈받으며 점차 서학에 빠져들었기 때문이었다.

그러다가 1795년 최인길의 집에서 중국에서 파견한 주문모(1752~1801) 신부를 만나면서 그는 과거시험을 완전히 포기하고 신앙의 길에 온전히 투신하였다. 종갓집의 종손이었지만 제사를 폐기하였고 사당을 허물어 그곳에 집을 지어 조선 천주교회 아현동 본당으로 삼았다.

황사영은 약관의 나이임에도 조선 교회를 대표하는 인물로 급부상했다. 학문인 높았고 글도 잘 썼으며 해박한 교리 지식으로 주문모 신부의 핵심 참모 역할을 했다. 주문모 신부가 조직한 명도회 하부 조직인 육회의 책임자가 되어 교리 연구와 전도에도 힘썼다. 명도회 회장은 스승이자 처삼촌인 정약종(1760~1801)이, 여성회장은 강완숙(1760~1801)이 맡았다.

1800년 8월 정조의 죽음으로 어린 순조를 대신하여 수렴청정을 하게 된 정순왕후는 선대왕의 흔적을 지우기 위해 정조가 등용한 남인과 노론 시파를 조정에서 몰아낼 요량으로 남인들이 깊이 연관되어 있는 천주교인을 강도 높게 탄압하는 이른바 신유박해를 일으켰다.

신유년(1801) 새해 1월 10일 정순왕후가 천주교인의 전면적 색출을 위한 오가작통법의 연좌제 실시를 선포하자 명도회 회장으로서 주문모 신부와 교인들의 안위가 걱정되었던 정약종은 보관 중이던 교회 서적과 성물, 주문모 신부의 편지와 교인들 사이에 오간 글이 가득 담긴 상자를 안전한 곳으로 옮기려다 도살한 고기를 운반하는 것으로 의심받아 검문에 걸린 이른바 '책롱(冊籠) 사건'이 발생하였다. 이 사건으로 인해 천주교인들의 전모가 밝혀지게 되었고 정약종을 비롯하여 이승훈, 최필공, 최창한 등 교회의 지도자들이 제일 먼저 처형되었다.

정약종의 순교 소식을 들은 주문모 신부는 중국으로 향하던 발걸음을 돌려 의금부에 자수했다. 자신으로 인한 희생을 최소화하려 했던지 "살아 있어서 도움이 안 되니 죽기를 원한다"라는 말을 남겼다고 한다. 중국과의 외교 관계를 우려하여 추방하자는 의견도 있었으나 주문모 신부의 뜻대로 용산 새남터에서 순교하였다.

황사영은 '책롱 사건'이 터졌다는 소식을 듣고 당일 집을 떠나 몸을 숨겼다. 여러 은신처를 전전하다 천주교 신자들의 교우촌으로 알려진 충청도 제천 배론에 토굴을 파고 몇 달 동안 숨어 지냈다. 그를 숨겨준 교인들로부터 정약종과 주문모 신부 그리고 강완숙이 순교했다는 소식을 들은 황사영은 절망했다.

조선 교회의 지도부 중 유일하게 자신만 살아남았던 것이다. 황사영은 토굴에 숨어 평소 북경 주교에게 보내기 위해 작성해온 보고와 탄원을 정리하기 시작했다. 길이 62센티미터, 너비 38센티미터의 흰 비단에 122행, 13,384글자로 씌어진 '황사영 백서'는 이렇듯 절망적인 상황 속에서 작성되었다.

먼저 1785년(정조 9) 이후 조선 교회의 사정과 박해에 대해 기술하였다. 그리고 이번 신유박해의 상세한 전개 과정과 순교자들의 약전(略傳)을 적었다. 여기에 주문모 신부의 활동과 자수, 그의 죽음을 증언하였다. 백서 말미에는 폐허가 된 조선 교회를 재건하고 신앙의 자유를 획득할 수 있는 방안에 대하여 언급하였다.

내용인즉 종주국인 청나라 황제에게 청하여 조선도 서양인 선교사를 받아들이도록 강요할 것을 요청하였고, 아니면 조선을 청나라의 한

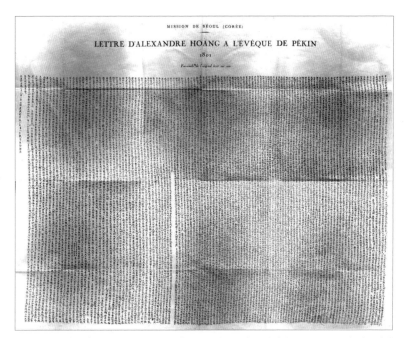

황사영백서. 원본은 1801년에 압수된 이후 줄곧 의금부에 보관되어 오다가 1894년 갑오경장 후, 옛 문서를 파기할 때 우연히 당시의 교구장이던 뮈텔(Mutel, G.C.M.) 주교가 입수하여, 1925년 한국순교복자 79위의 시복식 때 로마 교황에게 전달되었다. 현재 로마교황청 민속박물관에 보관되어 있다. 길이 62cm, 너비 38cm의 흰 비단에 총 122행, 도합 13,384자를 검은 먹글씨로 깨알같이 썼다.

성으로 편입시켜 감독하게 하거나, 서양의 배 수백 척과 군대 5만~6만 명을 조선에 보내어 신앙의 자유를 허용하도록 조정을 굴복하게 하는 방안 등을 제시하였다.

그러나 이 백서는 북경 주교는커녕 동지사로 떠나는 사람들에게조차 전달되지 못하고 황사영이 가슴에 품고 있는 채로 체포되어 세상에 알려졌다. 백서를 본 조정은 발칵 뒤집혔다. 이 편지로 인해 천주교도는 이전의 무부무군(無父無君), 패륜멸상(敗倫滅常)의 무리에서 순식간에 나라를 전복시키려는 역모 집단으로 변했다.

그리고 이것은 두고두고 천주교 박해의 근거가 되었다. 이전까지 박해는 그들이 사교(邪敎)라 믿는 집단에 대한 증오와 당파의 쟁투로 인한 복수심이 동력이었으나 백서 이후 천주교가 종교와 나라를 맞바꾸려는 국가 전복 세력으로 낙인 찍힌 것이라고 정민 교수는 분석했다. 천주교 신자이기도 그는 '황사영은 역적인가?'라는 물음에 이렇게 답했다.

확실히 황사영의 상황 판단은 순진했고 적절치 못한 부분이 있었던 것을 부인할 수 없다. 그렇다고 하여 하느님의 나라를 국가 위에 두었던 이들의 순진한 신심을 국가의 이름을 앞세워 덮어놓고 폄훼할 일은 아니라고 본다. 황사영은 단지 국가의 이름으로 자행된 종교에 대한 광적인 폭압에서 벗어나 자신들이 오로지 자유 의지에 따라 천주를 섬기는 권리를 존중받게 해달라고 청원한 것이었다.

조선에서의 천주교 탄압은 이후에도 계속되어 많은 신자들이 순교하였다. 급기야 흥선대원군 이하응의 집권 시기에 프랑스 선교사까지 살해함으로써 이를 빌미로 프랑스 군대와 강화도에서 격렬한 전투를 벌이기도 했다. 병인년에 발생한 이 난리를 병인양요라 부른다.

사서 중에서 연미정이 가장 많이 등장하는 실록은 단연 『인조실록』이다. 강화도가 정묘호란과 병자호란 때 임금과 왕실의 피난처였던 만큼 이곳에서 군사를 사열하기도 했고 후금 사신을 맞아 강화협상을 하기도 했다. 심지어 강도가 함락되어 생지옥이 된 상황을 기록한 기사에도 연미정이 등장한다. 갑곶과 월곶, 갑구지와 달구지의 역사가 강화도를 역사의 보고로 만든 것이다.

갑곶과 월곶 강화가 되다

귀양도 살기 나름

강화, 강도(江都)가 되다

조선시대에는 명나라의 법제서인 『대명률(大明律)』에 따라 죄인을 처벌하는 다섯 가지 유형의 형벌이 있었다. 태형과 장형은 신체를 때리는 형벌이고, 도형은 중노동을 시키는 형벌이며, 유형은 섬이나 시골로 귀양 보내는 형벌이고, 사형은 목숨을 거두는 형벌이다.

이 다섯 가지 형벌 중 유배 가서 귀양살이를 하는 유형은 세상으로부터 고립되어 일정 기간 동안 제한된 곳에서만 살게 하는 형벌인데 대부분 정치적 목적으로 시행되었다.

강화도와 교동도가 섬이라고는 하지만 고려와 조선의 해상 관문이자 기항지였던 까닭에 고립이 요구되는 유배지로서 그다지 적합한 곳은 아니었다. 더욱이 도교가 유행했던 고려시대에 국가의 안녕과 왕실의 번영을 기원했던 초제(醮祭)가 강화도 마리산 참성단에서 거행되었던 만큼 신성한 땅에 함부로 죄인을 들여서도 안 되는 곳이었다.

왕건 사후 벌어진 왕위쟁탈전에서 패한 왕규와 박술희(871~945)가 깁곶에 유배 와서 죽임을 당했다는 기록이 있는데 당시 강화도 갑곶은 왕건 집안 세력의 배후지였기 때문에 반대파들을 처분하기에 적당한 곳이었다.

강화도와 교동도가 유배지가 된 것은 고려 무신정권 때부터였다. 무신들이 정변을 일으켜 국가권력을 장악하자 고려의 왕들은 그들에 의해 옹립되고 폐위되는 허수아비 군주로 전락했다. 무신정권은 100년(1170~1270) 동안 지속되었는데 그사이 고려의 왕들도 일곱 번 교체되었다.

무신들이 제일 먼저 옹립한 임금은 제19대 명종(재위 1170~1197)이다. 그는 무신의 난을 촉발시킨 제18대 의종(재위 1146~1170)의 동생으로 28년 동안 보위에 있으면서 이의방-정중부-경대승-이의민-최충헌으로 이어지는 무신들의 권력쟁탈전을 지켜보았다. 무신들의 권력 속성을 꿰뚫고 있었지만 짐짓 무능한 척했다고 한다. 최충헌(1149~1219)은 그런 명종의 거짓 무능을 경계하여 그를 폐위했다. 그리고 그의 아들 왕정과 손자 왕진을 강화도로 유배 보냈다. 이때부터 강화도와 교동도는 왕과 왕족의 유배지가 되었다.

최충헌은 명종의 막내 동생인 왕탁을 왕으로 추대했다. 그가 고려 제20대 국왕인 신종(재위 1197~1204)이다. 제17대 인종(재위 1115~1146)의 세 아들이 연달아 왕위를 계승하다 보니 신종이 즉위했을 때 나이가 54세였다. 그는 7년간 재임하다 병사하였고 그의 아들 왕영이 보위를 이어받아 제21대 희종(재위 1204~1212)이 되었다. 스물세 살에 보위에 오른 희종은 선대 왕들과는 달리 강단이 있었다. 그는 40년 넘게 지

귀양도 살기 나름

속되어온 무신정권을 무너뜨리고 왕정을 복고하기 위해 희종 7년(1211) 최충헌 암살을 결행하였다.

절체절명의 위기에서 겨우 목숨을 건진 최충헌은 희종을 폐위하고 강화도로 유배 보냈다. 유배보다는 당장 죽이고 싶은 마음이 굴뚝같았을 것이다. 하지만 자신이 집권한 명분 때문에 왕을 함부로 죽일 수 없었다. 최충헌은 이의민을 척살하고 권력을 차지하면서 이의민이 왕(의종)을 살해한 죄를 묻기 위해 거병했다는 명분을 내세웠기 때문이다.

최충헌은 자신이 강화도로 귀양 보냈던 명종의 아들 왕정을 제22대 왕으로 추대했다. 유배 생활 14년 만에 극적으로 왕위에 오른 강종(재위 1212~1213)은 '귀양도 살기 나름'이라는 유배 신화를 썼지만 환갑의 나이에 그가 할 수 있는 일은 아무것도 없었다. 그는 자신처럼 귀양살이를 하고 있던 아들 왕진을 데려와 태자로 삼고 이듬해 세상을 떠났다. 최충헌은 태자인 왕진을 보위에 앉혔다. 그가 고려시대를 통틀어 가장 오래(46년) 재위했던 제23대 국왕 고종(재위 1213~1259)이다. 최충헌이 집권했던 23년 동안 고려의 왕은 모두 네 번 바뀌었다.

강화도와 자연도(영종도), 교동도를 오가며 힘겹게 귀양살이를 하고 있던 희종은 유배 6년 만에 해배되어 개경으로 돌아왔다. 해배 이유가 그의 셋째 딸 덕창궁주와 최충헌의 아들 최성과의 혼인 때문이라고 하는데 어떻게 이 혼사가 이루어졌는지는 알 수가 없다. 다만 그해 가을 최충헌이 71세로 사망하는 것으로 보아 죽음을 앞두고 고려 왕실을 핍박했다는 불명예를 남기지 않기 위해 희종과 화해한 것이 아닌가 생각된다.

그러나 희종의 유배는 이것으로 끝난 것이 아니었다. 최충헌이 죽고 그의 아들 최우(1168~1249)가 집권하고 있었던 고종 14년(1227) '희종 복위 사건'이 발각되어 다시 강화도로 유배되었다. 최우의 측근들이 최우를 제거하고 희종을 복위시키려 했다는 이 사건에 단순히 희종이 이용되었는지 아니면 실제로 희종이 주도했는지는 알 수 없으나 최우 또한 희종의 목숨만은 살려주었다.

희종은 강화도와 교동도를 오가며 12년을 더 살다가 강화도에서 죽어 그곳에 묻혔다. 유배지가 강도(江都)가 되는 판국이었으니 장지(葬地)가 되는 것 또한 당연했다. 강화도에 있는 고려 왕릉에 대해선 다음 장에서 자세히 소개하겠다.

강화도가 강도가 된 것은 고종 19년(1232)이다. 한 해 전인 1231년, 몽골은 중원 공략의 배후를 단속하고 전쟁물자를 확보하기 위해 고려를 침공했다. 금나라와 남송을 공략하기 위한 사전 정지 작업이었다. 고려로부터 항복을 받아내고 물력을 확보한 몽골은 1233년에 만주를 장악하였고 1234년 1월에는 금나라를 멸망시켰다. 이어 1235년부터 남송을 공략하기 시작했다.

이와 같이 몽골의 세계 패권 전략에 필요한 물력을 제공하는 나라로 전락한 고려는 이를 거부하기 위해 대몽항쟁을 결의하였고 강화도로 천도를 단행했다. 당시 실권자였던 최우의 일방적인 결정이었다고 하는데 무신정권과 문벌귀족들의 권력을 지키기 위한 극약 처방이었다는 것이 학계의 중론이다.

고려의 지배층들이 강화도에서 피 한 방울을 흘리지 않고 20년 넘게 대몽항쟁을 벌이고 있는 동안 몽골은 6차례에 걸쳐 고려를 침략했다. 그때마다 고려 백성들을 도륙하고 전쟁물자를 약탈해 갔는데 참혹한 전쟁에 지친 백성들은 항전을 포기하고 몽골군에 투항하기도 했다.

몽골이 강화도와 이어진 조운 뱃길을 차단하고 백성들이 세금을 걷으러 온 관리를 살해하는 등 강도의 경제기반을 무너뜨리는 일련의 사태가 발생하자 최우(30년 집권)―최항(8년 집권)―최의(1년 집권)로 이어져 온 최씨 무신정권에도 균열이 생기기 시작했다. 급기야 주화파가 무신들을 끌어들여 최의를 암살함으로써 62년 동안 지속된 최씨 무신정권을 종식시켰다(1258).

그렇다고 당장 왕정복고가 이루어진 것은 아니었다. 몽골과의 강화 필요성 때문에 태자인 왕전이 전면에 나서기는 했지만 권력은 여전히 무신들이 장악하고 있었다. 태자가 화친을 청하는 사실상 항복 표문을 가지고 몽골로 출발한 지 두 달이 지난 1259년 6월, 고종은 68세로 강도에서 눈을 감았다. 그리고 유배지와 다름없었던 한 많은 그 섬에 영원히 묻혔다.

중국 땅에 도착한 왕전은 쿠빌라이를 만나 극적으로 강화를 성사시켰다. 두 사람 모두 동생과 왕위를 다투고 있었던 터라 강화는 두 사람이 왕위를 계승하는 데 큰 힘이 되었다. 고려로 돌아온 왕전은 칭기즈칸의 손자로 훗날 원나라의 시조가 되는 쿠빌라이의 후원에 힘입어 왕위에 올랐다. 그가 고려 제24대 국왕인 원종(재위 1260~1274)이다.

원종에 대한 후대의 평가는 대체로 후한 편이다. 100년 동안 지속된 무신들의 철권통치를 끝내고 형식적이나마 왕정복고를 이뤘다는 점과 몽골의 세계 패권 전쟁 속에서도 복속되지 않고 자치권을 지켜냈다는 점은 높이 평가된다. 『세종실록』 29권, 세종 7년 9월 17일 두 번째 기사에는 "고려 때의 태조와 현종, 문종과 원종은 백성들에게 공덕이 있어

강화 고려궁지. 강도시절 정궁이 있었던 장소로 추정되는 곳이지만 현존하는 건물은 조선시대 관아와 복원한 외규장각 뿐이다. 조선행궁지로 보는 시각이 더 많다.

서 제사 문헌에 실려 있으니 종전대로 제사를 모시라"는 세종의 교지가 실려 있다.

1270년 원종이 개경으로 환도하자 강화도에 들어간 몽골군은 성을 무너뜨리고 궁궐을 불태워버림으로써 39년 동안의 강도 역사를 모두 지워버렸다. 강화도는 다시 유배의 섬이 되었다. 이곳으로 귀양 온 고려의 국왕이 세 명 더 있는데 제30대 충정왕(재위 1349~1351)과 제32대 우왕(재위 1374~1388), 제33대 창왕(재위 1388~1389)이 그들이다. 이들은 선대왕들과 달리 유배 중에 모두 죽임을 당했다.

제31대 공민왕(재위 1352~1374)과 마지막 제34대 공양왕(재위 1389~1392)까지 포함하면 30대부터 34대까지 5명의 국왕이 모두 시해되는 비극적 결말로 고려의 역사는 막을 내린다. 도대체 고려 왕실에 무슨

귀양도 살기 나름

변고가 있었기에 왕들이 연이어 목숨을 잃은 것일까? 어쩌면 고려 왕조의 마지막 희망이었던 공민왕의 개혁이 좌절되었을 때 고려의 운명은 이미 이렇게 결정되어 있었는지도 모른다.

고려의 마지막 희망, 공민왕

공민왕은 제27대 충숙왕(재위 1313~1330)의 3남이자 제28대 충혜왕(재위 1330~1332)의 동생이다. 고려의 최대 난군이었던 충혜왕이 몽골제국 원나라에 의해 폐위되자 이제현을 비롯한 고려의 신료들은 그를 국왕으로 추대하려 하였다. 그러나 원나라 조정은 친원 세력의 요구대로 충혜왕의 두 아들을 연달아 보위에 앉혔다.

제29대 충목왕(재위 1344~1348)은 8세 때, 제30대 충정왕(재위 1349~1351)은 12세 때 왕이 되었다. 어린 왕을 세워놓고 친원 세력과 왕의 외척들이 발호하여 국정을 농락하자 원나라는 충정왕을 폐위하고 공민왕을 왕으로 임명했다. 공민왕은 충정왕을 강화도로 유배 보내고 얼마 후 그의 목숨을 거뒀다. 정치개혁을 위한 어쩔 수 없는 선택이었다.

고려는 권문세족의 나라였다. 왕실의 외척인 문벌귀족 세력과 무신 정권기에 새로 등장한 무신 세력, 몽골과의 관계를 통해 성장한 친원 세력 등이 왕권을 능가하는 권력을 가지고 있었다. 사병(私兵)으로 무장한 그들은 광대한 토지와 노비를 소유하였고 인사권을 활용하여 국정을 좌지우지했다. 권력을 철저하게 사유화한 것이다.

공민왕의 정치개혁은 무신정권과 몽골제국에게 빼앗겼던 왕권을 회복하여 지난 200년 동안 이루지 못한 왕정을 복고시키는 것이었다. 완전한 왕정복고를 통해 국가의 공적인 기능을 회복하는 것이 그가 추구한 개혁의 핵심이었다.

공민왕은 무신들이 권력을 사유화하기 위해 설치했던 인사행정기관인 정방(政房)부터 폐지했다(1352). 더 이상 무신들의 발호를 용납하지 않겠다는 의지였다. 친원 세력 중 최대 정적이었던 기철을 제거하고 화주의 쌍성총관부를 공격하여 원나라가 영토화한 동북면을 수복하였다(1356). 주권과 영토권을 회복하는 일이라면 전쟁도 불사하겠다는 의지를 친원 세력에게 실력으로 보여준 것이다.

그가 실행한 개혁의 백미는 단연 전민변정도감의 설치(1366)였다. 이 기관은 권문세족이 불법으로 점탈한 토지와 노비를 엄격하게 심사하여 토지는 원래의 소유주에게 돌려주고 노비는 다시 양민으로 회복시키는 것을 목적으로 설치한 기구였다. 권문세족의 권력기반인 경제력을 약화시키기 위한 정치적 목적도 있었지만 근본적으로 그들이 토지와 노비를 사유화하는 한 국가를 운영하는데 필요한 세금과 병력을 조달할 수 없었기 때문이었다. 공민왕은 승려 출신 신돈을 발탁하여 이 개혁의 전권을 그에게 위임했다.

공민왕의 개혁을 지지하고 견인했던 인사들도 사실은 개혁으로부터 완전히 자유롭지 못했다. 어떤 식으로든 권문세족들과 관계를 맺고 있었기 때문이다. 공민왕 개혁의 상징적 인물이라 할 수 있는 이제현도 그의 자식들이 기황후 가문과 인척관계를 맺고 있었기 때문에 온전히 공민왕을 위해 헌신할 수 없었다.

이제현에 의해 등용된 신진사대부들도 마찬가지였다. 그들 또한 지방 향리가문 출신이었던 만큼 개혁의 대상이 될 수도 있었다. 공민왕

귀양도 살기 나름

이 신돈을 발탁한 배경에는 그가 '도(道)를 얻어 욕심이 적고 또 미천하여 친당이 없었기 때문'이었다. 『고려사』 권132, 열전 권제45, 「신돈」편에 공민왕의 그런 생각을 엿볼 수 있는 기사가 실려 있다.

공민왕이 왕위에 있은 지 오래되었는데 재상들이 마음에 들지 않으므로 말하기를, "세신대족(世臣大族)들은 친당이 뿌리처럼 이어져 있어 서로 허물을 가려준다. 초야신진들은 감정을 숨기고 행동을 꾸며 명망을 탐하다가 자신이 귀현해지면 집안이 한미한 것을 부끄럽게 여겨 대족과 혼인하고 처음의 뜻을 다 버린다. 유생들은 유약하고 강직하지 못하며, 또 문생·좌주·동년이라 부르면서 당을 만들고 사사로운 정을 따르니 이 셋은 모두 쓰지 못하겠다. 세상을 떠나 홀로 선 사람(離世獨立之人)을 구해서 머뭇거리며 고치려 하지 않는 폐단을 개혁하고자 한다"라고 하였다.

'문생(門生)'은 학연으로 연결된 집단을 말하고 '좌주(座主)'나 '동년(同年)'은 과거시험으로 맺어진 관계를 뜻한다. 공민왕대의 과거시험은 이제현과 그의 문생들에 의해 독점되어 '문생-좌주' 관계를 매개로 상당한 정치세력이 형성되어 있었다.

좌주는 과거시험 문제를 출제하고 관리하는 '지공거'와 '동지공거'를 두는 고시관 제도이다. 고시관의 주관으로 시행된 과거에서 합격한 사람을 문생이라 했다. 문생은 좌주를 '은문'이라 부르면서 평생 스승으로 모셨다. 이는 자신들을 선발해준 감독관에 대한 예우이기도 했다. 이러한 좌주 문생 관계는 공공연한 의례 풍속으로 발전했다. 좌주와 문생 관계는 고려 문치사회의 큰 세력으로 나타났다. 좌주와 문생

관계가 확대되자 이재현의 장인인 권부는 아예 좌주와 문생의 이름을 모아 『계원록』을 만들었다. 부·자·손 3대가 고시관을 역임한 경우와 좌주가 살아 있을 때 그의 문생이 또다시 좌주가 된 인물들을 모아서 기록한 것으로 이는 고려 명예의 전당의 기록이라고 해도 과언이 아니었다.

당시 좌주는 문생 중 뛰어난 자질을 보인 인물을 사위로 삼았다. 때로는 문생들에게 정치적 결단을 따르게 하여 파당을 만들기도 하였다. 결국 이 일은 고려 문치사회의 귀족화 및 정치세력화로 이어져 왕권이 약화되는 결과를 초래했다. 물론 좌주들이 유능한 급제자를 배출해냄으로써 고려의 문풍이 크게 일어나는 계기가 되었다.

하지만 좌주와 문생 그리고 동년들의 정치 사회적 유대와 결속은 혼인 등으로 연결되면서 정치세력화 되어 고려 관료사회의 급속한 몰락을 가져왔다. 이들은 강력한 왕권을 지나치게 견제했고 한편으로는 강력한 왕권에 대한 큰 부담으로 작용했다.

그래서 위의 기사에서 보듯 공민왕은 세신대족, 초야신진과 더불어 유생들도 신뢰하지 않았다. 시간이 지나면 이들 또한 권문세족과 한통속이 되거나 새로운 기득권 세력이 될 거라 본 것이다. 실제로 신진사대부로 성장한 유생 상당수는 권문세족과 연결되어 보수대연합에 가담했고 여기에 참여하지 않은 일부 신진사대부들은 이성계를 앞세워 고려를 멸망시키고 조선을 개국하는 데 앞장섰다.

공민왕은 뛰어난 정치역량과 더불어 높은 인격적 품성을 지닌 영민한 왕이었다. 역대 고려 왕 34명 가운데 가장 뛰어난 군주라는 평가를 받고 있다. 그와 국정을 함께한 이제현, 최영, 신돈, 이색, 이인임 등은 왕권을 다지고 개혁을 추동하는 데 큰 힘이 되었지만 그들의 세력화 또한 경계의 대상이었다. 그래서일까? 이들에 대한 역사적 평가도 충신 또는 간신, 미륵부처 또는 요승으로 확연히 갈린다. 신돈에게 개혁의 전권을 위임한 공민왕은 그를 통해 반야라는 여인을 알게 되었고 그녀가 왕자를 생산하니 그가 공민왕의 뒤를 이은 제32대 우왕이다.

공민왕과 신돈이 추진한 개혁의 최대 걸림돌은 왕의 모후인 명덕태후였다. 모든 기득권 세력들이 명덕태후를 중심으로 집결하여 조직적으로 반발하였는데 그녀가 기득권 세력을 대표하고 있었기 때문이다. 공민왕이 신돈을 개혁의 목대잡이로 내세운 것도 이러한 모자간의 반목과 갈등을 조금이나마 해소하기 위함이 아니었나 생각된다.

두 차례의 모반과 살해 위협을 겪은 신돈은 자구책으로 조정을 자신의 당파로 채우고 나아가 5도도사심관을 부활시켜 자신이 직접 지방을 통제하고자 했다. 충숙왕 때 폐기한 5도도사심관 제도는 '각 주의 사심관만큼 큰 도둑은 없다'는 말이 있을 정도로 폐해가 심각한 제도였기에 공민왕은 신돈의 자구책이 결국 또 다른 기득권 세력을 확대재생산하는 일이라 보았다. 더욱이 백성들의 지지를 받는 인물의 세력화는 왕권을 위협할 만큼 위험해 보였다. 공민왕은 역모를 핑계로 신돈에게 위임했던 권력을 회수하면서 그의 목숨까지 거두었다.

개혁에 반대한 권문세족들의 저항은 신돈의 제거로 끝나지 않았다. 그들은 기어이 공민왕도 살해했다. 『고려사』에는 공민왕의 죽음이 엉뚱하게 치정 문제 때문으로 기록되어 있지만 원·명 교체기에 친원 세력과 친명 세력 간에 벌어진 권력투쟁의 결과로 봐야 한다는 것이 학계의 중론이다. 공민왕 사후 그의 죽음에 강한 의문을 표시한 명나라의 태도나 차기 왕위 계승에 개입하여 예전처럼 자신들이 임명한 왕을 세우려한 원나라(북원)의 행위가 이를 말해준다는 것이다.

어쨌든 그의 황망한 죽음은 이후 전개된 우리나라 역사를 상기해볼 때 커다란 손실이 아닐 수 없다. 신돈이 실천한 개혁은 조선 건국에 참여한 신진사대부들에 의해 계승되었지만 공민왕이 추구한 주권과 영토권 회복 의지는 그의 죽음과 함께 영원히 사라져버렸기 때문이다.

귀양도 살기 나름

강화 고려왕릉

피장자를 확정하지 못한 강화 고려왕릉

강도(江都)의 역사가 사라진 강화도에는 고려왕릉으로 비정되는 7기의 석실분 무덤이 남아 있다. 고려궁지와 가까운 고려산 근처에 1기(홍릉), 그보다 8킬로미터 남쪽에 위치한 진강산에 4기(석릉, 가릉, 곤릉, 능내리 석실분), 고려궁지로부터 4킬로미터 정도 떨어진 인산리와 연리에 각각 1기가 있다.

강화도에서 사망한 고려의 왕족은 모두 다섯 명으로 왕이 두 명이고 왕비가 세 명이다. 7기의 석실분 중 5기는 당연히 이들의 무덤일 것이다. 제24대 원종비 순경태후(1237 사망)를 비롯하여 제21대 국왕 희종(1237 사망)과 그의 부인 성평왕후(1247 사망), 제22대 강종비 원덕태후(1239 사망), 제23대 국왕 고종(1259 사망)이 강화도에 묻힌 것으로 알려져 있다.

그럼 나머지 두 개의 석실분은 누구의 무덤일까? 『고려사』에는 강화

천도가 이루어진 고종 19년(1232)에 세조(왕건의 아버지)와 태조(왕건)의 재궁(梓宮, 왕의 관)을 강화로 옮겨 이장하였고, 1243년 다시 세조와 태조를 무덤을 개골동으로 이장하였다는 기록이 있다.

그래서 강화도 고려왕릉을 연구하는 학자들은 이 두 개의 석실분이 세조와 태조의 천장지일 것이라고 추측하고 있다. 그런데 사서의 기록대로라면 세조와 태조의 무덤이 각각 2기가 되므로 석실분은 일곱 개가 아니라 아홉 개가 있어야 한다. 하지만 개골동의 고려왕릉지는 현재 그 유지가 남아 있지 않아서 7기만 고려왕릉으로 비정하고 있다.

강화도 고려왕릉의 쟁점 중 하나는 고종의 무덤인 홍릉을 제외하고 나머지 6기 무덤의 피장자를 확정하지 못했다는 점이다. 이에 대해 국립문화재연구소 이상준 박사는 「강화 고려왕릉의 피장자 검토」라는 논문에서 인산리와 연리에서 발굴된 석실분을 세조와 태조의 1차 천장지로 추정하였고 진강산에 흩어져 있는 4기의 식실분 중 아직 피장자가 밝혀지지 않은 능내리 석실분을 제24대 원종비 순경태후의 무덤인 가릉으로 비정하였다. 그러면서 현재의 가릉은 제21대 희종비 성평왕후의 무덤인 소릉으로 봐야 한다고 주장하였다.

그의 주장은 능내리 석실분이 현재 가릉뿐만 아니라 진강산에 있는 다른 무덤인 석릉과 곤릉보다도 조금 이른 시기에 조성되었다는 국립문화재연구소의 능내리 석실분 발굴 보고서에 따른 것이다. 실제로 그는 2007년 능내리 석실분을 발굴할 당시 책임연구관으로 직접 참여하여 출토 유물들을 분석하였고 발굴 보고서 작성에 관여하였다.

그의 추측에 따르면 고종은 며느리인 원종비 순경태후가 세손인 충렬왕을 낳고 어린 나이에 죽자(1237) 이를 애통하게 여겨 그녀의 무덤

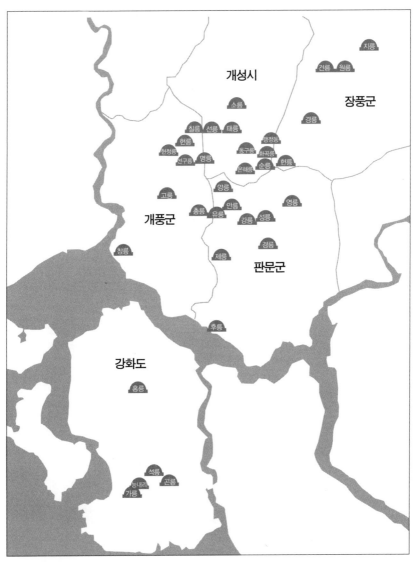

고려왕릉 분포도 강화도에 5기의 무덤이 그려져 있다. 위의 1기가 홍릉이고 아래 4기는 석릉, 가릉, 곤릉, 소릉이다. 아래 4기는 아직 피장자를 확정하지 못했다.

을 보다 장엄하게 조영했으리라는 것이다. 반면 1247년에 사망한 희종비 성평왕후는 고종비 안혜태후의 모친으로 고종에게는 장모가 되지만 왕후가 강화 천도 직전에 사망하여 왕실의 어른으로 대접받기가 여의치 않았던 만큼 위계가 높지 않았을 것으로 보았다. 결국 두 사람의 사망 연도와 위계를 고려하면 먼저 축조된 능내리 석실분이 순경태후의 가릉이고, 현재의 가릉은 성평왕후가 묻힌 소릉으로 판단하는 것이 더 합리적이라는 것이다.

또 그는 고고 자료를 검토한 결과 현재의 곤릉이 석릉보다 무덤 조영에 더 많은 공력을 들였으며 유물도 훨씬 더 많이 부장되었음을 근거로 곤릉이 희종의 무덤이고 석릉이 강종비 원덕태후의 무덤이라고 주장하였다. 곤릉의 발굴 유물 중에 차축두라는, 수레바퀴의 축 끝에 끼워 바퀴를 고정시키는 부속품이 있는데 이는 피장자가 남성이기 때문에 공헌된 것이라 본 것이다. 지금까지 석릉은 희종의 무덤으로 곤릉은 원덕태후의 무덤으로 알려져 있는데 이 두 왕릉이 서로 뒤바뀌어 비정되어 있다는 것이 그의 견해이다.

한편 2018년 6월, 경기문화재단에서 열린 '경기 천년 및 고려 건국 1100주년 기념 학술대회'에서 「강화 고려 왕릉의 조사 성과와 과제」라는 논문을 발표한 정해득 교수는 이상준 박사와는 전혀 다른 의견을 제시하였다. 먼저 그는 세조와 태조의 1차 천장지로 진강산 주변을 지목하였다. 강화도로 수도를 이전했지만 면적이 개경에 비해 넓지 않고 개경 주변에 왕릉이 밀집되어 있다는 점을 고려하면 세조와 태조의 왕릉을 조성한 곳이 곧 강도의 고려 왕릉 영역으로 지정한 곳이라 볼 수 있으며 진강산 일대에 석릉을 비롯하여 가릉, 곤릉이 계속해서 조성된

강화 능내리 석실분. 1916년 일본 역사학자 이마니시 류에 의해 알려진 후 여러 차례 도굴되어 석실 지붕이 드러난 사진(위)과 2007년 국립문화재연구소에서 발굴하고 있는 사진(아래). 이 발굴에 참여했던 이상준 박사는 발굴 후 10년이 지난 2017년에 이 무덤의 피장자는 고종의 며느리인 원종비 순경태후라고 주장하였다.

것으로 보아 세조와 태조의 1차 천장지가 이 일대에 먼저 조성되었을 것으로 추정한 것이다.

그런데 이곳은 고려궁지에서 8킬로미터 떨어진 곳이어서 왕이 행차하여 참배하기에 어려움이 있었기에 정해득 교수는 고종 30년(1243) 개골동으로 2차 천장한 것으로 보았다. 이와 관련하여 그가 주목한 것은 1261년 9월 원종이 창릉(세조릉)·현릉(태조릉)·홍릉(고종릉)을 참배하였다는 『고려사절요』 권18, 원종 2년 9월의 기록인데, 세 왕릉이 고려궁지 가까운 곳에 있었기에 한꺼번에 참배할 수 있었다고 보면, 개골동은 고려산과 가까운 곳으로 고종이 서거한 뒤 그 인근에 홍릉을 조성하였다고 보는 것이 타당하다는 것이다.

그래서 고종의 임종을 지키지 못한 원종이 귀국한 뒤 홍릉을 참배하면서 인근에 있던 창릉과 현릉을 함께 참배한 것이 아닌가 추측된다는 것이다. 그러므로 개골동의 고려 왕릉지는 홍릉 근처일 가능성이 높다고 그는 주장했다. 그는 또 『신증동국여지승람』 권12, 경기 강화도후부 기록에 의거하여 원덕태후의 무덤을 곤릉으로, 희종의 무덤을 석릉으로, 순경태후의 무덤을 가릉으로 기정사실화하였고 아직 위치가 밝혀지지 않은 성평왕후의 소릉을 능내리 석실분으로 비정하였다.

그러면서 그는 무신집권자들의 무덤도 주목하였는데 강도 시기에 고려의 실권자는 왕이 아니라 무신집권자들이었기 때문이다. 강화도에서 죽은 무신집권자는 최이와 최항, 최의 등인데, 최이와 최항의 무덤은 왕릉을 능가하는 규모로 만들어졌을 것으로 보고 있다.

최항의 무덤에서 출토된 것으로 전해지고 있는 국보 제133호 청자진사연화문표형주자가 무신정권 권력자의 무덤이 왕릉에 못지않게 조성되었다는 것을 방증하고 있으며 그들의 무덤도 당연히 석실로 만들었을 것이므로 강화도에서 발굴되고 있는 석실분 무덤이 반드시 왕릉은 아니라는 것을 의미한다고 그는 주장했다.

정해득 교수의 주장대로라면 인산리와 연리에서 발굴된 석실분은 세조와 태조의 1차 천장지가 아니라 무신집권자들의 무덤일 가능성이 높다. 국립강화문화재연구소에서 발간한 『강화 고려도성 고고자료집』(2017)을 보면 지표 조사를 통해 밝혀진 고려 고분군은 모두 13개소인데 대부분의 유구가 석곽묘로 되어 있고 고려시대 도자류와 기와류가 출토되었다고 한다.

지금까지 확인된 고분군은 국화리고분군(6기), 선두리고분군(14기), 장흥리고분군(11기), 초지리고분군(3기), 고천리고분군(34기), 외포리고분군(10기), 양오리고분군(9기), 하도리고분군(62기), 삼흥리고분군, 석릉 주변 고분군(112기), 인산리고분군(6기), 창후리고분군(10기), 여차리고분군(20기) 등이다.

고분군이 발견된 마을은 여전히 '능골'이나 '고려장터'로 불리는 곳이 많다. 마을 주민들의 전언에 따르면 일제강점기 때부터 최근까지도 도굴이 빈번히 행해졌다고 한다. 그때마다 청자 파편과 더불어 종종 석상이 발견되곤 했는데 노출되지 않은 유구가 어디에 얼마나 묻혀 있는지는 아무도 모른다. 노출되어 있는 무덤은 대부분 활석조 석곽묘지만 개중에는 판석조 석관묘도 있어 피장자의 신분이 상당했음을 알 수 있게 한다. 39년의 짧은 강도 시절 고려 역사의 파편을 강화도는 아직도 고스란히 간직하고 있다

청자진사연화문표형주자(국보 제133호). 이 도자기는 1257년에 축조된 강화도 최항의 묘에서 출토되었다. 강화도에 묻힌 무신집권자는 최우, 최항, 최의 등인데 이들의 무덤에서 출토되는 부장품만 보더라도 왕릉을 능가하는 규모로 축조되었음을 알 수 있다.

도자기의 높이는 332밀리미터이고 밑지름은 114밀리미터이며 표주박 모양의 몸통에 표면은 연잎으로 둘러싼 형태로 꽃봉오리 모양의 마개를 하고 있다. 고려청자에 붉은색을 띠는 진사를 곁들이는 장식 기법은 12세기부터 있었다고 한다. 진사로 무늬를 대담하게 장식한 작품은 13세기 이후에 나타났는데 이 도자기는 진사의 빛깔이 아주 뛰어난 작품으로 평가받아 국보로 지정되었다. 강화도에 있는 고려시대 무덤들은 일제강점기 때부터 최근까지도 도굴이 성행했다. 이 도자기도 도굴꾼들의 손을 거쳐 삼성그룹으로 넘어간 것으로 보인다. 현재 삼성문화재단에서 관리하고 있으며 삼성박물관 리움에 전시되어 있다.

강화 고려왕릉

강화 인산리 석실분. 국립문화재연구소 이상준 박사가 세조 또는 태조의 1차 천장지로 비정한 무덤이다. 강화에 있는 다른 왕릉보다 훨씬 가파른 곳에 있다. 정해득 교수는 무신집권자들의 무덤일 가능성이 더 높다고 주장하였는데 최항, 김취려, 유경현 등의 무덤도 여기서 멀지 않은 곳에 있다.

개경에서 한성으로

공민왕의 개혁과 신진사대부

고려는 불교를 숭상하는 나라였지만 치국(治國)의 도리로서 유교를, 수신(修身)의 근본으로서 불교를 사상의 양대 주류로 삼아왔다. 유교가 과거를 통해 인재를 선발하는 관학의 덕목이었다면, 불교는 신앙을 통해 인간의 도리를 일깨우는 수련의 덕목이었던 것이다. 여기에 성리학이 도입되어 격물치지(格物致知)와 성의정심(誠意正心)의 도(道)가 강조되었는데, 이 형이상학적 학문은 여말선초를 관통하면서 신진사대부들의 사상적, 정치적 토대로 발전하게 된다.

성리학은 고려보다 먼저 원나라의 관학으로 정착하여 과거 시험의 필수과목이 되었다. 원나라 과거에 합격하면 고려에서 보다 높게 중용되었기에 성리학을 공부하려는 고려의 선비들이 북경으로 유학하였다. 왕위를 아들 제27대 충숙왕(재위 1313~1330)에게 물려주고 북경에 머물며 원나라의 궁중정치에 관여했던 제26대 충선왕(재위 1308~1313)

은 고려 출신 관료들이 원나라 조정에 출사할 수 있도록 만권당을 설치하고 성리학 연구를 위해 고려 성리학자들과 원나라 성리학자들의 학술 교류를 주선하기도 하였다.

마침내 충숙왕 5년(1318) 안진(1293~1360)이 최초로 원나라 과거에 합격하였고 이어서 안축, 안보, 이곡, 이색, 최해, 이인복 등이 합격하여 원나라의 관직을 제수받았다. 안진과 안축, 안보는 성리학을 고려에 도입한 안향(1243~1306)과 같은 집안이며 안축과 안보는 형제간이다.

이곡(1298~1351)은 성리학을 널리 전파시키고 발전시킨 이제현의 제자로 이색의 부친이다. 최해(1287~1340)는 신라의 유학자인 최치원의 후손이고 이인복(1308~1374)은 이조년의 손자이자 이인임의 친형이다. 이들 모두 지방 향리 출신의 과거 급제자라는 공통점을 가지고 있다.

안향에게 성리학을 전수받은 권부(1262~1346)는 아들 다섯(권준, 권종정, 권고, 권후, 권겸)과 사위 넷(안유충, 이제현, 순정대군 왕도, 회안대군 왕순)이 군(君)으로 봉해져 '일가구봉군(一家九封君)' 집안이라 불릴 만큼 유명한 문벌귀족이었다. 『고려사』 권107 「권부 열전」에는 『사서집주』를 간행할 것을 건의하여 "동방의 성리학은 권부가 이끈 바로부터 시작되었다."고 기록되어 있는데 『사서집주』란 『논어』 『맹자』 『중용』 『대학』의 방대한 주석을 주희가 성리학의 철학적 핵심인 '이기론(理氣論)'의 관점에서 정리한 책이다.

이 책이 고려에서 언제 편찬되었는지 알 수는 없으나 권부와 그의 사위인 이제현(1287~1367)에 의해 고려의 과거시험에도 기존의 6경(六經 : 시경, 서경, 역경, 예기, 춘추, 주례)에 『사서집주』가 포함되어 성리학이 급속하게 확산되는 계기가 되었다고 한다.

성리학을 고려에 소개한 안향(왼쪽), 성리학의 중흥조로 추앙받고 있는 이제현
(오른쪽). 안향의 초상화는 현전하는 초상화 중 가장 오래된 영정으로 국보 111
호이며 이제현의 초상화는 국보 110호로 지정되어 있다. 두 초상화 모두 원나
라 화가가 그린 것이다. 이 밖에 국보로 지정된 초상화는 이성계 어진(국보 317
호), 송시열 초상화(국보 239호), 윤두서 자화상(국보 240호) 등이 있다.

　우리나라 성리학의 중흥조로 일컬어지는 이제현은 고려 말 신진사
대부와 조선 사림파의 사상적 시조로 추앙받고 있는 인물이다. 그는
안향이 성리학을 전수한 여섯 명의 학자, 이진, 권부, 백이정, 우탁, 이
조년, 신천 중 부친인 이진과 장인인 권부 그리고 스승인 백이정으로
부터 체계적인 성리학 교육을 받았다. 그리고 충선왕이 북경에 세운
만권당에서 조맹부, 원명선, 탕병룡, 주덕윤 등 원나라의 유명한 학자,
문인들과의 교류하며 학문의 지평을 넓혔다. 그의 나이 20~30대에 이
룬 성취였다.
　여든 살까지 천수를 누린 이제현의 일생에서 가장 힘든 시기였던

40~50대에는 『역옹패설』 등을 저술하며 제자를 양성하였는데 이곡, 이색(1328~1396) 부자가 이 시기에 그에게 성리학을 배웠다. 성리학에 입각하여 개혁을 펼쳤던 60~70대 시절은 공민왕이 재위했던 시기로 국정의 최고 책임자인 문하시중을 네 번이나 역임할 정도로 왕의 신임을 받았지만 공민왕의 반원정책과 신돈이 추구한 전제개혁으로부터 완전히 자유로울 수 없었던 그는 일흔 살에 정계를 은퇴하였다.

공민왕은 개혁을 추진하면서 성리학을 공부한 신진사대부들을 개혁 세력으로 육성하고자 했다. 공민왕 16년(1367)에 성균관을 다시 짓고 이색을 성균관 겸대사성으로, 정몽주, 박상충, 이숭인, 박의중을 교관으로 임명했다. 이때부터 안향-이제현-이색으로 이어진 성리학 계보 중 이색의 문하에서 정몽주, 정도전, 권근, 이숭인, 길재 등이 배출됨으로써 문생-좌주 관계를 매개로 한 신진사대부들의 정치세력이 형성되기 시작했다. 이들 신진사대부들은 공민왕의 기대대로 친원세력에 대항하는 친명 세력으로 성장한다.

그러나 원명 교체기에 친원 세력과 친명 세력 간에 벌어진 치열한 권력투쟁은 급기야 왕이 시해되는 극한의 대결로 이어졌고 공민왕의 황망한 죽음은 그가 어렵게 이룩한 개혁의 성과가 모두 부정되는 결과로 귀결되었다. 이러한 결과는 공민왕의 후계를 결정하는 과정에서 돌출되기 시작했는데 관습상 왕위 결정권을 가지고 있었던 명덕태후는 왕실의 종친 중에서 후계자를 세우길 원했지만 공민왕 시해 사건을 수습하며 권력의 중심으로 떠오른 이인임(1312~1388)은 공민왕의 유명(遺命)이라며 우왕(모니노)이 왕위를 이어야 한다고 주장하였다. 어린 우왕을 앞세워 국정을 장악하려는 의도였다.

왕위계승을 놓고 벌인 이 권력투쟁에서 대부분의 권문세족들이 이인임의 주장에 동조함으로써 왕과 왕실에 집중되었던 권력은 이인임을 중심으로 한 권문세족에게 이양되었다. 이인임은 공민왕이 그토록 경계했던 문벌귀족과 무신 세력, 친원 세력과의 정치적 연합을 통해 고려 사회를 공민왕 이전으로 되돌려놓았다. 더욱이 공민왕 사후 원·명과의 관계 설정에서 이인임이 보여준 대외정책은 원나라의 간섭으로부터 벗어나고자 몸부림쳤던 공민왕의 노력을 한순간에 물거품으로 만들었다.

이성계를 정치에 끌어들인 우왕

원나라는 예전처럼 고려 왕위 계승에 개입하여 자신들이 임명한 왕을 세우려 하였다. 공민왕에게 왕자가 있다는 사실을 알지 못했던 원나라는 충선왕의 조카로 심양왕이었던 왕고의 손자 톡토부카를 차기 왕으로 임명하고 이를 고려에 통보했다. 이인임은 백관의 연명서를 원나라에 보내어 모니노는 공민왕의 친아들이며 그의 유언에 따라 즉위한 것이므로 우왕의 왕위 계승은 정당하다는 점을 분명히 하였다.

그러자 원나라는 "공민왕이 우리를 배반하고 명나라에 귀부하였으므로 왕을 시해한 것을 용서한다."며 우왕의 즉위를 인정하였고 사신을 보내어 이를 공식화하겠다고 재차 통보해왔다. 이는 곧 원나라에 대한 사대 관계의 공식화를 의미한 것이었으므로 친명 세력를 대표하는 신진사대부들은 당연히 크게 반발하였다.

정도전, 이숭인, 권근, 김구용 등은 도당에 글을 올려 "만약 원나라

서울 인왕산 국사당에 모셔져 있는 **최영 무신도(왼쪽)**와 전주시 풍남동 경기전 수장고
에 보관 중인 **이성계 어진(오른쪽)**. 두 그림 모두 조선 말기에 그려졌다. 최영 무신도가
모셔져 있는 국사당은 조선시대부터 내려온 오래된 굿당이다. 이성계에게 패하여 억울
하게 죽어서 원혼이 되었기에 무속신앙의 숭배 대상이 되었다. 이성계의 어진은 1410년
에 처음 그려졌는데 낡고 오래되어 1872년 원본과 똑같이 베껴서 그렸다. 2012년에 국보
317호로 지정되었다.

사신을 맞는다면 온 나라 신민이 모두 난적(亂賊)의 죄에 빠지게 될 것"
이라며 원나라 사신을 받아들이려는 조정을 성토했다. 그러자 이인임
은 오히려 정도전(1342~1398)에게 원나라 사신의 영접을 명했다. 이를
거부하고 항명한 정도전은 결국 유배되었고 박상충과 전녹생은 국문
을 받고 유배길에 올랐다가 국문 후유증으로 길에서 죽음을 맞이하였
다. 정몽주, 이숭인, 김구용도 유배형에 처해졌다.

박상충과 전녹생을 모질게 고문하여 죽음에 이르게 한 사람은 최영
(1316~1388)이다. 우리 역사에서 가장 많은 전쟁을 치렀던 공민왕-우왕
시대에 모든 전쟁을 승리로 이끌었던 명장 최영은 이인임이 반대 세력
을 제거하는 데 든든한 후원자가 되어주었다. 강직하기로 소문난 그의
성품으로 보아 정치적인 판단보다는 권력의 속성에 따른 대의를 중시
하는 군인정신 때문이 아니었나 생각된다.

최영의 이러한 처신은 정도전으로 하여금 무력의 중요성을 더욱 일
깨워주었고 이성계(1335~1408)를 개혁 세력으로 끌어들이는 계기가 되
었다. 정도전 말고도 이성계에게 접근한 신진사대부들이 또 있었는데
조준, 윤소종, 허금, 조인옥 등이 그들이다. 이들은 결사를 맺고 조인옥
의 형 조인벽의 처남이었던 이성계를 포섭했다. 개혁을 추진하기 위해
서는 이성계의 군사력이 필요했기 때문이다.

그러나 정작 이성계를 정치에 끌어들인 사람은 우왕이었다. 열 살
어린 나이에 왕위에 오른 우왕은 14년 동안 계속된 이인임의 섭정에서
벗어나길 원했고 자신이 직접 통치하는 친정 체제를 구축하고 싶어 했
다. 우왕 14년(1388) 최영과 이성계에게 밀령을 내려 이인임을 제거토
록 했는데 이 친위 쿠데타가 성공하면서 최영이 시중, 이성계가 수시

개경에서 한성으로

중이 되었다. 이성계가 처음으로 정치에 개입한 사건이었다. 그의 무력을 왕권 강화와 시대 개혁에 활용하고자 했던 두 세력 간의 권력투쟁에서 이성계가 선택한 것은 군인정신이 투철했던 최영과 마찬가지로 대의와 순리였다.

1388년은 우리나라 역사뿐만 아니라 동북아시아 역사 전개에도 분수령이 된 해이다. 이해에 고려에서는 이인임이 무진피화(戊辰被禍)라 불리는 친위 쿠데타로 실각한 뒤 바로 병사했고 최영은 위화도회군이라 불리는 이성계의 반란으로 유배되었다가 곧 처형되었다. 이성계를 정치에 끌어들인 우왕은 폐위되어 강화도로 유배되었고 그의 아들 창왕이 보위를 이어받아 고려의 제33대 국왕이 되었다.

또 이해에 원나라의 요동 군벌이었다가 명나라에 투항했던 나하추가 사망함으로써 명나라와 친명 세력을 견제할 세력이 사실상 사라졌다. 바야흐로 명나라가 동북아시아의 패권국가로 우뚝 설 수 있는 절호의 기회를 잡은 것이다.

위화도회군이 조선 건국에 결정적인 역할을 한 사건인 만큼 조선시대 내내 이 반란은 대의와 순리에 따른 어쩔 수 없는 선택으로 간주되어왔다. 그러나 역사에서 전략적 사고를 배우려는 다른 시각의 역사 연구자들은 "위화도회군은 개혁 세력이 주도한 새로운 왕조의 출발점이 아니라 역사의식을 망각한 권력 추구 집단이 주도한 명분 없는 군사 쿠데타"라는 견해를 피력하고 있어 위화도회군 이후에 전개된 역사에 대한 거시적인 안목이 필요할 듯하다.

위화도회군과 경인왜구

위화도회군이라는 역사적 사건을 떠올릴 때마다 풀리지 않은 의문이 있었다. 요동 정벌에 동원된 병력에 관한 것이었다. 요동 정벌은 고려가 명나라의 철령위 설치 시도에 반발하여 요동을 공격하고자 5만 명의 병력을 출병시켰다가 위화도에서 회군하는 바람에 무산된 사건이다.

여러 번 강조했지만 고려는 권문세족의 나라였다. 왕실의 외척인 문벌귀족 세력과 무신정권기에 새로 등장한 무신 세력, 몽골과의 관계를 통해 성장한 친원 세력 등이 왕권을 능가하는 권력을 가지고 있었다. 사병으로 무장한 그들은 막대한 토지와 노비를 소유했고 인사권을 활용하여 국정을 좌지우지했다.

특히 이들의 불법적인 겸병을 통한 사전(私田)의 확대는 국가 재정의 고갈을 초래했는데 병사들에게 군전(軍田)을 지급할 수 없어 군대를 편성할 수 없을 정도였다. 군대는 사병으로만 존재했고 위기시에는 일반 농민을 징발했다. 국방 체계가 거의 붕괴된 것이다. 이성계가 반란을 획책할 수 있었던 것도 고려 정규군의 부재 때문이었다.

그렇다면 요동 정벌에 동원된 병력은 누구였을까? 권문세족이 자신의 가병(家兵)을 내줬을 리 만무하고 농민을 징발하여 한두 달 만에 5만 명의 병력을 편성하여 출정시키기가 결코 쉽지 않은 일이었을 텐데 말이다. 이 의문을 해소해준 사료 해석이 김성호 박사의 저서『중국진출 백제인의 해상활동 천오백년』에 있었다.

그의 주장에 따르면 요동정벌에 동원된 병력은 대부분 경인왜구(庚

寅倭寇)들이었다. 왜구라 하면 일본 열도나 쓰시마섬에 거주하면서 우리나라 남해안에 출몰하며 약탈을 일삼던 일본 해적이 떠오르겠지만 경인왜구는 백제 멸망 후 한반도를 탈출하여 중국 동해안에 정착했던 백제 유민을 일컫는다. 왕건의 조상도 백제 유민이었고 신라 말기에 경기만 일대에서 밀무역을 하던 재당신라인 즉 당귀인들도 모두 백제 유민이었다. 명나라를 세운 주원장이 이들을 왜이(倭夷)라고 불렀기에 고려와 조선에서도 이들을 왜구 또는 왜적이라 불렀던 것이다.

그럼 왜 경인왜구라 했을까?『고려사』충정왕 2년(1350) 2월 기사에 "왜가 죽림(고성), 거제, 합포(마산)에 입구하였으며, 왜구의 침입이 이때 시작되었다."는 기록이 있다. 1350년이 바로 경인년(庚寅年)이며 왜구의 침입이 이때 시작됨에 따라 이 이후 해란(海亂)을 경인왜구라 하였다. 경인왜구의 한반도로의 집단 망명은 1350년에서 1399년까지 정확하게 50년 동안 계속되었다.

김성호 박사의 분석에 따르면 50년 동안 1,613척의 선박을 동원하여 369회에 걸쳐 한반도 600개 지점에 경인왜구가 출몰하였다. 원인은 명나라 태조 주원장의 해금정책(海禁政策, 해민 탄압) 때문이었다. 주원장은 이들의 어업과 무역 활동을 금지했고 이들의 근거지인 주산군도를 공격하여 섬을 폐쇄했다. 이에 대한 백제 유민의 저항도 끈질기게 전개되었는데 역사는 이를 명대왜구(明代倭寇)의 해란으로 규정하고 명나라 존속 기간인 약 300년 동안 계속되었다고 기록하고 있다.

고려는 집단 망명한 백제 유민을 대부분 수용하였다. 이들에게 식량과 땔감을 제공하며 정착을 유도했다. 이를 위해 해안가 주민들을 내륙으로 소개(疏開)하기도 했다. 생계가 막막했던 일부 경인왜구는 노략질을 일삼아 여러 곳의 관아에 분속시키기도 했지만 그들을 어디로도 되돌려보내지는 않았다. 중국을 탈출해온 교민들의 환국으로 인식했기 때문이다. 고려는 이들의 환국이 사회 전반에 미칠 파장을 염려하면서도 1350년부터 1375년까지 25년 동안 약 10만 명의 경인왜구를 받아들였다.

우왕이 왕위에 오른 1375년이 경인왜구 수용 정책의 변곡점이었다. 『고려사』 권114 「김선치전」에는 경인왜구 지도자로 보이는 두 사람이 등장한다. 한 사람은 진군상이고 다른 한 사람은 등경광이다. 두 사람 모두 "그의 무리들을 이끌고 와서 장차 입구하겠다고 호언·공갈하면서 양식을 청구하였다."고 했는데 진군상의 요구는 받아들여져 전북 고부군에 정착하게 했지만 동경광의 요구는 받아들이기는커녕 도리어 그를 살해하려다 미수에 그친 사건이 발생하였다.

이 사건의 파장으로 인해 경인왜구의 해란이 동시다발로 격화되었다. 369건의 출몰 횟수 중 약 53%인 195건이 우왕이 재위했던 12년 사이에 집중되었으며 이들의 '해안 출몰'이 갑자기 '내륙 확산'으로 전환되었다. 등경광 암살 기도는 새로 즉위한 고려의 왕이 백제 유민들을 적극적 또는 공세적으로 관리하겠다는 정책 전환의 신호처럼 알려졌고 때문에 해안지역에 정착했던 백제 유민들이 새로 가해질 탄압을 피하여 산간 내륙으로 이동한 결과였다.

이때부터 경인왜구는 단순한 해란이 아니라 내전의 양상을 띠기 시작했다. 환국한 교민을 적으로 돌려놓고서야 비로소 고려의 군사적 대응이 시작되었다. 이른바 경인왜구 3대 대첩으로 불리는 최영의 홍산대첩(1376), 이성계의 황산대첩(1380), 정지의 남해대첩(1383)은 환국교민을 대대적으로 살육한 동족상잔의 비극이었다. 그런데도 크게 승리했다는 의미인 대첩이라 부르며 비극의 역사를 기념하고 있으니 정말 부끄러운 일이 아닐 수 없다.

우왕의 치세가 경인왜구와의 내전으로 혼란한 가운데 명나라의 과도한 조공 요구가 고려를 더욱 힘들게 했다. 우왕 13년(1387) 요동에서 장방평이 와서 도당에 보고하기를 "명태조가 장차 처녀 · 수재 · 환자(내시)를 각각 1천 명씩, 우마를 각각 1천 필씩 또 요구하려고 한다."고 하자 도당이 발칵 뒤집혔다. 이미 한 해 전에 명나라가 요구한 세공마 5천 필과 황금 5백 근, 은 5만 냥, 무명 5만 필도 너무 과도하여 국고가 거덜날 지경이었는데 엎친 데 덮친 격으로 조공량이 더 늘어난 것이다.

한 술 더 떠서 명나라는 원나라로부터 되찾은 철령 이북의 땅은 원나라가 점령했던 땅이므로 환수하겠다고 통보하면서 철령위를 설치하겠다고 으름장을 놓았다. 이에 '굴욕은 참을 수 있어도 영토는 내줄 수 없다'고 결의한 고려 조정은 군사적 실력 행사를 통한 기선 제압 차원에서 요동 정벌을 계획하였고 실행에 옮긴 것이다.

여기서 5만 명에 이르는 병력 동원이 눈길을 끈다. 잘 알려진 것처럼 최영이 총사령관격인 팔도도통사를 맡아 전군을 지휘하였고 조민수가 좌군도통사, 이성계가 우군도통사를 맡아 각 지역에서 차출된 병력을 지휘하였다. 요동 정벌군은 병사가 38,830명, 겸인(사역인)이 11,634명이었는데 정규군이 없는 고려의 국방 체계로서는 상상도 할 수 없는 병력이었다.

김성호 박사는 『고려사』 우왕 14년조에 기록된 기사를 근거로 지방 각사에 분속되어 있던 경인왜구를 사면하여 고려인으로 공인해주는 대가로 모병한 결과라고 분석하였다. 그는 이 전략을 최영이 세운 것으로 보았는데 경인왜구를 도륙하는 대첩(?)을 세우는 과정에서 최영과 이성계는 포로로 잡힌 백제 유민을 사병화한 경험이 있었기 때문이다.

명나라로부터 쫓겨온 경인왜구에게 명나라에 복수할 기회를 주고 이 기회에 받은 사면령으로 고려의 백성이 되어 군직까지 받으면 고려에서의 삶이 보장되기 때문에 경인왜구도 쌍수를 들어 환영하였다. 해란과 내전을 겪으며 생존 훈련으로 어느정도 군사력까지 갖춘 그들이었기에 적극적으로 요동 정벌군 모집에 참여하였다. 신기하게 이 기간 동안엔 경인왜구가 거의 출몰하지 않았다.

조선 건국의 출발, 토지개혁

위화도회군으로 정국의 주도권을 장악한 이성계와 신진사대부가 제일 먼저 단행한 제도 개혁은 토지개혁이었다. 당시 고려 사회의 최대 현안은 토지제도의 문란이었다. 고려는 토지가 불법적으로 사유화되는 이른바 겸병을 통한 사전(私田)의 확대를 통제하지 못해 국가재정이 거의 고갈된 상태였다. 병사에게 군전(軍田)을 지급할 수 없어 공권력을 대표하는 군대조차 편성할 수 없을 정도였으니 공민왕이 왜 그토록 왕정복고를 통해 국가의 공적인 기능을 회복하고 싶어했는지 이해할 수 있을 것이다.

이성계는 조준(1346~1405)을 사헌부 대사헌으로 임명하여 관리들이 불법적으로 소유한 수조권을 박탈하고자 했다. 수조권이란 토지로부터 조세를 거둘 수 있는 권리를 말한다. 현대 국가는 당연히 수조권을 국가가 가지고 있지만 고려시대에는 관리들에게 관직 복무의 대가로 일정 지역 농토의 수조권을 주어 관리가 직접 징수하도록 했다.

문제는 관리들이 수조권을 불법적으로 행사함으로써 한 토지에 여러 명의 수조권자가 중복되는 겸병이 횡행한 것이다. 관직에서 물러난 뒤에도 수조권을 반납하지 않는 것이 관행화되어 농민들은 다수의 수조권자에게 조세를 납부해야 했는데 이를 이행하지 못하면 토지를 강제 점탈당하기 일쑤였다. 이인임이 축출된 것도 측근들의 이러한 전횡을 눈감아주다가 우왕과 최영으로부터 역풍을 맞은 것이다.

조준이 추진한 사전 폐지에 대부분의 관리들은 크게 반발했다. 특히 대대로 관직을 독점하다시피 해온 권문세족들은 엄청난 규모의 사전을 보유하고 있었기에 반대가 더욱 심했다. 국정의 최고 책임자로 문하시중이자 신진사대부의 대부로서 '유종(儒宗)'으로 존경받던 이색도 이 개혁에 반대하고 나섰다. "옛 법을 경솔하게 고칠 수 없다"는 이유를 내세웠지만 그는 알고 있었다. 지난 100여 년 동안 16차례나 개혁기구를 설치하여 토지개혁을 논의하였으나 실행 과정에서 번번이 실패하였고 자중지란만 겪다가 결국 흐지부지되었던 사실을.

이러한 실패는 시간이 지나면서 점점 관행으로 굳어졌고 관행이 제도화되는 지경에 이르렀다. 이색도 이 관행을 묵인하거나 용인할 수밖에 없었다. 조준은 이색의 문하에서 배출된 신진사대부가 아니었다. 그러므로 이색의 반대가 개혁의 당위성을 훼손하지는 않았다. 오히려 개혁을 좌절시킬 정적으로서의 역할만 부각될 뿐이었다.

토지개혁의 시급성은 위화도회군 직후부터 나타났다. 경인왜구의 대규모 출몰이 재현된 것이다. 거기에다 요동 정벌군으로 참여했다가

회군하는 바람에 군직을 잃게 된 왜구들의 동요도 심상치 않았다. 더군다나 경인왜구 상당수가 해안가의 토지를 불법 점유하여 가뜩이나 문란해진 토지제도가 더욱 황폐화되고 있었다.

이색은 위화도회군의 또 다른 주역인 조민수(1324~1391)와 손잡고 창왕을 옹립하는 데 결정적인 역할을 하였다. 그 결과로 권력의 핵심인 문하시중 자리에 올랐고 국정의 최고 책임자가 되었다. 그런 그가 토지개혁을 반대하고 있는 만큼 조준의 입장에서는 이색을 최대의 정적으로 인식할 수밖에 없었다.

이때 이색과 더불어 권력을 장악한 조민수의 반개혁적 행보가 탄핵의 빌미를 주었다. 토지를 불법적으로 사유화한 것도 모자라 이인임의 복권을 추진했던 것이다. 결국 조민수는 조준을 필두로 한 개혁파들의 탄핵으로 권좌에서 물러났고 유배형에 처해졌다.

조민수의 실각은 이색의 퇴장과 창왕의 폐위로 이어졌다. 명목상으로는 김저의 '우왕 복위 사건'이 발단이 되었지만 이성계가 내세운 명분은 '폐가입진(廢假立眞)', 즉 가짜를 없애고 진짜를 세운다는 것이었다. 우왕과 창왕은 왕씨가 아니라 신돈의 자식이라는 '우창비왕설(禑昌非王說)'을 들고 나옴으로써 '우창'이 받든 종사를 인정하지 않겠다고 선언한 것이다. 고려의 통치 질서에 대한 전면적인 부정이었다. 창왕은 폐위되어 강화도로 유배되었다가 우왕의 유배지인 강릉으로 옮겨져 그곳에서 살해되었다. 그때 그의 나이 불과 열 살이었다.

고려시대의 각종 재화를 기록한 『고려사』 권78 「식화지」에는 "공양왕 2년(1390) 9월, 기존의 모든 토지 문서를 개경 한복판에 쌓은 후 불을 질렀다. 그 불이 여러 날 동안 탔다."고 기록되어 있다. 모든 토지 문서를 불사른 토대 위에서 공양왕 3년(1391) 5월 새 토지제도인 과전법이 반포되었다. 과전법은 오늘날 공직자의 봉급 체계에 해당하는 것으로서 경기도 내 토지의 수조권을 18품계의 직급 서열에 따라 분배한 것이다.

수조권은 소유권이 아니라 국가가 징수하는 수확량의 1/10을 관료들에게 양도한 권리인데 수조권 분급에서 왕족과 권문세족을 배제시킴에 따라 봉급이 끊어진 고려 왕업은 자연 폐업하지 않을 수 없었던 것이라고 김성호 박사는 주장했다.

과전법은 지배층의 봉급 체계였을 뿐 토지개혁 그 자체는 아니었고 공사전적을 불태운 사전 혁파가 토지개혁의 핵심이라는 것이다. 이로써 전국의 토지는 왜구이든 원주민이든 현재의 점유자가 소유자로 전환되었기 때문에 토지개혁의 필수 요건인 토지 분배 절차가 없었다고 했다.

정도전이 『조선경국전』 부전에서 "백성에게 토지를 분배하는 일이 비록 옛사람에게는 미치지 못하였으나, 토지제도를 정제하여 일대의 전법을 삼았으니 전조의 문란한 제도에 비하면 어찌 만 배나 낫지 않겠는가?"라고 자평한 것처럼 과전법은 백성들의 지지를 받았다. 쿠데타로 시작한 위화도회군이 토지개혁으로 그 정당성을 인정받은 것이다. 이로서 개경에서 한성으로 가는 길이 열리기 시작했다.

강화학파

정몽주의 죽음과 부활

개경에서 한성으로 가는 길에 마지막 고비가 있었다. 위화도회군부터 토지개혁까지 이성계의 든든한 후원자였던 정몽주(1243~1306)가 이성계 세력의 공작정치에 회의를 품고 등을 돌린 것이다. 성리학을 공부한 학자로 의리와 명분을 중시했던 정몽주는 스승인 이색, 제자인 권근과 갈등하면서까지 토지개혁을 수용했다. 계구수전이 과전법으로 축소되기는 했지만 이만큼이라도 개혁이 성취된 배경에는 정몽주의 역할이 있었다.

공양왕 2년(1390), 고려의 무장 윤이와 이초가 명나라에 가서 이성계를 무고하는 사건이 발생했다. 훗날 명나라 황실 지침서인 『황명조훈』에 이성계의 종계가 부정되고 네 명의 고려 왕을 시해하여 나라를 찬탈한 암군으로 기록되는 단초를 제공한 이 사건은 이성계 세력이 군권을 장악하기 위해 꾸민 공작이었다. 토지개혁으로 정규군이 편성되자 군권을 둘러싼 본격적인 권력투쟁이 시작된 것이다.

이 공작으로 무신들 가운데 윤유린, 홍인계, 최공철 등 잠재적 경쟁자인 무장들이 제거되었고 이성계가 서울과 지방의 군무를 모두 통솔하는 도총제사를 맡고 배극렴이 중군총제사, 조준이 좌군총제사, 정도전이 우군총제사를 맡음으로써 군권을 완전히 장악하는 데 성공했다.

나아가 반대 세력 문신들도 이 사건으로 엮어서 함께 제거하려 했는데 이색, 이숭인, 권근, 우현보 등이 사건 연루자로 지목되어 투옥되는 수난을 겪었다. 성리학을 공부하며 이들과 사제의 연을 맺고 과거시험을 통해 '문생-좌주의 관계를 이어온 정몽주는 이성계 세력의 공작정치가 의리와 명분을 저버린 패륜적인 행위임을 분명히 밝히고 공양왕을 설득하여 이들을 모두 석방시켰다. 정몽주와 이성계 세력 간의 반목은 이렇게 시작되었다. 이성계 반대 세력이 정몽주를 중심으로 결집하고 공양왕도 이에 동조하자 위기감을 느낀 이성계 세력은 역성혁명을 실행할 구체적인 계획을 세웠다.

총대를 멘 사람은 이성계의 5남 이방원(1367~1422)이었다. 그는 이성계 반대 세력의 구심점인 정몽주를 백주에 격살하여 역성혁명의 신호탄을 쏘았다. 이어 군사력과 정치력을 총동원하여 이색, 이숭인, 우현보, 조호, 김진양, 이무, 이빈, 안노생, 최관, 김담, 이확, 설장수, 김리 등 정몽주와 뜻을 함께한 중신들과 남평군, 수연군 등 왕실의 종친들을 귀양 보내며 정국을 완전히 장악하였다.

고립무원에 빠진 공양왕은 이성계에게 군신동맹을 제안하였다. 무신정권이 고려를 통치했을 때처럼 자신은 허수아비 군주가 돼도 좋으니 고려의 종묘사직만은 지켜달라는 호소였다. 그러나 이 제안은 거절되었고 왕대비의 명으로 그는 폐위되었다. 정몽주가 살해된 지 3개월 만에 475년을 이어온 고려의 역사는 이렇게 막을 내렸다.

공양왕으로부터 양위받는 형식으로 즉위한 이성계는 정도전이 작성한 즉위교서를 반포하면서 이성계 반대 세력 56명에 대한 처분을 명시했다. 정도전은 이색, 우현보, 설장수를 비롯하여 처형해야 할 11명의 명단을 즉위교서에 적시했으나 이성계의 강력한 반대로 이색, 우현보, 설장수는 유배를 가고 나머지 8명은 귀양지에서의 곤장을 맞는 것으로 수정되었다.

그런데 귀양지에서 곤장을 맞은 8명이 모두 죽었다는 소식을 들은 이성계는 기가 막혔다. 장살된 사람 중에 이색의 둘째 아들 이종학과 우현보의 세 아들(장남인 우홍수와 4남인 우홍득 5남인 우홍명) 그리고 이숭인이 포함되어 있었기 때문이다. 비록 정치적 입장이 달라 권력을 두고 반목하기는 했으나 성리학과 과거를 통해 문생-좌주 관계를 매개로 개혁의 뜻을 함께 했던 옛 동지와 사우를 이런 식으로 처분하는 것은 유학을 공부한 사대부의 도리가 아니었던 것이다. 『태조실록』 1권 8월 23일자(1392) 기사에 이숭인과 이종학, 우홍수의 졸기가 실려 있는데 사관은 이 일을 정도전의 사감에 따른 것이라고 기록하였다.

현보(玄寶)의 족인(族人)인 김진(金戩)이란 사람이 일찍이 중이 되어, 그의 종(奴) 수이(樹伊)의 아내를 몰래 간통하여 딸 하나를 낳았는데, 김진의 족인들은 모두 수이의 딸이라고 하였으나 오직 김진만이 자기의 딸이라고 하여 비밀히 사랑하고 보호하였다. 김진이 후일에 속인(俗人)이 되자, 수이를 내쫓고 그 아내를 빼앗아 자기의 아내를 삼고, 그 딸

강화학파

을 사인(士人) 우연(禹延)에게 시집보내고는 노비(奴婢)와 전택(田宅)을 모두 주었다. 우연이 딸 하나를 낳아서 공생(貢生) 정운경(鄭云敬)에게 시집보냈는데, 운경이 벼슬을 오래 살아 형부상서(刑部尙書)에 이르렀다. 운경이 아들 셋을 낳았으니, 맏아들이 곧 정도전(鄭道傳)이다. 그가 처음 벼슬하매 현보의 자제(子弟)들이 모두 그를 경멸(輕蔑)하므로, 매양 관직을 옮기고 임명할 때마다 대성(臺省)에서 고신(告身)에 서경(署經)하지 않으니, 도전은 현보의 자제들이 시켜서 그렇게 했을 것이라고 여겨, 일찍부터 분개하고 원망하였다.

우현보(1333~1400)는 안향이 성리학을 전수한 여섯 명의 학자 중 역학에 통달하여 역동선생이라 불린 우탁의 손자였다. 그의 집안은 다섯 아들이 모두 과거에 급제하고 손자 우성범(장남 우홍수의 아들)이 공양왕의 사위가 되는 등 고려 말에 가장 영향력 있는 문벌귀족이었다.

위의 기사는 정도전의 외할머니가 우현보 집안 노비의 딸이었다는 사실을 설명하면서 이 사실을 알고 있는 우현보와 그의 자식들의 방해로 자신의 벼슬살이가 순탄치 않았다고 여겨온 정도전이 우현보 집안에 원한을 가지게 된 내력을 설명하고 있다.

황거정 등이 우홍수 형제 3인과 이숭인 등 5인을 곤장으로 때려 죽여서 모두 죽음에 이르게 하고는, 황거정 등이 돌아와서 곤장을 맞아 병들어 죽었다고 아뢰었다. 도전이 임금의 총명을 속이고서 사감(私憾)을 갚았는데, 임금이 처음에는 알지 못했으나, 뒤에 그들이 죽은 것을 듣고는 크게 슬퍼하고 탄식하였다. 우리 전하(殿下) 신묘년(1411) 가을에 황거정과 손흥종 등이 임금을 속이고 제 마음대로 죽인 죄를 소급해 다스려서 그들의 원통함을 풀어주었다.

위의 기사에서 '임금'은 이성계이고 '우리 전하'는 이방원이다. 이성계는 이들의 죽음을 크게 슬퍼하고 탄식하였으나 이들을 죽인 황거정과 손흥종 그리고 이들을 죽이라고 사주한 정도전과 남은을 벌하진 않았다. 훗날 왕위에 오른 이방원이 20년 만에 이 사건의 책임을 물어 황거정과 손흥종을 서인으로 강등시키고 유배를 보냈는데 이는 스승에 대한 예우 차원이었다. 고려의 마지막을 함께했던 중신들 대부분은 이색, 정몽주, 우현보를 좌주로 따르는 문생들이었다. 이방원도 우현보와 이숭인의 문생이었기에 제자의 도리를 다한 것이다.

조선이 건국되는 과정에서 많은 성리학자들이 목숨을 잃었지만 끝까지 살아남아 성리학을 조선의 통치이념으로 정립한 사람이 있었다. 권근(1352~1409)과 길재(1353~1419)가 그들이다. 두 사람 모두 정몽주의 제자였다. 권근이 출사하여 대사헌과 대제학을 지내며 조선 초기 나라의 기틀을 마련하였다면 길재는 출사를 거부하고 고향 선산(구미)에 은둔하며 유학을 연구하고 후학을 양성했다. 그의 후학 중 한 명인 김숙자로부터 김종직-김굉필-정여창-조광조로 이어지는 영남 사림파가 정계에 진출함으로써 이들의 사종이 되었다.

권근은 '일가구봉군' 문벌귀족으로 유명한 권부의 증손자였다. 우리나라 성리학의 중흥조가 모두 이 집안에서 나왔다고 해도 과언이 아니었기에 일찌감치 장래가 촉망되는 성리학자로 주목받았다. 정도전 못지않게 정몽주를 총애했던 이성계는 정몽주를 대신하여 권근을 곁에 두고 싶어 했다. 그러나 국정 전반을 주도했던 정도전의 견제 때문에 그의 존재는 크게 부각되지 않았다.

그런 그가 정계의 주요 인물로 급부상한 것은 정도전의 피살과 이방

강화학파

원의 권력 장악이라는 1차 왕자의 난 얼개와 맞물려 있다. 정도전과 쌍벽을 이루었던 당대 최고의 학자로서 정도전의 공백을 메울 수 있는 유일한 사람이 권근이었던 것이다. 이방원은 권근이 자신의 정치적 입장을 학문적으로 뒷받침해줄 것으로 기대하고 그를 중용했다.

나아가 권근의 둘째 아들 권규를 자신의 셋째 딸 경안공주와 혼인시켜 권근과 사돈을 맺었다. 이러한 관계 속에서 권근은 조심스럽게 정몽주의 신원(伸寃)을 요청하였는데 이방원이 이를 흔쾌히 받아들여 태종 1년(1401)에 자신이 살해한 정몽주에게 영의정부사를 증직했다. 사후 10년 만에 복권된 정몽주는 이렇게 조금씩 살아나기 시작했다.

양명학과 강화학파

이후 정몽주는 고려의 충신이라는 명분으로 국가적인 추숭 사업의 대명사가 되었다. 중종대의 사림파는 국가가 인정한 충신의 전범인 정몽주의 이미지에 도학의 전승자라는 이미지를 덧붙여 김굉필과 함께 문묘 종사를 추진하였다. 김굉필은 김종직의 제자이자 조광조의 스승으로 무오사화의 희생자였다.

그를 문묘에 종사하여 성현의 반열에 올리면 세조와 연산군을 성현을 탄압한 비도덕적인 군주로 규정할 수 있을 뿐만 아니라 조광조 세력에게 이념적 정통의 권위까지 부여할 수 있었기 때문에 사림파는 이를 위해 적극적으로 노력하였다. 마침내 중종 12년(1517) 정몽주가 먼저 문묘에 종사되었고 도학의 조종으로서 위상을 공인받았다. 이로써 정몽주는 조선에서 완벽하게 부활했다.

정제두(1649~1736)의 무덤. 강화군 양도면 하일리에 있다. 정제두의 무덤을 기준으로 아래에는 아버지 정상징의 무덤이 있고 도로 건너편에는 증조부 정근과 조부 정유성의 무덤이 있다. 정유성 무덤 위로는 권개의 무덤 등 안동 권씨의 무덤이 있는데 정제두의 고조부 정구응의 장인이 권개이다. 권개는 영의정을 지낸 권철의 아들로 동생이 임진왜란 때 행주대첩의 명장 권율이다. 강화는 정제두에게 증조부의 외가(권씨)이자 조부 정유성의 외가(황씨)였다. 정제두 묘소 아래에는 정제두부터 후손인 정원하까지 살았다는 고택 터가 남아 있다.

정몽주가 도학–성리학의 조종이라면 정몽주의 11대 후손인 정제두(1649~1736)는 심학–양명학의 조종으로 추앙받는 인물이다. 고려 말 원나라에서 『사서집주』가 들어와 과거시험의 교범으로 채택된 후 16세기말에 이르기까지 약 300여 년 동안 『사서』에 관한 경학 연구는 관본인 『사서언해』의 해석 체계를 크게 벗어나지 못했다.

17세기에 들어서면서 16세기의 퇴계와 율곡으로 상징되는 성리학적 경학이 주류를 이루는 가운데 명나라에서 양명학과 서학이 들어와 새로운 학풍이 퍼지기 시작했는데 남언경, 이요, 허균, 장유, 최명길 등이 양명학을 수용하여 고난과 위난의 시대 문제를 해결하기 위한 대안으로 삼았다. 의리와 명분을 중시하는 성리학으로는 세상의 변화에 능동적이고 주체적으로 대응할 수 없다는 판단 때문이었다.

강화학파

병자호란 때 주화론을 주장한 최명길이 만고의 역적이 될 것을 알면 서도 끝까지 화친을 주장한 것도 세상의 변화에 능동적이고 주체적으로 대응해야 한다는 양명학의 양지(良知)철학에 따른 것이라는 해석이 학계의 중론이다.

이렇듯 선학들에 의해 정초된 양명학은 후학들에게 계승되어 발전을 거듭하다가 평생 양명학 연구에 천착한 정제두에 의해 학문의 체계가 완성된다. 그는 주체성과 실천성을 기반으로 하는 지행합일설(知行合一說)과 치양지설(致良知說)을 주장하면서 당시 교조주의적이고 명분론적 사고에 빠져 있는 성리학자들의 폐단을 비판하고 인간 주체성의 회복과 인간 평등, 주체적이고 평등한 외교를 주장하였다.

유학의 중세적 해석인 성리학보다는 근세적 해석인 양명학이 당시의 현실 사회에서 좀 더 긍정적 역할을 할 수 있을 거라 보았던 것이다. 그 후 양명학은 정제두의 손녀사위인 이광명과 신대우에게 전승되어 이들 가문을 중심으로 200여 년간에 걸쳐 독특한 학맥을 형성하게 되는데 이 학파가 '강화학파'이다.

강화학파를 이끈 인물들은 서법과 국사학, 한학과 훈민정음 연구, 문자학과 문헌학 분야에서 탁월한 저서를 남겼다. 서법에 이광사, 국사학에 이긍익과 황현, 한학에 신작, 훈민정음연구에 유희, 문자학에 남정화, 문헌학에 남극관 등 오늘날 국학 분야에서 거론되는 선구자들 가운데 많은 이들이 이 학맥에 속한다. 양명학을 연구한 정인보는 『양명학연론』, 『국학산고』라는 저서를 통해 이들의 학문적 성과를 높이 평가하였다.

실학과 서학의 가교

17세기 후반에서 18세기 전반에 걸쳐 탈성리학과 실학의 대두라는 중간 시점에 위치한 양명학은 실학과 교감하고 서학으로 이어지는 가교 역할을 했다는 평가가 있다. 그 역할을 한 대표적인 인물로 권철신 (1736~1801)이 꼽힌다. 권철신은 성리학을 조선의 통치이념으로 정립한 권근의 후손이다. 공교롭게도 성리학을 집대성한 조상(정몽주-권근)과 탈성리학에 앞장선 후손(정제두-권철신)이 조선의 학문 세계를 이끈 셈이 되었다.

학문은 공리공론 같은 허학에서 벗어나 현실에 입각한 실사구시의 실학이 되어야 한다고 주장한 사람은 실학의 비조라 불리는 유형원 (1622~1673)과 이익(1681~1763)이다. 실학의 성립과 전개에 결정적인 역할을 했다는 평가를 받고 있는 이익의 '성호학파'는 진보적인 측면과 보수적인 측면을 모두 수렴하였는데 당시 유행하던 양명학과 서학에 대한 인식의 차이가 진보와 보수의 차이였다.

그의 제자 중 안정복(1712~1791)은 이 두 학문을 극력 반대하여 보수를 대표했고, 막내 제자인 권철신은 이 두 학문을 적극적으로 수용하여 진보를 대표했다. 이익이 세상을 떠나자 권철신은 동생인 권일신과 함께 사형인 안정복의 문하에서 수학하였는데 비록 학문에 대한 인식의 차이는 있었지만 유학 근본의 다름은 아니었기에 안정복은 이들 형제가 자유롭게 사고의 지평을 넓힐 수 있도록 도와주었고 권일신을 사위로 맞아들이기도 했다.

권철신도 많은 제자를 양성하였다. 경기도 인근 남인 계열의 젊은 선비 중에서 서학에 관심이 많았던 이승훈, 이벽, 정약전, 정약용, 윤유일, 홍낙민, 이윤하 등이 그의 문하생이었다. 한편 정조가 세손이었을 때 세손시강원에서 정조에게 학문을 가르친 스승도 권철신이었다. 정조는 그로부터 다양한 학문을 전수받았는데 성리학은 물론이거니와 양명학, 실학, 서학까지 포용할 수 있는 사유의 세계와 넓은 안목을 갖게 하였다.

권철신은 그의 나이 44세 때인 정조 3년(1779), 10대 제자 이총억(14세), 정약용(17세), 정약종(19세)와 20대 제자 정약전(21세), 이승훈(22세), 이벽 (25세) 등을 데리고 경기도 여주 주어사에서 강학회를 열었다. 서학교리연구회라 하여 중국에 전해진 서양의 철학, 수학, 종교 등을 연구하는 모임이었다. 한국 천주교회에서는 이 모임을 우리나라 천주교회의 시발점으로 보고 강학회의 또 다른 장소인 경기도 광주 천진암에 권철신, 권일신 형제와 이승훈과 이벽, 정약종의 무덤을 이장하여 천주교 성지로 성역화하였다.

이렇듯 조선 후기 양명학은 강화학파가 끈질긴 생명력으로 명맥을 이어가고 실학의 종주인 성호학파에서 몇몇 학자들이 성리학으로부터 벗어나 새로운 사유 방식을 탐색하는 과정에서 양명학을 활발하게 수용함으로써 홍대용, 박지원, 박제가 등 북학파 실학자들의 사상 형성에도 많은 영향을 주었으며 훗날 박은식, 정인보, 김택영, 송진우 등 독립운동가들에게 세상의 변화에 능동적이고 주체적으로 대응해야 할 이론적 토대를 만들어주었다.

강화, 조선의 근대를 열다

신헌의 『심행일기』

강화를 '혈구' 또는 '갑비고차'라 부르며 한반도 내륙으로 들어가는 뱃길의 관문으로 인식했던 백제와 고구려처럼 19세기 조선에 출몰했던 이양선들도 이곳을 공략해 조선의 빗장을 열려는 시도로 강화 곳곳에서 난리를 일으켰다. 이를 '양요'라 하는데 병인년(1866)에는 프랑스 함대가 천주교를 탄압했다는 이유로 강화도를 침범하여 '병인양요'를 일으켰고, 신미년(1871)에는 미국의 함대가 통상을 요구하며 강화도를 침범하여 '신미양요'를 일으켰다. 또 4년 뒤 병자년(1875)에는 일본이 개항을 요구하며 강화도 초지진에서 무력시위를 벌인 끝에 '조일수호조규', 일명 '강화도조약'을 체결했다(1876).

고려시대 때 강화를 강도(江都)라 부른 것처럼 조선시대에는 심도(沁都)라는 별칭으로 불렀다. 강화가 조강과 염하가 만든 천혜의 보장지지(保障之地)였던 까닭에 행궁을 비롯하여 왕조실록과 어진을 모신 유수부 청사가 이곳에 지어졌고 한성을 호위하는 작은 서울이라는 의미를 부여하여 심도라 부른 것이다. 강화도조약 체결의 전말을 기록한 신헌의 『심행일기』와 강화도조약 회담의 경과를 막후에서 기록한 강위의 『심행잡기』 그리고 강화도 선비 고재형의 기행시집 『심도기행』에서 보듯 심(沁)이라는 글자는 강화도를 뜻하는 고유명사였다.

강화도조약 체결의 주역인 신헌(1811~1884)과 강위(1820~1884)를 두고 학계에서는 실학자 또는 고증학자가 개화사상가로 전향한 대표적인 사례라고 평가하면서 다른 개화파 인물들에 비해 역사적 역할이 상대적으로 과소평가되고 있다고 지적한다. 두 사람 모두 김정희(1786~1856)의 제자였던 만큼 거시적인 안목으로 김정희의 학맥인 추사학파가 우리나라 근대사에 끼친 영향을 재정립해야 한다는 주장을 펴기도 한다.

『심행일기』를 쓴 신헌은 병인양요와 신미양요 당시 군사작전을 총지휘한 인물이다. 프랑스 함대가 강화도를 점령하자 총융사가 되어 양화진 염창항에 한성 방어선을 구축하였다. 총융사는 종2품 무관 벼슬로 조선시대 5군영(훈련도감, 총융청, 수어청, 어영청, 금위영) 중 경기지역 군무를 담당했던 군영 총융청의 대장이다. 신헌은 대대로 무관을 지낸 집안에서 태어나 평생 무관으로 벼슬을 하였지만 유장(儒將)이라 불릴 만큼 학식이 뛰어났으며 김정희가 아꼈던 수제자 중 한 명이었다고 유홍준 교수는 말한다.

유홍준 교수는 저서 『추사 김정희』에서 김정희의 제자들을 세 유형으로 나누었는데 양반 출신 제자로 조면호, 심희순, 신헌, 강위, 남병길, 이하응을 꼽았고, 역관으로 활동한 제자로 이상적, 오경석, 김석준을, 그리고 중인 출신의 서화가로 허련, 조희룡, 전기, 이재관, 이한철, 유숙, 유재소, 김수철 등을 꼽았다. 그러면서 그는 양반 제자와 역관 제자 중에 유장환, 민태호, 남병길, 강위, 오경석 등 개항기 때 진보적 지식인으로 활동한 이들이 많다는 사실을 특기할 만한 사항으로 꼽기도 했다.

김정희 문하에서 동문수학한 많은 제자들과의 인연과 훈련대장과 병조참판을 지낸 조부 신홍주의 후광에 힘입어 신헌은 일찍부터 관직에 진출했다. 김정희의 제자였던 효명세자가 병약했던 아버지 순조를 대신하여 정무를 보면서 자신보다 두 살 어린 후배 신헌을 경호를 담당하는 별군직으로 발탁한 것이다(1827). 이듬해 신헌은 무과에 급제하여 훈련원 주부를 시작으로 중화부사, 성진첨사, 도총부 부총관, 금위대장 등을 역임하며 무장으로서 일신을 거듭했다.

유홍준 교수는 제주도에서 유배 중이던 스승 김정희와 전라우도 수군절도사로 임명(1843)되어 해남에 내려온 제자 신헌과의 아름다운 교제를 소개하였다. 당시 신헌은 한창 금석학에 심취해 있었고 김정희가 일으킨 서화의 신풍에 따라 개성적인 글씨를 추구하고 있었다. 특히 예서와 해서에 조예가 깊었다고 한다. 『금석원류휘집』이라는 금석학 관련 저서도 이때 지은 것이라 하는데 현존하지는 않는다.

신헌은 수시로 자신이 쓴 시와 글씨를 김정희에게 보내 평을 부탁했고 여러 물품을 제주도로 보내어 김정희의 유배 생활을 도왔다. 또 김정희가 소개한 허련과 초의스님과 가깝게 지내면서 자신의 문풍과 서화를 크게 발전시켰으며 훗날 헌종에게 허련의 남종화를 추천하고 초의스님이 입적했을 때 비문을 지었다고 한다.

강화, 조선의 근대를 열다

김택영은 그의 역사서 『한사경』에서 신헌이 정약용의 문하에서 수학했다고 기록했지만 정약용에게 직접 배우지는 않았던 것 같다. 다만 정약용과 깊이 교감하는 사이였던 초의스님과 정약용의 장남으로 김정희와 가까웠던 정학연과의 교유를 통해 간접적으로나마 정약용의 학문을 계승하지 않았나 생각된다.

정약용은 외세, 특히 일본의 침략에 대비하여 향촌 자위 체제를 구축해야 한다는 『민보방위론』을 저술하였는데 신헌은 이를 바탕으로 청야전술을 강조한 『민보집설』을 지었다. 이렇듯 신헌은 당대의 두 석학으로부터 인문학 세례를 받아서 문관 못지않게 서예와 문장에 능했다고 한다.

『고종실록』13권, 고종 13년 1월 29일자 기사를 보면 강화도조약 협상과 관련하여 고종이 신헌을 전권대사로 임명하자 이를 사양하는 신헌의 상소에 대해 고종은 다음과 같은 비답을 내렸다.

사명(使命)이 중한 것이야 어느 때인들 그렇지 않았겠는가마는 이번에 일본 사신이 온 것이 비록 수호(修好) 때문이라고는 하지만 나라의 안위에 관계되는 바가 없지 않다. 경은 문무(文武)의 재주를 갖추고 일찍부터 명망이 드러났기 때문에 조정의 논의가 모두 경이 아니고서는 처리할 사람이 없다고 하였던 것이다. 임기응변은 전관(專管)하도록 맡기지 않을 수 없으니 비록 나라를 벗어나가는 것은 아니지만 옛 규례를 원용한 것이거늘 경은 어찌하여 이렇게까지 사양하는가? 묘당(廟堂)에서 다시 의논해서 타산을 세우고 돕도록 하여 사신의 일이 이미 완전히 마무리된 셈이니 어찌 나라의 다행이 아니겠는가? 나는 경을 장성(長城)과 같이 믿고 있으니, 경은 나의 지극한 뜻을 체득하라.

강위의 『심행잡기』

『심행잡기』를 쓴 강위는 신헌과는 달리 평생 벼슬길에 오르지 못했다. 과거시험에 번번히 낙방했기 때문이다. 그의 집안은 대대로 무관이었는데 그는 문관의 꿈을 가지고 있었다. 그러나 문벌의 제약은 끝내 그의 앞길을 열어주지 않았다.

그의 첫 번째 스승은 민노행이었다. 민노행은 청나라 고증학을 공부한 학자로 김정희와도 깊은 교유가 있었다. 그런 민노행이 김정희에게 가서 더 배우라는 유언을 남기고 세상을 떠났다. 강위는 제주도에 유배(1840~1848) 중이던 김정희를 찾아가 그가 해배될 때까지 3년 동안 추사의 학문을 배웠다. 그해 김정희의 나이가 환갑이었으므로 26세의 강위는 아들뻘 제자나 다름없었다.

1849년 헌종이 급서하고 철종이 등극하자 안동 김씨의 표적이었던 김정희는 절친인 영의정 권돈인 사건에 연루되어 또다시 함경도 북청으로 유배(1851~1852)를 갔다. 강위는 이번에도 김정희를 따라가 곁을 지켰다. 신헌도 안동 김씨들의 배척을 받아 1849년 권돈인과 함께 유배를 갔다. 김정희와 달리 권돈인과 신헌의 유배 기간은 길었다. 권돈인은 유배 중 배소에서 생을 마감했다. 김정희가 해배되자 강위는 무주에 유배 중이던 신헌을 찾아가 그의 유배 생활을 도왔다. 유배지에서 추사를 매개로 만난 두 사람은 이후 20년 동안 서로 돕고 사는 후원자가 되었다.

신헌의 문객으로 지내던 강위는 병인양요가 일어나자 현실 정치에 직접 참여하기 시작했다. 벼슬이 없어 공식적인 직함을 갖지는 못했지

강화, 조선의 근대를 열다

만 백의종사라는 비공식적인 수행원 신분으로 활발하게 활동했다. 병인양요 당시 총융사였던 신헌은 휘하의 많은 무장들을 제쳐두고 강위를 강화도에 파견하여 재침에 대비한 수비 대책을 세우게 했다.

강위는 조강과 한강의 지형지물을 상세히 관찰하여 수비 대책을 수립하였는데 이 상소는 신헌의 이름으로 조정에 올려졌다. 그로부터 5년 후 신미양요가 일어나자 이번에도 강위는 강화도의 격전지를 찾아 가서 강화 수비대가 미군에게 전멸당한 현장을 살펴보았다. 강위는 더 이상 방외인(方外人)으로 떠돌아다니며 시나 읊조리던 시인이 아니었다.

강화도조약의 허와 실

일본이 강화도에서 벌인 무력시위는 병인양요나 신미양요의 양상과는 사뭇 달랐다. 두 양요가 조선의 문호 개방에 적극적인 의사를 갖고 있지 않았기 때문에 일과성으로 끝날 수 있었지만 병자양요는 조선과의 외교 분쟁을 해결하려는 차원에서 벌인 무력시위였던 만큼 일본은 수교와 더불어 문호 개방을 끝까지 관철시킬 분명한 목적을 가지고 있었다.

조선과 일본간의 외교 분쟁은 외교문서에 사용된 문자 때문에 발생했다. 메이지유신 이전 조선의 외교 파트너는 에도 막부를 이끈 쇼군이었다. 조선의 국왕과 일본의 쇼군이 서로 대등한 입장에서 외교 교섭을 벌여왔다. 그런데 메이지 유신 이후 왕정복고를 통해 들어선 일본의 신정부가 수교를 위한 외교문서를 보내면서 중국 황제만이 쓸 수 있다는 '황(皇)', '칙(勅)' 같은 문자를 써서 보낸 것이 문제가 되었다. 청나라를 사대하고 있었던 조선으로서는 천왕을 표방하는 일본의 외교문서를 받아들일 수가 없었다.

더군다나 당시는 서양 세력의 도전을 두 번이나 물리친 흥선대원군 이하응(1821~1898)이 대외 강경책을 천명하던 무렵이었으므로 일본의 수교 요청 또한 도발로 간주되어 척화의 대상이 되었다. 이렇듯 조선은 일본의 수교 요청을 무려 8년 동안 거절하고 있었다. 그러자 일본에서는 조선을 무력으로 굴복시켜야 한다는 정한론이 대두되었고 찬반으로 나뉜 세력 간에 극심한 정쟁이 벌어졌다.

일본이 호락호락하게 물러서지 않을 거라 판단한 조선 정부는 대책을 강구하면서 협상에 응해야 한다는 청나라의 권유와 더불어 개화, 개국을 통한 실리외교를 줄기차게 주장해온 박규수(1807~1877)의 주청을 받아들여 문호를 개방하기로 결정하였다. 그리고 박규수가 추천한 신헌을 접견대관으로 임명하여 통상조약 체결에 관한 전권을 위임하였다.

박규수는 조선의 마지막 실학자이면서 실학을 근대 개화사상으로 전환시킨 인물이다. 북학파 실학자 박지원의 손자로 더 많이 알려져 있다. 박지원이 1780년 청나라 사행을 통해 청나라의 눈부신 발전상을 보고 '청나라를 배워 나라를 부강하게 하고 백성의 삶을 풍요롭게 하자'는 북학의 기치를 내걸었다면 박규수는 1861년 청나라 사행을 통해 종이호랑이로 전락하여 몰락해가는 청나라를 보면서 '개국통상으로 서구 열강의 과학기술을 배워 부국강병의 길로 가야 한다'는 확신을 가지게 되었다고 한다. 미국에 문호를 개방한 일본을 개화의 통로 중 하나로 인식하고 있었던 그에게 외교문서의 문자 따위는 아주 지엽적인

강화, 조선의 근대를 열다

문제였던 것이다.

강화도조약은 이러한 분위기 속에서 체결되었다. 많은 근대사 전공 학자들이 지적한 것처럼 강화도조약은 조선이 근대 국제질서와 자본 주의 세계경제 체제로 편입되었음을 알리는 상징적인 사건이었다. 그 래서 한국 근대사의 기점을 강화도조약으로 비정하는 학자들이 많다.

강화도조약 체결의 전말을 기록한 신헌의 『심행일기』를 번역, 출간 한 김종학 교수는 자신의 논문 「1876년 조일수호조규 체결 과정의 재 구성」에서 강화도조약에 대한 기존의 통념을 깨고 조선측 사료를 바탕 으로 조약의 성격을 재해석했는데 그 내용을 요약하면 다음과 같다.

강화도 조약이 불평등하게 맺어진 것은 사실이나 불평등조약으로 규정된 것은 일본측의 사후 해석 때문이며 일본도 미국처럼 포함외교 (강대국이 함대의 무력을 배경으로 전개하는 외교 정책)를 통해 조선을 개국시 켰다고 선전했지만 실제로는 조선에 대해 전쟁을 벌일 능력도 의지도 없는 상황에서 단지 조선의 수교 거절로 인해 초래된 국내외 난맥상을 해소하기 위해 연출한 한 편의 외교극이었다는 것이다.

그러면서 그는 강화도조약을 강요된 불평등조약으로 보든 아니면 자주적 개국 의지의 산물로 보든 간에 일본의 의도가 장기적으로 조선 침략을 염두에 두고 조선과 청나라와의 종속관계를 해체하여 경제적 침탈의 단초를 마련하려는 의도였다고 보는 시각은 일본의 실력과 침 략 의지를 실제보다 과대평가하는 것으로 그들의 선전과 이후의 역사 적 해석이 만들어낸 신화에 가깝다고 보았다.

즉 일본이 청일전쟁과 러일전쟁에서 승리하여 제국주의 국가들의 식민지 쟁탈전쟁에서 우위를 차지하였고 결국 조선을 식민지화하였기에 이러한 해석과 평가가 가능했던 것이지 강화도조약을 체결할 당시의 일본의 사정은 조선과 별반 다르지 않았다고 보고 있는 것이다.

개화사상의 사상적 계보

강화도조약 체결과 관련하여 문헌에 등장하는 조선측 인사는 다섯 명이다. 접견대관으로 임명된 판충추부사 신헌과 접견부관으로 임명된 도총부부총관 윤자승(1815~?), 그리고 신헌의 수행비서인 강위와 역관으로 참여한 오경석(1831~1879)과 현석운(1837~?) 등이 그들이다. 흥미로운 것은 신헌과 강위, 오경석은 김정희의 제자인데 이들을 추천한 사람이 박규수라는 사실이다. 박규수가 이들을 천거한 것은 개화사상의 비조로 일컬어지는 오경석과의 연관성 때문이다.

그런데 김종학 교수의 또 다른 논문「조일수호조규 체결 과정의 오경석의 막후 활동」에 등장하는 오경석의 행동은 지금껏 우리가 알고 있는 개화사상가로서의 그의 모습과 사뭇 다른 면이 있어 논란이 예상된다. 논문에 따르면 오경석은 강화도조약 협상 당시 일본인들과 내통하고 있었다고 한다. 그는 일본 군함이 서해안에 도착했을 때부터 일본인들에게 자발적으로 접촉을 시도해 조선의 내부 사정을 밀고하였고 조약문을 번역한 후 그것을 일본측에 유리하도록 조정에 올라가 설명했으며 운요호 사건의 사과문을 처리하는 데도 적극적으로 협력했다는 것이다.

또한 처음부터 일본 군함이 강화도에 도착하는 대로 무력을 과시하라는 조언을 아끼지 않았으며 조약이 평화적으로 타결되자 애석해 마

강화, 조선의 근대를 열다

신헌(왼쪽), 강위(오른쪽). 강화도조약 체결의 주역인 두 사람을 두고 학계에서는 실학자 또는 고증학자가 개화사상가로 전향한 대표적인 사례라고 평가하면서 다른 개화파 인물들에 비해 역사적 역할이 상대적으로 과소평가되고 있다고 지적한다.

오경석(왼쪽), 김옥균(오른쪽). 급진적 개화사상가였던 오경석의 사상을 계승하여 갑신정변의 주역으로 활동했던 김옥균. 개화사상의 사상적 계보가 박제가–김정희–강위–오경석–김옥균으로 이어졌다는 평가가 있다.

지않았다고 한다. 이러한 그의 반역적인 행동은 강화도조약 체결 전말을 기록한 일본의 외교문서에 고스란히 기록되어 있다. 오경석이 한어(중국어) 역관이었던 만큼 왜어(일본어) 역관이었던 현석운의 입을 통해 이러한 반역 의지를 드러내고 획책하였다면 현석운 또한 오경석과 결이 같은 부류가 아니었나 생각된다.

오경석의 외국인과의 내통 시도는 이번이 처음이 아니었다. 강화도조약 체결 2년 전인 1874년 북경 주재 영국공사관 서기관 메이어즈를 만나서 유럽 열강의 힘으로 조선 정부의 은둔이 깨어지기를 원한다는 '기묘한 희망'(메이어즈의 표현)을 피력하였고 조선이 외교를 시작하도록 강제해줄 것을 청원했다고 한다.

당시 오경석은 정건조를 정사로 하는 동지겸사은사의 역관으로 중국을 방문했던 것인데 역관은 외국인과의 사적인 접촉을 엄금하는 국법을 어기고 영국공사관을 찾아갔던 것이다. 영국의 외교문서에 의하면 오경석과 함께 온 일행이 한 명 더 있었다는데 김종학 교수는 이 인물을 강위로 추정하였다.

북청 유배에서 풀려난 김정희는 선친이 살던 과천 과지초당에서 생의 마지막 4년(1852~1856)을 보냈다. 과천 시절에 그의 문하에서 시와 글씨를 배우며 수족이 되어준 두 명의 제자가 있었는데 김석준(1831~1915)과 오경석이 그들이다. 두 사람은 역관 이상적(1804~1865)에게 학문을 배워 일찌감치 역관으로 출세하였고 스승을 따라 과지초당을 드나들다가 김정희의 만년을 함께하게 된 것이다.

이상적은 김정희의 〈세한도(歲寒圖)〉를 북경에 가지고 가서 청나라 문사 16명의 제찬을 받아온 일로 유명한 김정희의 수제자 중 한 명이

연무당 건물(위)과 그 자리에 세워진 옛터 빗돌(아래). 1876년 강화도조약이 체결된 장소이다. 강화읍내 강화산성 서문(첨화루) 건너편에 있다. 1977년 세워진 빗돌 뒷면에는 "역사는 간단없이 흘러가되 교훈은 남는 것이니 이곳 연무당은 그 역사의 교훈을 듣는 데다"라는 이은상 시인의 글이 새겨져 있다.

다. 여기에 의관 유홍기(1831~?)까지 합류하여 과지초당은 이들 젊은 이들로 활기가 넘쳤다. 동갑내기(1831년생)인 이 세 사람은 조선 후기의 여항문학과 개화사상의 선두주자로 우뚝 서게 되는데 김정희의 학맥인 추사학파가 우리나라 근대사에 남긴 족적은 거의 이 세 사람이 만들었다 해도 과언은 아닐 것이다.

여항문학은 조선 중기와 후기에 한성에 사는 중인들이 주도한 문학운동이다. 시사를 조직하고 공동 시집과 공동 전기를 내는 등 중인들의 신분 상승 운동의 일환으로 활발하게 전개되었다. 18세기 말 옥계시사를 중심으로 전성기를 이룬 여항문학은 19세기 말 육교시사에 이르러서는 개화운동의 구심점이 되었다. 이 육교시사를 이끈 사람이 바로 역관 김석준과 오경석이었고 맹주는 시인으로 더 유명했던 강위였다.

이들은 시대의식을 담은 시를 선보이며 당대 양반들보다 더 적극적으로 시대를 이끌어나가고자 했다. 그러므로 오경석의 외국인과의 내통 시도는 이들만의 방식으로 이들만이 할 수 있는 개화운동이었던 것이다. 강화도조약도 이들이 막후에서 벌인 개화운동의 일환이었다. 그러므로 일방적으로 강요된 불평등조약이라기보다는 자주적 개국 의지의 산물이라는 주장에 더 공감이 간다.

김종학 교수도 지적했듯이 조약 체결 과정을 검토해보면 의외로 협상이 단순히 일본 측의 강압 일변도로 진행된 것이 아니며 조약문에 조선 측의 의견도 적지 않게 반영된 사실을 알 수 있다. 이는 강화도협상 당시 일본 사절단이 직면한 딜레마이기도 했는데 겉으로는 서양 제국주의 열강의 포함외교를 모방했지만 실제로는 교섭 결렬 시 조선 정벌

강화, 조선의 근대를 열다

을 단행할 의지도 능력도 없고 빈손으로 귀국할 수도 없었다는 데 있으며 이 때문에 강화도조약은 강제에 의한 것이라기보다는 차라리 기만을 통해 체결된 조약에 가깝다는 것이 김종학 교수의 결론이다.

강화도조약과 관련된 자료를 검토하면서 개화사상의 사상적 계보를 머릿속으로 그려보았는데 박지원-박규수-김옥균(1851~1894)으로 이어졌다는 기존의 통설보다는 박제가-김정희-강위-오경석(유홍기)-김옥균으로 이어지는 그림이 우리나라 근대사 전개에 훨씬 더 부합되는 것 같았다. 결론적으로 추사학파가 곧 개화사상의 사상적 계보였던 것이다.

한말사대가

죽란시사와 옥계시사

시사(詩社)란 시 모임 또는 시 동인(同人)을 일컫는다. 선비의 나라 조선에서 시는 선비의 교양을 가늠하는 척도였다. 선비들이 교유할 때 먼저 시를 주고받으며 서로의 지적 능력을 확인하였는데 시에는 그 사람의 학문적 깊이와 세상을 보는 안목, 내면의 본성이 잘 드러나기 마련이어서 교유할 수준이 되는지 여부를 판단하는 데 중요한 기준이 되었다.

시사는 선비들의 친목 모임으로 출발했지만 때로는 출신과 당파를 결집시키는 역할도 하였다. 정약용(1762~1836)이 주도한 죽란시사가 그 대표적인 경우였다. 정약용은 정조 13년(1789)인 27세 때 대과에 급제하여 30세의 나이에 수원 화성 건설을 주도하는 등 정조의 큰 신임을 받았으나 1795년 을묘박해(중국인 천주교 사제인 주문모 신부의 조선 입국과 관련된 사건) 당시 모함을 받아 금정찰방으로 좌천되는 등 한직으로 밀려났다.

그는 과거 급제 후 줄곧 오늘날 명동 부근인 명례방에서 살았다. 당시 명례방은 남인들의 집단 거주지였다. 한직으로 밀려난 1796년부터 1797년 6월까지 약 15개월 동안 남인 선비 15명과 함께 활발하게 시사 활동을 전개하였다. 아담한 정원이 있었던 그의 집은 대나무로 울타리를 둘러서 죽란사(竹欄舍)라는 당호를 얻었고 시 모임도 자연스럽게 죽란시사라 불리었다.

> 살구꽃이 피면 한 차례 모이고, 복숭아꽃이 피면 한 차례 모이고, 한여름 참외가 익을 때 한 차례 모이고, 서늘한 바람이 나면 서지(西池)에 연꽃 놀이 삼아 한 차례 모이고, 국화꽃이 피면 한 차례 모이고, 겨울 큰 눈이 왔을 때 한 차례 모이고, 세밑에 분매(盆梅)가 피면 한 차례 모인다. 모일 때마다 술과 안주, 붓과 벼루를 준비하여 마시며 시를 읊조릴 수 있도록 한다. 나이 적은 사람부터 먼저 모임을 준비하여 한 차례 돌면 다시 그렇게 하되, 혹 아들을 본 사람이 있으면 모임을 마련하고, 수령으로 나가는 사람이 있으면 마련하고, 승진한 사람이 있으면 마련하고, 자제 중 과거에 급제한 사람이 있으면 마련한다.

위의 글은 정약용이 지은 그 유명한 「죽란시사첩 서문」에 나오는 규약이다. 남인의 영수인 채제공의 아들 채홍원(1762~1832)과 의기투합하여 만든 죽란시사는 사실 남인들의 정치 결사체이기도 했는데 외부의 시선을 의식해서 규약을 남겼다는 의견도 있다. 죽란시사 동인은 이유수, 홍시제, 이석하, 이치훈, 이주석, 한치응, 유원명, 심규로, 윤지눌, 신성모, 한백원, 이중련, 채홍원, 정약전, 정약용 등 15인이다.

죽란시사와 같은 시기에 중인들의 결성한 시 모임이 있었다. 일명 송석원시사라 불린 옥계시사가 그것이다. 그동안 양반 선비들의 전유물이었던 시사를 18세기부터 경제적 부를 축적한 중인들이 신분 상승 열망과 문학 활동의 욕구를 해소하기 위해 결성하기 시작했다.

중인이란 용어가 당대에는 의관, 역관을 핵심으로 하는 기술직을 가리키는 것으로 한정되어 있었지만 시간의 지남에 따라 하나의 계층 개념으로 서얼과 서리 등 양반과 상민의 중간적 위치에 있는 계층을 지칭하는 신분 용어가 되었다. 서얼에게 중인의 기술직을 허용함으로써 중서(中庶) 병칭의 관습이 생겨났다.

기술직 중인들은 연행사를 수행하면서 사무역에 종사하는 등의 방법으로 경제적 부를 축적하였고 서얼 출신 중인들은 영조의 탕평책에 편승하여 통청운동(양반과 똑같이 청직의 벼슬길을 열어달라는 요구)을 일으켜 사회운동으로 확산시켰다. 또한 규장각의 서리가 구심점이 된 서울의 이서층은 한시단에 참여하는 등 여항문학 운동을 통해 지적 성장과 결집력을 과시하고 있었다.

이렇듯 세 흐름의 신분상승 운동은 상호 밀접한 연계선상에서 연대적 지위와 경제적 지원을 통해 상승 발전하였다. 옥계시사는 중인들의 이러한 신분상승 운동의 정점에서 결성되었다. 인왕산 옥류동이 이들의 근거지였는데 오늘날의 서촌 옥인동 부근이다. 인왕산에서 흘러내리는 맑은 시내 옥류계를 중심으로 이웃에 살던 천수경, 장흔, 김낙서, 왕태, 이경연 등이 참여하였다.

이들은 돌아가며 자신의 집을 시회 장소로 제공하였으므로 옥계시사라는 명칭이 가장 적합하지만 맹주였던 천수경(1758~1818)의 송석원

한말사대가

(松石園)에서 가장 많이 모였기에 송석원시사로도 불렸다. 옥계시사의 결사도 송석원에서 이루어졌다. 다음 글은 1786년(정조 10) 6월 옥계시사의 결성 취지를 밝힌 것으로 장흔이 지은 「서옥계사수계첩후」에 수록되어 있다.

같은 종류는 서로 구하고 같은 소리는 서로 응하는 것이 정한 이치이다. 여기 어떤 사람이 있는데 그 사귐이 끈끈하고 사는 곳이 공통되고 나아가 비슷하며 산수를 노니는 모임과 풍월을 즐기는 기약이 마치 일계(一契)처럼 합하니 아! 이상하도다. 기미(氣味)가 아주 비슷함이여. (중략) 바둑이나 장기 등 취미로 사귀거나 권세나 이득을 위한 교제가 오래가지 못하는 데 비해 오직 문학으로 하는 교제는 영세(永世)하다 하였다. 이제 나와 여러분이 하나의 시사를 맺게 됨을 기쁘게 여기니 (중략) 옥계의 시냇가에 결사하여 글로써 모이고 덕으로 규범을 삼는다.

옥계시사는 봄가을 좋은 날을 택해 무기가 아닌 붓으로 싸운다는 뜻의 '백전(白戰)'을 열었다. 수백 명이 모여 남북 두 패로 갈라 남제(南題)에 북운(北韻)을 북제(北題)에 남운(南韻)을 써서 시를 지었다. 심사는 당대 제일 문명(文名)이 있는 사대부나 대제학에게 부탁하였는데 이를 맡은 이는 문망(文望)이 인정되고 스스로 영광으로 여겨 선망의 대상이 되었다.

옥계시사의 막내로 옥계시사의 전성기를 기록한 박윤묵(1771~1849)의 문집 『존재집(存齋集)』에 따르면 김정희는 백전의 단골 심사위원이었다고 한다.

김홍도가 그린 〈송석원시사야연도〉(위)와 이인문이 그린 〈송석원시사아회도〉(아래) 송석원시사 동인 김의현은 당대 유명한 화원인 김홍도와 이인문에게 1791년 유둣날 송석원시사 모임 풍경을 그려달라고 부탁하였다. 김홍도는 밤 풍경을 그려주었고 이인문은 낮 풍경을 그려주었다. 이날 발표된 시와 이 그림을 엮어 문집으로 만든 것이 『옥계청유첩』이다. 그림 속 풍경은 인왕산 자락으로 오늘날 서촌이라 불리는 옥인동 일대이다.

         한말사대가

그는 천수경의 당호 송석원 편액도 김정희의 글씨였다고 하고 그 옆에 소동파의 혜천을 모방하여 우혜천이라 이름 지은 샘물이 있었는데 이 역시 김정희의 글씨로 석벽을 새겼다고 회고하였다.

죽란시사가 2년 남짓 활동하다 정치격랑에 휩쓸려 중단된 것에 비해 옥계시사는 30년 넘게 존속하였다. 그만큼 중인들의 신분상승운동 열망과 상부상조를 바탕으로한 친목성, 비밀결사와 같은 운영 방식 등이 시사 동인들의 결집력을 강화시키지 않았나 생각된다.

육교시사와 남촌시사

중인들의 여항문 학운동은 옥계시사의 전성기가 지난 19세기 중반에도 서원시사, 비연시사, 직하시사 등 소규모 시사로 분화 전승되어 인왕산을 중심으로 활발하게 전개되었다. 이 전통은 인왕산의 필운대를 거점으로 하였기에 '필운대 풍월'이라는 이름으로 일제강점기까지 이어졌다.

1870년 개항기에 이르면 여항문학 운동의 중심지가 인왕산에서 청계천 부근으로 이전되면서 경아전보다는 경제력이 있는 기술직 중인이 대거 참가하여 문학운동을 통한 신분상승 운동의 한계를 벗어나 정치적 결사체로까지 변신하게 되며 초기 개화운동의 구심점이 되었다. 이 시사를 육교시사라 하는데 육교(六橋)란 청계천 하류로부터 여섯 번째 다리인 광교(廣橋)의 별칭이다.

육교시사를 이끈 맹주는 강위(1820~1884)였다. 김정희의 제자로 신헌을도와 강화도조약을 막후에서 이끌었고 추사학파의 일원으로 개화사상의 사상적 계보를 이었다는 그 강위였다. 조선 후기 중인문화를 연구한 정옥자 교수는 강위를 일러 "추사에 연원을 둔 북학의 맥을 이어 개화파에 전달한 북학적 선진안을 가진 마지막 인물"이었다고 평가했다.

병인양요(1866)를 전후하여 강위는 역관 변진환의 집 광교 해당루에 머물며 역관 자제들을 교육하였는데 이 시기에 역관이 중심이 되어 육교시사가 결성된 것으로 보인다. 강위가 쓴 『해당루상원첩』에는 집 주인인 변진환과 그의 친속 변위, 변정 외에 백춘배, 김재옥, 이명선, 성혜영, 배전, 이용백, 박승혁, 유영표 등이 모였다고 소개하고 있다. 이밖에도 김정희의 제자 김석준과 고영철, 고영주, 고영선 형제, 이기, 현은, 김경수, 김득련, 이전 등 역관들과 중인 신분으로 지운영, 지석영 형제, 박영선 등이 육교시사에 참여했다.

『조선 위항문학사』의 저자 허경진 교수는 이들의 모습을 다음과 같이 묘사하였다.

> 육교시사의 중심인물이었던 강위가 개화활동에 앞장서면서 그의 제자들도 이 일에 따라 나서게 되었다. 이미 국제정세에 밝았던 강위가 개화운동에 적극적이었으므로 그에게 개화사상을 배우려고 육교시사를 찾아든 사람도 있었다. 육교시사는 중국을 여러 차례 드나들었던 역관들이 중심으로 모였으므로 당시 폐쇄적이던 조선 사회에서 가장 앞선 지식인의 모임이었다. 그래서 시를 짓는 것이 주요 목적이기는 했지만 그동안 알지 못했던 넓은 세상이 돌아가는 이야기를 서로 나누고 중국을 다녀오는 동인들을 통하여 새로운 책이나 문물을 받아보는 것도 중요한 목적이었다.

이들 육교시사의 동인들이 전통적인 시회의 형식을 빌려 모임을 가졌지만 이미 울분을 시에 부치거나 강개(慷慨)를 토로하는 전대 시사(옥계시사 등)의 성격에서 벗어나 새로운 도약을 위한 발판, 개항 후의 근대화를 위한 시행착오 속에 나아갈 방향을 모색하는 전초기지를 시사에 구축한 것이라고 정옥자 교수는 분석했다.

조선 말기 서양 세력이 물밀듯이 밀려오는 상황에서 역관으로서 외국 문화를 좀 더 일찍 경험한 육교시사 동인들은 사회변혁에 앞장서서 당시의 시무(時務)로 인식되던 개화운동에 뛰어 들었다. 18세기 이래 청나라를 배우자던 전 세대의 세계화 운동인 북학운동을 계승하여 일본을 통한 세계화 운동인 개화운동으로 전환시키는 전위대 역할을 했던 것이다.

육교시사의 동인들을 중심으로 개화 상소를 올리고 개화서를 수입하여 널리 알리는 일 외에 종두법 등 서양의학을 수입 보급하는 등 선진 문화의 수입과 사회 계몽에도 앞장섰다. 아울러 사회개혁에 대한 강렬한 의지를 불태우던 혁신 세력으로 정치적 막후 내지 행동대가 되었다. 여항시인의 한계를 벗어나 여항지사(閭巷之士)를 자처한 경세가로서 또한 우국지사를 자임하였다. 갑신정변(1884)의 행동대 100여 명이 중인이었고 여기에 육교시사 동인도 여럿 포함되어 있었다고 한다.

조선 후기 중인 계층의 성장과 신분상승 운동은 조선 사회의 역동적인 자기극복 과정이며 조선의 시대사상이 성리학에서 북학사상으로 대체되는 사상사의 흐름과 맞물려 제기된 사회운동이었다. 조선 말의 중인 계층은 성리학을 주전공으로 하여 조선 사회를 주도하던 사대부 문화가 퇴색하자 조선 사회의 누적된 문제점을 북학이라는 새로운 학문으로 해결하려 한 사회계층이었다. 그 중심에 추사 김정희가 있었고 그의 문하에서 많은 중인층 제자가 배출된 것도 시대의 흐름과 무관치 않아 보인다.

강위는 김정희의 제자들이 주축이 된 육교시사를 이끌었지만 한편으로 세대를 바꿔가며 약 100년 동안 존속했던 서울의 대표적인 양반시 모임인 남촌(南村)시사에도 관여하고 있었다. 남촌시사는 서울 남산 회현방, 필동 부근에 거주했던 소론계 문인들이 주로 참여하였기에 붙여진 이름이다. 노론계 문인들이 주축이 되어 결성한 북촌시사는 가회동, 재동, 삼청동 등 서울의 북쪽에 거주하는 양반들이 주로 참여하였다. 경화세족(京華世族)의 문학 모임이었지만 당파에 따른 정치결사체 성격도 강했다.

강위가 남촌시사의 좌장이 된 것은 15세의 나이에 과거에 합격하여 세상을 놀라게 했던 이건창(1852~1898)이 강화에서 상경하여 홍기주, 이중하, 정기우 등과 남촌시사를 이끌던 1870년 무렵이었다. 이미 시인으로 명성이 높았던 강위를 이건창이 시 스승으로 추대하였기에 강위는 육교시사에 이어 남촌시사에서도 맹주가 된 것이다. 이건창은 강위 이외에도 평소 교유하고 있었던 개성의 김택영(1850~1927)과 구례의 황현(1855~1910)도 남촌시사에 끌어들였는데 오늘날 학계에서는 이 네 사람을 한말사대가라 부른다.

한말사대가

한말사대가는 한문학의 마지막 세대 중에서 뛰어난 문학적 성취를 이룬 강위, 이건창, 김택영, 황현을 지칭하는 말이다. 한문학이 공식 문장으로 활용되던 마지막 시기에 활동하면서 높은 수준의 한문학을 수단으로 자신의 시대를 기록한 명망가들이었다는 점과 이들이 같은 시 모임에서 활동하였다는 점을 들어 조선말 4대 시인으로 부르기도 한다.

이들이 함께한 시 모임은 남촌시사였고 이들의 구심점은 가장 연장자인 강위였다. 서른 살이 넘는 나이 차이에도 불구하고 시로써 교유하며 격동의 시대를 함께했다. 김택영과 황현은 강위를 따라 육교시사에 참가하기도 했는데 남촌시사와 육교시사를 동시에 드나들며 강위와 어울렸던 시인은 이 밖에도 성혜영과 이기가 있다. 강위를 매개로 양반 문인들 일부가 중인들의 시사인 육교시사에 참여한 것이다.

그러나 『추금 강위 평전』을 집필한 김진규 박사는 강위를 한말사대가로 묶어 부르는 것은 그의 지향에 대한 올바른 대접이 아닐 수도 있다고 했다. 그의 지향은 구시대를 지키는 마지막 세대가 되는 것이 아니라 신시대를 추구하는 첫 세대가 되는 것이었기 때문이다. 강위는 망해가는 왕조에서 과거 조선의 공식 문체인 한문을 통해 최고 수준의 문학세계를 펼친 네 사람 중 한 명으로 대접받기보다는 왕조가 망하지 않기 위해 할 수 있는 최대한의 개혁과 개방을 추구한 경세가로 인정받기를 원했다는 것이다.

강위를 시 스승으로 모셨던 이건창의 지향점은 강위와 사뭇 달랐다. 그의 5대조인 이광명(1707~1778)이 강화도에 입도하여 평생 양명학 연구에 천착한 정제두의 손녀사위가 되면서 이건창 가문을 중심으로 강화학파라는 독특한 학맥이 형성되었다. 강화학파를 이끈 인물 중에 서법에 이광사와 국사학에 이긍익이 바로 이건창의 혈족이었다.

이건창 생가 명미당. 강화군 화도면 사기리에 있다. 그의 5대조인 이광명이 강화도에 입도하여 평생 양명학 연구에 천착한 정제두의 손녀사위가 되면서 이건창 가문을 중심으로 강화학파라는 독특한 학맥이 형성되었다. 강화학파를 이끈 인물중에 서법에 이광사와 국사학에 이긍익이 바로 이건창의 혈족이었다.

　　이런 가문에서 태어나 어려서부터 조부 이시원에게 가학(家學)인 양명학을 배운 이건창은 그의 나이 열다섯 살때인 1866년 병인양요가 일어나자 인생의 변곡점을 맞는다. 그의 조부 이시원과 종조부 이지원이 강화도를 침범한 프랑스군에 항거하는 차원에서 음독자결을 한 것이다. 조부와 종조부의 죽음은 이건창으로 하여금 외부 세력에 의한 개항과 당시의 시무로 인식되던 개화운동에 대해 부정적인 인식을 갖게했다. 그는 자력에 의한 자주적인 개화를 지향했다고 하는데 그럴 힘도 능력도 없는 조선에서 그의 주장은 공염불처럼 공허하였다.

　　결국 외부 세력과 결탁한 개화파가 정권을 잡고 개혁을 추진하자(갑오개혁) 이건창은 모든 관직을 버리고 유배도 감수하며 고향인 강화도에 은거했다. 이러한 이건창의 행보를 두고 혹자는 자신의 안위와 보신을 위한 현실도피가 아니냐며 비난했는데 건강 문제도 있었던 것 같

한말사대가

다. 이건창은 은거 4년 만인 1898년 47세의 나이로 세상을 떠났다.

　이건창에게는 남촌시사에서 함께 활동했던 동생 이건승(1858~1924)
이 있었다. 그 또한 김택영, 황현과 깊이 교유하며 지란지교(芝蘭之交)
를 이어갔다. 그는 강화에 계명의숙을 설립하고 계몽운동에 힘썼으며
경술국치로 나라를 빼앗기자 정제두의 6대손인 정원하(1855~1925)와
함께 서간도로 망명하여 독립운동을 했다. 『영재 이건창 평전』을 쓴 이
은영 교수는 이건승, 정원하처럼 정인보, 이동녕, 박은식, 이상설 등 양
명학의 영향을 받은 이들이 항일운동에 매진했다는 사실을 상기시키
며 이건창이 살아 있었다면 틀림없이 항일운동에 투신했을 거라 장담
하였다.

　이건창은 김택영을 서울 과거시험장에서 처음 만났다고 했다. 그러
고보니 한말사대가도 입신양명의 꿈을 가지고 10대 때부터 과거시험
에 응시했다. 이건창은 15세의 나이로 문과에 급제하여 조선 500년 역
사상 최연소 문과 급제자가 되었는데 이때 17세의 김택영을 만난 것이
다. 이건창이 응시한 과거는 강화별시였고 김택영이 응시한 과거는 성
균초시였다.

　1866년 이건창의 조부 이시원이 병인양요 때 순절하자 조정에서는
그의 죽음을 기리고자 특별히 강화별시를 시행했다. 이 과거시험에 이
시원의 손자인 이건창이 급제하였으니 그를 합격시키기 위한 과거였
다는 등의 뒷말이 많았다. 이건창은 19세 때인 1870년부터 관직 생활
을 시작하여 사헌부 장령, 홍문관 수찬, 암행어사, 사간원 대사간, 형조
참의, 한성부 소윤, 우부승지, 공조참판 등 24년 동안 조정의 여러 벼
슬을 지냈다.

강위 또한 14세부터 24세까지 여러 차례 향시에 응시했으나 번번이 낙방했다. 강위의 집안은 무반이었고 부친이 무관으로 근무하고 있었기에 당시의 관습으로는 무관 집안에서 문관으로 출세하기가 쉽지 않았다. 글재주가 뛰어나 문관으로 입신양명을 꿈꾸었던 강위는 결국 과거시험을 포기하고 위기지학(爲己之學, 자신을 위한 공부)에 매진했다. 그가 고증학자인 민노경과 김정희를 스승으로 모신 이유도 과거가 아닌 다른 방법으로 자신의 삶을 실현하려는 '자신을 위한 공부'의 일환이었다.

1882년 63세의 강위는 김옥균, 서광범 등과 신사유람단의 일원으로 일본을 가면서 '선공감가감역'이라는 문관 벼슬을 제수받았다. "우리 집안이 무관으로 과업을 바꾸어 응시한 이래 처음으로 문관의 벼슬을 얻었다."고 강위는 감격스러워했지만 선공감가감역은 조선 왕조의 벼슬 품계 중 가장 낮은 종9품이었으며 실제 업무도 없는 이름뿐인 관직이었다.

김택영은 이건창이 문과에 급제한 그해 성균초시에 합격하여 성균관에 입학할 자격을 얻었다. 그러나 42세 때인 1891년 성균진사 회시에 합격하여 편사국(編史局) 주사로 공직 생활을 시작하였다. 편사국은 역사서를 편찬하고 국가기록물을 관리하는 의정부 산하 관청이다. 전통시대에는 문사철(文史哲) 3절과 시서화(詩書畵) 3절이 선비가 익혀야 할 교양의 덕목이었다. 여기에 역사적 안목과 식견으로 뛰어난 선비들이 사서를 저술하였는데 이러한 능력을 모두 갖춘 대표적인 선비가 김택영이었다.

황현은 과거시험 준비를 위해 1878년 처음 서울에 올라왔다. 그의 나이 스물 네살 때였다. 상경하자마자 그는 평소 흠모하던 강위부터 찾았다. 이때 강위는 59세였는데 스물여섯 살의 강위가 환갑의 김정희를 찾아가 아들뻘 제자가 된 것처럼 두 사람은 35년의 나이차를 뛰어넘어 시우(詩友)가 되었고 남촌시사와 육계시사의 동인이 되었다.

첫 번째 서울 방문에서 황현은 강위의 소개로 신헌의 집에 머물며 신헌과 그의 아들 신정희와 종유(從遊)하였다. 비록 2~3개월의 짧은 서울살이였지만 양반들과 중인들의 시 세계를 경험하고 강화도조약과 조미수호통상조약의 책임자였던 신헌을 통해 시대 상황과 국제정세를 알게 된 황현은 비로소 청운의 꿈을 품게 되었다.

그러나 황현의 출사는 이루어지지 않았다. 1883년 치러진 보거과 초시에서 장원을 했으나 한미한 시골 출신이라는 이유로 최종 합격자 명단에 들지 못했고 1888년에 응시한 성균관 생원시에 합격하여 진사가 되었으나 부모님을 기쁘게 해드리기 위해 응시한 과거였을 뿐 이미 관직에는 뜻이 없었다.

황현은 한말사대가 중 유일하게 초야에 묻혀 살았다. 조부가 물려준 수천 권의 책과 나라를 근심하며 쓴 글들이 그의 삶의 전부였다. 그는 '글이 곧 사람'이라는 수식어가 가장 잘 어울리는 사람이었다. 『매천야록』을 통해 조선의 몰락을 기록하고 날카롭게 비평했지만 조선이 망했을 때 "나는 조정에 벼슬하지 않았으므로 사직을 위해 죽어야 할 의리는 없다. 허나 나라가 오백 년간 사대부를 길렀는데 이제 망국의 날을 맞아 죽는 선비 한 명 없다면 그 또한 애통한 일이 아니겠는가"라는 유서를 남기고 자결했다. 진정 목숨의 쓸모를 아는 자의 의로운 죽음이었다.

당시 『경남일보』 주필이었던 장지연은 황현의 절명시와 애도의 글을 지면에 실었다가 신문이 폐간되는 등의 홍역을 치렀다. 황현의 죽음이 세상에 알려지자 그의 동생인 황원은 형의 유고(遺稿)를 급히 필사하여 중국의 김택영에게 보냈다. 혹시 모를 일제의 검열을 피하기 위해서였다. 김택영은 을사늑약(1905)이 체결되자 중국으로 망명하여 상해 인근 남통에 살고 있었다.

황현의 자결 소식을 들은 김택영은 황현의 전기를 썼다. 또 황현의 유고를 자신이 일하고 있던 '한묵림인서국'에서 『매천집』(1911)과 『매천속집』(1913)이라는 이름으로 간행하여 비밀리에 국내에 반입시켰다. 황현의 문집이 이토록 빨리 간행될 수 있었던 것은 그의 동생과 제자들이 적극적으로 모금 활동을 벌였고 그 뜻에 호응한 영호남 인사들의 지원이 있었기 때문이지만 무엇보다도 김택영의 문장보국(文章輔國, 글로써 나라의 보위와 발전에 기여하겠다는 생각) 때문이었다.

중국에 22년 사는 동안 김택영이 편찬 간행한 도서는 47종에 달한다. 박지원, 이건창, 신위, 황현의 시문집뿐만 아니라『교정삼국사기』,『신고려사』등을 편찬하여 주체적이고 객관적인 관점에서 잘못된 부분을 바로잡았다. 또『한사경』을 저술하여 비판적인 안목에서 조선왕조사를 처음 정리하였으며 이어서『한국역대소사』를 저술하여 식민지 시기 한국사 통사를 남겼다.

한묵림인서국을 통해 출판된 서적들은 식민통치하 국내의 지식인층에게 비밀리에 제공되었고 중국에도 우리 문화 전통의 우수성을 알리는 중요한 자산이 되었다. 김택영은 조선의 문화와 역사를 정리하여 국내와 중국에 유통시킴으로써 문장보국을 실천했다.

그러나 망명 사학자로 어려운 여건 속에서 문화적 정체성을 찾고 우리 역사를 기록에 남겨 출판하고 유통시키기 위해 애쓴 그의 저술 활동은 국내에 그다지 알려지지 않았다. 망명 전 한말사대가로서 명성만 높았을 뿐이다. 대한민국 정부는 늦게나마 그의 문장보국을 인정하여 2018년 건국훈장 애국장을 추서했다. 그의 사후 91년 만이었다.

3부

평화누리

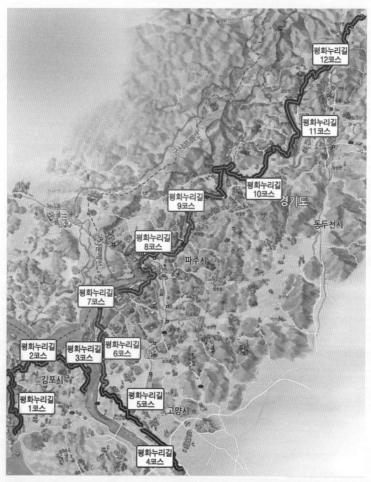

평화누리길. 한강과 임진강, 조강과 염하를 조망하며 걷는 산책길로 12개의 코스로 이루어져 있다. 길이는 194.1킬로미터이다.

'평화누리'는 '평화로운 세상' 또는 '평화의 땅'을 뜻한다. 남북이 분단되면서 접경지역이 되어버린 경기도 김포, 고양, 파주, 연천에 평화로운 세상을 염원하는 12코스의 산책길을 조성하고 평화누리길이라 명명하였다. 모두 강을 끼고 걷는 길인데 한강과 임진강, 조강과 염하의 역사와 지리, 자연의 풍광이 한데 어우러진 우리나라 최북단 도보여행 길이다. 2010년 5월에 개통되었다.

1~3코스는 김포 둘레길로 1코스는 염하 철책길이고 2코스는 조강 철책길이며 3코스는 한강 철책길이다. 4~5코스는 고양의 과거와 현대를 넘나드는 길로 4코스는 행주나루길이고 5코스는 킨텍스길이다. 6~9코스는 '둑 위의 마을' 파주를 관통한다. 6코스는 출판도시길이고 7코스는 헤이리길이며 8코스는 반구정길, 9코스는 율곡길이다. 10~12코스는 평화가 통일로 이어짐을 염원하는 길이다. 10코스는 고량포길이고 11코스는 임진적벽길이며 12코스는 통일이음길이다.

사실 세상의 모든 길은 빗물이 내었다. 빗물이 모이고 모여 강을 이루었고 굽이굽이 흘러가는 강물을 따라 평화누리길은 그저 그 물길을 쫓아갔을 뿐이다. 천년의 길이라고는 하지만 그보다 훨씬 오래된 이 길은 안보상의 이유로 지난 수십 년 동안 출입이 통제되었다가 10여 년 전에 개방하여 개통한 것이다.

1코스부터 12코스까지의 거리는 194.1킬로미터인데 심리적 거리는 이보다 훨씬 더 멀다. 지금이야 자연과 역사가 살아 숨쉬는 천혜의 도보여행길이지만 예전엔 군사용 차량만 오가던 오지 중의 오지였다. 군사적 목적 때문에 개발이 제한되었고 때로는 방치된 결과였다.

그럼 지금부터 도보 산책길로 개방되었거나 개발되어 누구나 안심하고 산책할 수 있는 평화누리길을 걸어보자. 사람마다 여행의 감흥은 다르겠지만 정해진 길을 따라 같은 풍광을 보며 걷다 보면 가장 먼저 눈에 밟히는 것이 이 땅에 새겨진 역사의 흔적이다.

김포 둘레길은 코스마다 철책길이라는 명칭이 붙어 있다. 접경지역이기 때문이다. 2코스 조강 철책길 중 일부는 정해진 시간에만 걸을 수 있으며 민간인 차량은 엄격히 통제되는 구간도 있다. 심지어 3코스 한강 철책길에서는 지뢰 매설 표지판이 붙어 있는 길을 통과하기도 한다. 남북한이 당장 통일을 이루지 못하더라도 철책선을 걷어내도 좋을 만큼의 항구적인 평화가 정착되었으면 좋겠다. 철책선을 따라 걷다 보면 분단 이데올로기에 갇혀 사는 우리들의 모습이 보인다. 이제 이 길을 산책할 만큼 여유가 생긴 것은 사실이지만 역사라는 이정표가 지시하는 방향으로 미래를 향해 제대로 가고 있는 것인지 걸어온 길을 자꾸 뒤돌아보게 한다.

염하 철책길

덕포진과 손돌묘

평화누리길 1코스 염하 철책길은 대명포구 대명항에서 출발하여 문수산성 남문까지 14킬로미터를 해안선 따라 걷는 길이다. 염하의 길이가 20킬로미터 정도 되니까 염하의 70퍼센트를 조망하며 걷는 셈이다.

1908~1911년에 편찬된 『한국수산지』와 『조선지지자료』에는 김포반도에 19개에서 25개의 포구가 표기되어 있다. 그중에 아직까지 명맥을 유지하며 어업 활동을 하고 있는 포구가 4개 있는데 3개는 1코스 염하 철책길에 있는 대명나루, 덕포나루, 원모루나루이고 나머지 1개는 3코스 한강 철책길에 있는 전류정나루이다.

이들 포구들은 시대에 따라 또는 한자와 우리말 표기에 따라 명칭이 조금씩 바뀌어왔다. 예컨대 대명나루는 대명포구 대명항으로 바뀌었고 덕포나루는 신덕포구, 원모루나루는 고양포구 또는 원우포구로 바뀌었으며 전류정나루는 전류리포구로 바뀌었다.

대명포구 대명항은 근래에 사용한 명칭으로『조선지지자료』에는 전막(企幕)으로 기록되어 있다. 이 일대에 철광석 광산이 있어 광산에서 일하는 광부들이 먹고 자던 여관이 많아 점막 또는 전막이라는 지명이 생겼다고 한다. 한편 이 마을의 산줄기가 이무기처럼 바다를 향해 굽이져 있는 형상이라 큰 대(大), 이무기 망(蟒) 자를 써서 '대망구지' '대맹고지' '대명곳'으로 불리다가 대명나루를 거쳐 대명포구 대명항이 되었다. 초지대교가 건설되기 전에는 당연히 김포 대곶과 강화 초지진을 뱃길로 이어주는 나루 역할을 하였다.

신덕포구는 상신포 또는 덕포로 기록되어 있다. 가파른 언덕이 있는 포구라는 지형적 특징 때문에 선조 때부터 일찌감치 군사적 요충지로 주목받았다. 숙종 5년(1679)에 군영을 세우고 덕포진이라 명명하였다. 병인양요와 신미양요 때 이양선과 포격전을 벌였던 이 군영은 고종 32년(1895)에 폐쇄되어 쇠락하기 시작하였고 오랫동안 방치되어 땅속에 묻혀 있다가 1970년에 인근 마을 사람들에 의해 발견되었다.

1980년에서야 본격적인 조사가 이루어졌는데 15개소의 포대와 화포 6문, 건물터의 주춧돌과 화덕 자리가 발굴되었다. 청동으로 만들어진 화포에는 명문이 새겨져 있어 포의 제원과 제작 연대, 제작 장소를 알 수 있었고 일부는 발사 준비 상태로 발견되어 포의 이동과 발사 과정도 살펴볼 수 있었다고 한다.

15개소의 포대 중 '가'포대에는 화포 7문, '나'포대에는 화포 5문, '다'포대에는 화포 3문이 설치되었으며 모두 강화 초지진과 덕진진의 남장포대를 향하고 있다.

덕포진 군영 끝자락에 손돌묘가 있다. 그 아래 염하에는 우리나라

덕포진 '가'포대. 덕포진 15개소 포대에 설치된 화포는 모두 강화 초지진과 덕진진 남장포대를 향하고 있다. 덕포진과 덕진진과의 거리는 868m 밖에 되지 않기 때문에 얼마든지 교차사격이 가능했다. 그러나 대부분의 화포는 고정식이었고 대형 화포는 홍이포, 소형 화포는 불랑기가 주력이어서 빠르게 기동하는 이양선을 명중시키기엔 한계가 있었다.

연안항로 중 진도의 울돌목, 태안의 안흥량과 더불어 3대 험로로 손꼽히는 손돌목이 있는데 염하의 수로 폭이 좁아지면서 물살이 험하고 소용돌이가 잦은 곳으로 유명한 곳이다. 강화도의 용두 돈대가 염하를 향해 불쑥 머리를 내민 지형이고 반대편 김포 쪽도 염하로 돌출된 지형이어서 두 지역 사이가 좁은 여울의 형태를 이루고 있는 것이다.

윤재철 시인의 저서 『우리말 땅이름 3』 중 「강화해협 손돌목」을 보면 '손돌'의 '손'은 '좁다'는 뜻을 나타내는 우리말 '솔다'의 관형형이고 '돌'은 '돌 량(梁)'의 '돌'로 좁은 물목(도량)을 나타낸다고 하였다.

그러니까 '손돌'은 '좁은 물목' 또는 '좁은 해협'을 가리키는 말이라는 것이다. 여기에 좁아지는 길목을 뜻하는 '목'이 붙었는데 이는 '돌'

염하 철책길

손돌묘. '좁은 물목'이라는 뜻의 우리말 '손돌'이 억울하게 죽은 뱃사공 이름으로 둔갑하여 무덤까지 조성되어 있다. 억울하게 죽으면 서낭신이 되어 마을을 지켜준다는 민간신앙에 따라 어부들의 수호신으로 손돌의 전설이 차용된 것으로 보인다. 모든 전설의 이면에는 민초들의 간절한 염원이 담겨 있다.

의 중복 표현으로 볼 수 있으며 진도의 울돌목(명량)도 같은 경우라고 했다.

그는 '손돌'이 『고려사』에서는 '착량(窄梁)'이라는 지명으로 기록되어 있는 점에 주목하였다. 『고려사』 세가 권제24 고종 45년(1258) 9월 24일 기사를 보면 "몽고군이 착량(窄梁)에서부터 와서 갑곶강(甲串江) 밖에 진을 치고 온 산과 들을 에워쌌다."는 기사가 보인다. 고려의 대몽항쟁 때 몽골군이 손돌에서 거슬러 올라와 갑곶에 진을 쳤다는 내용이다. 여기서 착량은 손돌을 차자(借字, 자기 나라의 말을 적는데 남의 나라 글자를 빌려 씀) 표기한 것으로 '착(窄)'은 '좁을 착' 자이다.

이를 『용비어천가』 주석에서도 확인할 수 있는데 '착량'에 우리말 '손돌'을 부기해놓고 '착량'의 착(窄)이 '좁을 협(狹)'의 뜻이라면서 "지금 강화부에서 남쪽으로 30리가량 되는 곳"이라는 주기(註記)를 달아놓았다.

『태조실록』 1권 총서 64번째 기사 「최영이 해풍군에서 왜적과 싸워 패퇴하였으나 태조가 합세하여 물리치다」에서도 착량이라는 지명이 나온다.

신우(辛禑) 4년(1378) 무오 4월, 왜적의 배가 착량(窄梁)에 많이 모여 승천부(昇天府)로 들어와서 장차 서울을 침구(侵寇)하겠다고 성언(聲言)하니, 중앙과 지방이 크게 진동하였다. 병위(兵衛)를 대궐 문에 배치하여 적군이 이르기를 기다리니, 성중(城中)이 흉흉(洶洶)하였다.

고려 말 우왕 때 극심했던 경인왜구의 출몰을 묘사한 위의 기사는 왜구의 배가 착량(손돌)에 모여 있다가 염하와 조강을 건너 해풍군(승천부)에 상륙하여 서울인 개경 턱밑까지 쳐들어온 상황에서 이성계가 최영과 합세하여 이를 물리쳤다는 내용이다. 해풍군은 조강을 사이에 두고 김포, 강화와 마주 보고 있는 북한의 개풍군으로 개성의 관문이다.

윤재철 시인은 '손돌목'이 인조 때는 손량항으로 실록에 기록되어 있고 영조 이후 고종 때까지는 손석항으로 기록되어 있다고 했다. 또 영조 때의 『해동지도』에는 손돌항으로 표기되어 있어 한자 표기가 조금씩 다른 것도 알 수 있었다고 했다.

'손(孫, 손자 손)'은 우리말 '손'을 음차 표기한 것이고 '석(石)'은 우리말 '돌'을 훈음차로, '돌(乭, 이름 돌)'은 음차로, '항(項, 목 항)'은 훈차로 표기한 것으로 쓰는 사람에 따라 차자 표기를 달리한 것일 뿐 모두 '손돌목'을 표기한 것이라고 그는 주장했다.

고양포는 원모루나루를 한자로 표기한 것이다. 원모루는 언덕을 뜻하는 '원(原)'과 지붕 또는 산의 높은 곳을 뜻하는 '마루'('머루', '모루'는 마루의 방언)의 합성어로 '높은 언덕'이라는 뜻이다. 죽진, 원우포라는 지명으로도 기록되어 있는데 어업 활동이 주업인 포구라기보다는 강화를 뱃길로 건너 다니는 나루 역할을 했던 것으로 보인다.

통진 군하리

원모루나루를 지나 문수산을 향해 걷다 보면 월곶면 군하리가 나온다. 조선시대 때 통진도호부가 있던 곳이다. 지금은 서울과 가까운 풍무동, 사우동, 장기동이 김포의 주도심을 형성하고 있지만 고려, 조선시대 때만 해도 조강과 가까운 통진이 김포의 중심지였다.

조강에 해군기지가 있었던 한성백제 시대에 통진은 분진(分津)으로 불렸다. '뱃길이 나뉘어지는 나루'였던 것이다. 뱃길이 서해를 비롯하여 예성강, 임진강, 한강으로 뻗어나갈 수 있는 분진이야말로 백제에게 가장 중요한 군사적 요충지였다.

분진이 '모든 강으로 통하는 나루'라는 뜻의 통진(通津)으로 불리게 된 것은 고려가 개국하고 23년이 지난 서기 940년이다. 고려를 세운 왕건의 집안은 조강의 토호 세력이었고 통진은 이들 조강 세력의 물류 거점이자 교통의 요지였다. '통(通)'은 주변 세력을 통합하는 구심점이라는 의미와 더불어 달통하다는 의미도 가지고 있다.

군하리에 있는 통진향교는 고려 인종 5년(1127)에 세워졌다. 900년 세월의 풍상에도 현재까지 제자리를 지키고 있다. 향교에 우뚝 서 있는

통진향교. 500년 수령의 느티나무 네 그루가 세월의 풍상을 이기고 굳건히 자리를 지키고 있다. 그 모습이 통일한국의 수도가 되기에 충분한 기상을 지녔다.

500년 수령의 느티나무 네 그루가 이 땅의 역사성을 대변하고 있는 듯하다. 그 모습이 통일한국의 수도가 되기에 충분한 기상을 지녔다.

뒤로는 문수산이 병풍처럼 둘러싸고 있고 앞으로는 안산인 남산이 펼쳐져 있어 풍수지리에서 강조하는 장풍국의 지세도 갖추고 있다. 풍수학자 김두규 교수가 통일한국의 수도를 언급하면서 '서울과 평양에서 가까운 거리에 있는 개발이 안 된 바닷가의 처녀지'로 김포를 지목했는데 김포 중에서도 이 조건에 가장 부합하는 곳이 군하리가 아닐까 생각해본다. 김 교수가 강조한 '동쪽으로 삼각산 봉우리가 보이고 서쪽으로는 강화도가 두르고 있는 곳'이 바로 군하리이기 때문이다. 수도 이름도 '통진'으로 하여 '모든 세상으로 통하는 나루'로 명명해도 좋을 것이다.

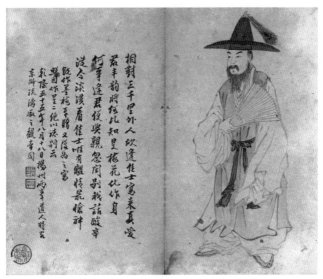

박제가 초상화. 청나라 화가 나빙의 작품이다. 1790년 건륭제의 팔순 생일을 축하하기 위해 두 번째 연행길에 올랐던 박제가가 귀국할 때 그와의 이별을 아쉬워한 나빙이 선물하였다. 이 화첩의 원본은 추사 김정희 연구의 기틀을 닦은 일본 후지쓰카 치카시 교수가 소장하고 있었는데 태평양전쟁 말기 미국의 도쿄 공습 때 소실되었다. 그가 소장하고 있던 김정희의 〈세한도〉는 1944년 손재형에 의해 국내로 반환되어 화를 면하였다. 좌측 전별시 내용은 다음과 같다.

삼천 리 밖에서 오신 손님 마주하고	相對三千里外人
좋은 선비 만남 기뻐 초상화를 그리노라	欣逢佳士寫來眞
사랑스런 그대 자태 무엇에 비교할까	愛君丰韻將何比
매화꽃 변한 몸이 그대인 줄 알겠구나	知是梅花化作身
무슨 일로 그대 만나 곧바로 친해져서는	何事逢君便與親
갑자기 이별한단 괴로운 말 들었던가	忽聞別我話酸辛
이제부턴 좋은 선비 담담하게 보아야지	從今淡漠看佳士
이별의 정 마음을 슬프게 만들 뿐이니	唯有離情最愴神

군하리를 생각할 때면 조선의 개혁과 개방을 촉구한『북학의』저자 박제가(1750~1815)가 떠오른다. 통진과는 어떤 인연이 있는지 모르겠으나『북학의』를 통진 시골집에서 썼다고 서문 말미에 밝혔다. "무술년 (1778) 9월 비 오는 그믐날, 통진 시골집에서 위항도인(葦杭道人) 쓰다." 위항도인은 박제가의 호이다.

어려서부터 똑똑하고 영민했던 박제가에 대한 아버지 박평의 사랑은 각별했다. 그러나 그의 신분은 서자(庶子)였고 열한 살 때 아버지가 죽자 본가에서 쫓겨나 홀어머니와 어렵게 살았다. 거처를 자주 옮겨 다니면서 어머니의 밤샘 삯바느질로 생계를 이었다고 하니 통진에 시골집이 있을만큼 넉넉한 형편이 아니었다.

군이 박제가와 통진과의 연관성을 유추하자면『북학의』서문 첫 문장에서 그 실마리를 찾을 수 있겠다.

나는 어릴 때부터 최치원과 조헌의 인격을 존경하여 비록 세대는 다르지만 그분들의 뒤를 따르고 싶었다. (중략) 조헌은 질정관으로 북경에 다녀온 후 온 힘을 기울여『동환봉사』를 저술하였다. 그들은 모두 다른 사람을 통해 나를 깨우치고 훌륭한 것을 보면 자신도 그것을 실천하려 했다. 또한 중국의 제도를 이용하여 오랑캐 같은 풍습을 변화시키려고 애썼다. 압록강 동쪽에서 천여 년간 이어져 내려오는 동안 이 조그마한 모퉁이를 변화시켜서 중국과 같은 문명에 이르게 하려던 사람은 오직 이 두 사람뿐이었다.

조헌(1544~1592)이 선조 7년(1574) 명나라의 수도 북경을 다녀와서 저술한『동환봉사』는 명나라의 문물과 제도 중 따를 만한 것을 조목별로

우저서원. 조헌의 학문과 덕행을 추모하기 위해 1648년 그의 집터에 세운 서원이다. 숙종이 사액을 내려 우저서원이라 하였다. 흥선대원군의 대대적인 사원 철폐령에도 훼철되지 않고 살아남은 47개 서원 중 하나이다. 김포시 감정동에 있다.

적은 것이다. 특히 인재를 등용함에 있어 출신을 따지지 않는 명나라의 제도를 본받을 것을 촉구하는 내용이 담겨 있다.

박제가가 쓴『북학의』또한 낙후된 조선의 문물과 백성들의 삶을 개선하기 위해 청나라의 발전된 기술과 제도를 소개하고 이를 본받아 조선을 개혁해야 한다는 내용이 담겨 있다. 200년 시차를 두고 두 사람이 거의 같은 주장을 펼친 셈이다.

그런데 우연인지 몰라도 조헌의 고향이 김포였다. 저술 활동도 김포에서 했고 관직에 올라 김포 통진현감을 역임하기도 했다. 이때 스승인 이지함이 제자를 위해「조강물참시각표」를 만들었다는 이야기는「조강물참」에서 소개한 바 있다.

『북학의』서문 첫 문장의 내용처럼 박제가가 조헌의 뒤를 따르고 싶어서 김포 통진에 시골집을 마련하고 저술 활동을 한 것인지 아니면 박제가의 출세를 물심양면으로 도왔던 장인 이관상(이순신의 5대손)의 시골집이 이곳에 있었는지 알 수 없으나 통진을 생각하면 덩달아 박제가가 생각나는 것은 우연보다는 필연을 믿는 나만의 문해력인지도 모른다.

박제가는 신분과 사람을 차별하지 않는 박지원(1737~1805)의 문하에서 많은 사람들을 만났다. 그중 자신과 비슷한 처지의 서얼 출신 이덕무(1741~1793)와 유득공(1748~1807) 등과 깊이 교유하였는데 이들과 함께 백탑시사(白塔詩社)를 결성하여 사가시집(四家詩集)을 내는 등 활발하게 문학 활동을 전개하였다.

백탑시사 동인들은 종로 원각사 10층 석탑(백탑) 주변에 모여 살았다. 이덕무와 유득공의 집이 인사동에 있었는데 1768년 박지원이 이 동네로 이사오면서 자연스럽게 그의 집이 사랑방이 되었고 박지원은 백탑시사의 좌장이 되었다. 홍대용, 정철조, 이덕무, 백동수, 이서구, 서상수, 유금, 유득공, 박제가 등 우리가 '북학파'라 부르는 인사들이 백탑시사의 구성원이었다.

박제가는 서얼에게 중인의 기술직을 허용함에 따라 한어·만주어 역관이 되어 중국 사행을 네 번 다녀왔다. 또 통청운동에 힘입어 말단 행정 담당 구실아치인 규장각 검서관으로 일하기도 했다. 네 차례의 중국 사행에서 만난 120여 명의 청나라 인사들과의 교류는 그의 제자인 김정희에게 전수되어 개화사상의 사상적 계보를 이어갔다.

박제가의『북학의』를 읽어본 사람이라면 한 번쯤은 고개를 가우뚱하며 책장을 덮어버린 적이 있을 것이다. 박제가가 개혁개방의 선구자임에는 틀림없고『북학의』가 조선에서 하나의 시대 사상으로 자리 잡아

대명항 낙조. 노을이 하늘을 붉게 물들이고 염하를 은파금파로 물들이면 대명항에 닻을 내린 어선들의 실루엣이 한 마리의 갈매기를 위해 일제히 침묵하여 정지된 듯한 풍경을 연출한다.

이후 100년 동안 조선의 근대화에 커다란 영향을 끼친 것은 사실이나 청나라 문명에 대한 선망이 너무 지나쳐 상대적으로 조선을 과하게 폄하하고 비하한 측면이 없지 않았다.

특히 "우리말을 버리고 중국말을 사용하여 오랑캐 신세에서 벗어나자."고 주장하는 대목에서는 '극단적인 청나라 신봉자' 내지는 '극단적인 중국 사대주의자'라는 세간의 의구심을 떨칠 수가 없었다. 중국말을 못해서 오랑캐가 되는 것이 아니라 모방만 할 뿐 주체성이 없으면 변방의 오랑캐가 되는 것이다. 박제가는 역관이었으므로 당연히 중국말에 능통했을 것이다. 과유불급이라 했던가, 지나치면 모자람보다 못할 수도 있다는 말이 『북학의』를 읽는 내내 머릿속에서 떠나지 않았다.

염하 철책길에서 만나는 자연의 선물은 단연 낙조였다. 노을이 하늘을 붉게 물들이고 이어 염하를 은파 금파로 물들이면 대명포구 대명항에 닻을 내린 어선들의 실루엣이 한 마리의 갈매기를 위해 일제히 침묵하여 마치 정지된 듯한 풍경을 연출하였다. 여행자들은 그 광경을 놓칠세라 저마다의 핸드폰 카메라에 담기에 여념이 없었다. 개혁사상가보다 시인으로 먼저 명성을 떨쳤던 박제가가 '하늘과 땅 사이에 가득한 시'라고 표현했던 풍광이 바로 이런 모습 아니었을까?

여행은 삶의 형식과 내용을 충실히 보여준다. 자연은 다양한 삶의 형식을 보여주고 역사는 진솔한 삶의 내용을 보여준다. 오래 걸어 아픈 다리가 오히려 발걸음에 힘을 북돋워주듯 여행에서 보고 느낀 모든 것들이 삶의 활력을 불어넣어준다.

조강 철책길

문수산성과 조강포

평화누리길 2코스 조강 철책길은 문수산성 남문에서 출발하여 애기
봉 입구까지 8킬로미터를 등산로를 따라 또는 군사도로를 따라 걷는
길이다. 1코스, 3코스와는 달리 강변을 따라 강을 조망하며 걸을 수 없
다. 조강 자체가 군사분계선이고 강 너머가 바로 북한이기 때문이다.
강변 전체가 군사시설이라 민간인의 출입을 엄격히 통제하고 있다.

김포에는 문수산성을 비롯하여 모두 여덟 개의 산성이 있었다. 주로
한성백제, 통일신라, 고려 때 축성되었는데 문수산성을 제외하고 대부
분 멸실되었다. 한강을 기반으로 해상강국으로 거듭났던 한성백제는
조강과 한강 주변에 많은 관방산성을 구축하였다. 강화의 하음산성,
김포의 동성산성과 북성산성, 장기동성 고양, 파주의 오두산성과 멱절
산토성, 행주산성이 백제가 한강 방어를 위해 쌓은 토성이다.

통일신라는 한강 유역을 차지한 후 백제 토성을 석성으로 개축하거

문수산성 남문(희우루). 병인양요(1866) 때 파괴된 것을 2002년에 복원하였다. 성벽 없이 문루만 복원하여 산성의 위용이 느껴지지 않는다.

나 새로 성을 쌓았는데 김포에는 염하의 관문인 대곶에 수안산성을 쌓았고 조강의 관문인 월곶에 문수산성을 쌓았다. 그러니까 문수산성은 조선 숙종 때 처음 축조된 것이 아니라 무너진 신라성 위에 다시 쌓은 것이다. 성의 위치가 정확히 일치하는지는 모르겠으나 성곽의 기초가 어느 정도 조성되어 있었기에 길이가 6,201미터, 면적이 64,000평방미터에 이르는 대규모 석축산성을 쌓는 데 10개월밖에 소요되지 않았나 생각된다.

고려 때도 김포에 토루(土壘) 형태로 성을 쌓았다는 기록이 있다. 대곶에 있는 대릉리성과 송마리성, 양촌에 있는 가현산성이 그것이다. 수안산성과 연계하여 염하를 방어하기 위해 축성했다고 하는데 석성은 무너지면 돌이라도 남기지만 토성은 무너지면 다시 흙으로 돌아가므로 그 흔적을 찾기가 쉽지 않다.

조강 철책길

18세기 중반(1757~1765)에 편찬된 『여지도서』에는 문수산성 축성과 관련된 내용이 다음과 같이 기록되어 있다.

성의 축성은 숙종 19년(1693) 가을 임금이 이 산을 보고 강화도를 지키는 관방중지(關防重地)라 하고 지도를 그려 바치게 하였으며 숙종 20년(1694) 삼군문(三軍門, 훈련도감, 어영청, 금위영)에 명령하여 둘레 5,529보의 성을 쌓게 하고 별장 1명, 본부중군감관 1명, 수첩군관 90명, 총섭 1명, 군기감관 8명, 진군관 20명, 사졸 56명 등으로 하여금 차례로 번(番)을 서게 하였다. (중략) 문수산성은 김포 통진과 강화의 경계 지점에 있는 석축산성으로서 둘레 15리 129보에 타구(垜口)가 1,273첩, 문루가 3곳, 암문이 3곳이다.

문수산성은 문수산 정상부에 축조된 동벽과 정상부에서 해안 쪽으로 동서 방향으로 뻗은 능선을 이용하여 축조된 남벽과 북벽, 그리고 염하와 동일한 방향으로 해안선을 따라 축조된 서벽으로 나누어진다. 현재 해안쪽의 서벽과 서문(공해루)은 파괴되어 그 흔적을 찾아볼 수 없지만 북문과 남문(희우루)은 1995년과 2002년에 각각 복원되었다.

암문은 아문(亞門)이라고도 하는데 적의 눈을 피해 사람과 가축이 이동하고 양식 등을 나르던 문이다. 19세기에 제작된 〈강화부전도〉를 보면 문수산 정상 부근에 동아문과 남아문이 있고 해안 쪽에 서아문과 북아문이 표시되어 있다. 서아문과 북아문은 병인양요 때 파괴되어 사라졌으며 동아문과 남아문(홍예문)은 1993년에 복원되었다.

문수산성 남문에서 출발하여 등산로를 따라 남아문까지 올라갔다가 김포대학 방향으로 내려오는 평화누리길 2코스는 임도를 따라 군사도

조강포 표지석. 앞면에는 조강포의 역사를 소개하는 내용이 새겨져 있고 뒷면에는 정전협정 제1조 제5항 '민용선박의 자유항행 규정'을 새겨놓았다.

로인 쌍용대로로 진입하게 된다. 진입로부터 600미터에 이르는 임도 는 평화누리길을 방문하는 보행자를 위해 개방된 보행 전용 군사도로 이다. 이 도로를 벗어나면 조강포로 유명한 조강리 민통선 마을이 시 작된다.

김포반도의 19~25개 포구 중에서 가장 번성했던 포구는 조강에 위 치한 강령포, 조강포, 마근포였다. 특히 조강포는 개경의 벽란도와 한 성의 삼개나루 뱃길의 중요한 거점이어서 갑곶의 '갑곶원'과 더불어 '조강원'이라는 관영 숙박시설이 있을 정도로 큰 포구였다. 번성했던 포구들은 1953년 한국전쟁 정전협정과 동시에 사라졌다. 마을이 통째 로 소개(疏開)된 것이다.

군사분계선에서 2킬로미터 떨어진 지역을 북방한계선(NLL)으로 설 정했기 때문이라고 하는데 그러나 이곳은 분명 정전협정 제1조 제5항 에 의거, 민용선박의 자유항행이 허용된 곳이었다. 정전협정에서는 조 강을 민간에게 개방한다 했지만 정전협정의 이러한 내용은 지금까지

조강 철책길

제대로 알려지지 않았고 전혀 이행되고 있지도 않다. 정전협정 제1조 제5항의 내용을 보자.

> 한강 하구의 수역으로서 그 한쪽 강안이 일방의 통제하에 있고 그 다른 한쪽 강안이 일방의 통제하에 있는 곳은 쌍방의 민용선박의 항행에 이를 개방한다. 첨부한 지도에 표시한 부분의 한강 하구 항행규칙은 군사정전위원회가 이를 규정한다. 각방 민용선박이 항행함에 있어서 자기측의 군사 통제하에 있는 육지에 배를 대는 것은 제한받지 않는다.

이에 대해 '김포미래연구원'이라는 단체에서는 2015년 국회도서관에서 세미나를 열고 "김포와 강화, 고양시 구간의 한강 하구(조강)에 이제라도 민간선박의 자유항행을 허용해야 한다"고 주장했다. 즉 "조강은 민간선박 통행이 가능한데도 비무장지대(DMZ), 북방한계선(NLL)으로 잘못 알려져 일반인이 접근할 수 없는 지역으로 인식되었다"는 것이다.

그러면서 조강의 자유항행을 이용하여 남북한 민간교류의 협력 방안을 찾아보자고 제안했는데 남북한 정부 당국자들의 외면으로 평화선언 차원의 행사에 그치고 말았다. 다만 육지의 비무장지대 개념을 기계적으로 적용한 정부의 행정편의주의적 발상 때문에 '조강'이라는 명칭이 '한강 하구'로 대체되고 주민 소개령 지침에 따라 주민들이 강제 이주되어 2,000년 역사의 포구가 한순간에 사라진 것에 대해 참석자들은 대체로 아쉽다는 공감대를 표시한 것에 만족해야 했다.

평화누리길 2코스는 애기봉 입구에서 끝난다. 그러나 여행자 대부

애기봉 전망대에서 바라본 북한. 조강 너머 황해북도 개풍군 임한면의 한 마을이 보인다. 애기봉에서 불과 1.4킬로미터 거리에 있다. 남과 북이 가장 가까운 곳이다.

한재당. 우리나라 차 문화의 선구자로 알려진 이목의 위패를 봉안한 사당이다. 사당 뒷편 언덕에 그를 비롯한 가문의 무덤이 조성되어 있다.

조강 철책길

분은 조강의 풍광과 북한의 산하를 조망할 수 있는 애기봉 평화생태공원 전망대로 향한다. 애기봉의 원래 이름은 쑷갓머리산이다. 해발 154미터의 작은 언덕인데 전망대에 오르면 이 언덕 어딘가에 움막을 짓고 살면서 달 뜨는 시간과 좀생이별을 보고 밀물과 썰물의 기준을 잡아 「조강물참시각표」를 만들었다는 이지함이 생각난다. 여기서 하늘과 맞닿은 산과 강을 둘러보면 자연의 섭리를 연구하기에 이보다 더 좋은 장소는 없을 것 같다.

애기봉 입구에서 멀지 않은 곳에 우리나라 차(茶)문화의 선구자로 알려진 이목(1471~1498)의 무덤과 그를 기리는 사당인 한재당이 있다. 또 이와 연계하여 차문화를 널리 알리기 위해 설립되었다는 '김포다도박물관'이 있어 지친 다리를 쉬어 가게 한다.

차의 다섯 공과 여섯 가지 덕

이목은 연산군 때 문신으로 김포 하성에서 태어났다. 14세에 김종직의 제자가 되었으며 19세 때 소과에 합격하여 진사가 되었다. 23세에 장인 김수손이 하정사로 명나라를 가는데 동행하여 중국의 다성(茶聖) 육우의 『다경』과 마단림의 『문헌통고』 등을 탐독한 뒤 중국차 산지와 유적지를 돌아보았다.

귀국 후 「다부(茶賦)」라는 글을 지어 차와의 인연, 중국차의 품종과 산지 및 그곳의 풍광, 차 달이기[煎茶], 차 마시기[七修], 그리고 차의 오공(五功)과 육덕(六德), 다심일여(茶心一如)의 경지 등을 설파하였다. "내 마음속에 이미 차가 있거늘 어찌 다른 곳에서 또 이를 구하려 하겠는가

(是亦吾心之茶又何必求乎彼耶)"라는 유명한 말을 남겼다.

25세 때인 연산군 원년(1495)에 별시 문과에 장원급제하였고 실록청 낭관이 되어『성종실록』편찬에 참여하였다가 1498년『성종실록』사초로 김일손이 제출한 김종직의 조의제문이 문제가 되어 무오사화가 발생하자 김종직의 제자라는 이유로 연좌되어 처형되었다. 죽기엔 너무나 아까운 28세의 나이였다.

중종반정 이후 중종 2년(1507) 신원이 회복되고 적몰되었던 가산도 환급받았으며 명종 7년(1552)에는 가선대부 이조참판에 증직되었다. 숙종 43년(1717)에는 자헌대부 이조판서에 추증되었고 경종 2년(1722)에는 '정간(貞簡)'이라는 시호를 받았다. "숨어서 굴하지 않음이 정(貞)이요, 정직하고 무사함이 간(簡)이다(不隱無屈日貞, 正直無邪日簡)"라는 뜻에서 따온 것이라 한다. 영조 2년(1726)에는 부조전(不祧之典, 국가에 큰 공적이 있는 사람의 신주를 영구히 사당에 모시게 하던 특전)을 내려 그의 절개를 영원히 기리도록 하였으며 헌종 14년(1848) 이곳에 그의 위패를 봉안한 한재당이 건립되었다.

총 1,312자로 쓰여진「다부」는 국내 현존하는 최초의 다서(茶書)로 이덕리의「동다기(東茶記)」, 초의스님의「동다송(東茶頌)」과 함께 한국의 대표적인 차 노래 글로 꼽힌다. 그럼 그가 칭송한 차의 오공과 육덕, 일곱 가지 효능을 읽어보자.

먼저 차의 다섯 가지 공은 첫째 목마른 갈증을 풀어주고, 둘째 마른 창자와 가슴의 울적함을 풀어주며, 셋째 주객의 정을 서로 즐기게 하고, 넷째 뱃속의 중독에 대한 해독으로 소화를 잘되게 하며, 다섯째 술을 깨게 해독해주는 것이다.

凡人之於物或玩焉或味焉樂之終身
而無厭者其性矣乎若亨伯
伯倫之於酒其所好雖殊而樂之至則
一也余於茶越乎其莫之知自讀陸氏
經稍得其性心甚珍之昔中散樂琴而
賦彭澤愛菊而歌其於微尚加顯矣況
茶之功最高而未有頌之者若茶瘝
不亦誤乎於是考其名驗其産上下其
品為之賦或曰茶自入貢反為人病子
欲云乎對曰然是豈天生物之本
意乎人也非茶之且余有疾不暇及此
云其辭曰
有物於此厥類孔多曰茗曰荈曰蔎曰荈仙
掌雷鳴烏嘴雀舌頭金蠟面龍鳳名的山提
勝金靈草博側仙芝嫩蘂運慶福綠華英

李評事集卷一

茶賦并序

이목(1471~1498)이 지은 「다부」(위)와 이덕리(1725~1797)가 지은 「동다기」(아래). 정민 교수는 「동다기」를 차에 대한 한국 최초(1785)의 저작이라 하였지만 이목의 「다부」가 이보다 300여 년 앞서(1494) 저작되었음이 나중에 밝혀졌다.

차의 여섯 가지 덕은 첫째 사람으로 하여금 오래 살게 하고, 둘째 덕을 닦게 하며, 셋째 병을 그치게 하고, 넷째 기운을 맑게 하며, 다섯째 마음을 편하게 하고, 여섯째 신령스럽게 하며 예의롭게 하는 것이다.

차의 일곱 가지 효능을 '칠단계 수신구도'라 하였는데 한 잔을 마시니 메마른 창자가 눈 녹인 물로 씻어낸 듯하고, 두 잔을 마시니 마음과 혼이 신선이 된 듯하고, 석 잔을 마시니 두통이 없어지며 호연지기가 생겨나고, 넉 잔을 마시니 기운이 생기며 근심과 울분이 없어지고, 다섯 잔을 마시니 색마가 도망가고 탐욕이 사라지며, 여섯 잔을 마시니 세상의 모든 것이 거적때기에 불과해 하늘나라에 오르는 듯하고, 일곱 잔은 절반도 마시기 전에 맑은 바람이 옷깃에 일어난다고 하였다.

마지막으로 차에는 등급이 있으니 몸을 가볍게 하는 것이 상품이요, 지병을 없애주는 것이 중품이며, 고민을 달래주는 것이 그다음 차품이라 하였다.

이목의 「다부」를 논할 때 제일 먼저 꼽는 것이 차도(茶道)에 관한 것이다. 차의 차공(茶供)을 도(道)의 경지로 격상시켰다는 평가이다. 혹시 그도 한 번 앉은 자리에서 최소한 차를 여섯 잔 이상은 마시지 않았을까? 그러니 세상의 모든 것이 거적때기 같아서 저리도 빨리 하늘나라로 올라간 것이 아닌지 모르겠다. 여기서 차를 몇 잔 마셨는지도 모르겠으나 지친 다리에 힘이 절로 솟는 걸 보니 차를 마실 때마다 차의 오공 육덕은 절대 잊지 않을 것 같다.

한강 철책길

갑곶나루를 만든 박신

평화누리길 3코스 한강 철책길은 애기봉 입구에서 출발하여 전류리 포구까지 17킬로미터를 논길과 한강변을 따라 걷는 길이다. 이 길에서 가장 먼저 눈길과 발길을 사로잡는 것은 500년 수령의 두 종류 나무이다. 하나는 가금리 부부나무라고 불리는 느티나무이고 다른 하나는 박신이 심고 심신을 수양했다 하여 학목(學木)으로 불리는 향나무이다.

이 나무들에서 받은 영감은 한마디로 '애써 버팀'이었다. '쌓임과 견딤'의 미학이었다. 너른 김포평야의 땅심이 그러하였고 학목의 주인공인 박신(1362~1444)의 통진에서의 유배 생활이 그러하였다.

박신은 우리나라 역사에 큰 족적을 남긴 인물은 아니지만 김포와 강화를 이어주었던 500년 역사의 갑곶나루가 인구에 회자될 때면 반드시 등장하는 인물이다.

박신은 고려 말과 조선 초의 문신으로 정몽주를 좌주로 따르는 문생이었다. 우왕 11년(1385) 문과에 급제하여 사헌부 교정, 예조정랑, 이조 정랑을 거쳐 대사성이 되었으며 조선조에 들어서도 좌산기상시를 거쳐 대사성이 되었다. 또 대사헌, 한성부윤, 공조판서, 호조판서, 이조판서 등의 요직을 두루 역임하였는데 선공감의 부정 사건에 연루되어 김포 통진현에 유배되었다가 13년 만인 1432년에 해배되었다.

『세종실록』105권 세종 26년(1444) 윤7월 12일 4번째 기사에 그의 졸기가 실려 있다.

> 세종이 왕위를 이은 뒤에 다시 이조판서에 임명되어 선공감제조(繕工監提調)로 되었더니, 선공감 관리의 불법행위의 공사(供辭)에 관련되어 통진현에 귀양살이한 것이 모두 13년이나 되었다. 임자년에 소환되었다가 이때에 이르러 졸(卒)하니 나이 83세이다. (중략) 통진현의 서쪽에 갑곶(甲串)이라는 나루가 있었는데, 오고가는 사람들은 반드시 물속을 수십 보 걸어가야 비로소 배에 오를 수 있고, 또 배에서 내려서도 물속을 수십 보 걸어가야 언덕에 오를 수 있었다. 그러므로 얼음이 얼고 눈이 내릴 때면 길 다니는 나그네들이 더욱 고통을 당하였는데, 박신이 재산을 의연(義捐, 사회적 공익을 위해 자선함)하고 고을 사람들을 이끌어 양쪽 언덕에 돌을 모아 길을 만들었더니, 길 다니는 사람들이 지금까지 그 공로를 힘입고 있다고 한다.

선공감제조는 공조 소속으로 토목과 영선을 관장하는 관청의 수장이다. 선공감 관리들의 불법 행위에 그의 이름이 거론되자 통진현으로 유배를 가게 되었다. 유배 기간이 13년이나 되는 것으로 보아 모종의 정치적인 이유가 있었지 않았나 생각된다.

500년 수령의 향나무. 박신이 심고 심신을 수양했다 하여 학목이라 불리는 향나무이다. 정면에 박신의 위패를 모신 사당이 있고 사당 뒷편에 그의 무덤이 있다.

아무튼 그가 통진현 유배 중에 사비를 들여 김포와 강화에 석축을 쌓아 갑곶나루를 만들었고(1432) 이 나루가 1920년대까지 약 500년 동안 김포와 강화를 오가는 뱃길로 사용되었다 하니 사당을 세워 그의 공을 기릴 만하겠다.

김포평야

길은 마근포 마을로 이어진다. 갯벌을 막았다는 뜻의 우리말 '막은개'에서 '막은'의 음을 따서 '마근포(麻斤浦)'라 불렀다.

원래 마근포 주변에는 물길을 따라 '금포'와 '마조포'라는 포구가 있었다고 한다. 18~19세기를 지나면서 원래 포구로 기능했던 '마조포'가 '마조리'라는 농촌으로, '금포' 역시 연안 퇴적 및 갯벌 간척으로 본래

김포에서 바라본 교하 오두잣 통일전망대. 강 너머로 한강과 임진강이 합수하여 조강으로 흐르는 교하의 시발점과 오두잣 통일전망대가 보인다. 주변으로 김포평야가 넓게 펼쳐져 있다.

의 포구 기능을 잃으면서 '금포리'로 농촌화하였고 이 두 곳의 포구 기능을 대신해 '막은 개'인 '마근포'가 새롭게 포구 역할을 하였다.

'금포'는 순우리말인 '쇳개' 또는 '쇠포'가 한자화한 지명이다. '쇠포'는 이 지역의 옛 지명인 '소이포'의 줄임말이었을 것으로 생각되는데 이 소이포는 『조선지지자료』에 '쇳개'라는 우리말 지명과 함께 병기되어 있다.

마근포는 한강을 거슬러 한양으로 가거나 강 건너 개풍군 임한면 정곶리를 오가는 나루의 역할을 하다가 조강포와 마찬가지로 1953년 한국전쟁 정전협정과 동시에 사라졌다. 마근포 마을을 벗어나면 길은 한강변 철책길로 접어든다.

강 너머로 한강과 임진강이 합수하여 조강으로 흐르는 교하의 시발점과 오두잣 통일전망대가 보인다. 오랜 세월 연안 퇴적과 갯벌 간척

한강 철책길

을 반복해온 한강 하구는 쌓임과 견딤의 미학으로 비옥한 김포평야를 만들었다.

우리나라의 쌀 재배가 이 평야에서 가장 먼저 시작된 것은 결코 우연이 아니다. 통진읍 가현리와 마송리 일대에서 발견된 탄화미와 농경 도구들이 섞인 토탄층이 이를 입증한다. 토탄층은 습지대에서 여러 식물의 잔해가 쌓여 탄화된 것을 말한다. 각종 식물이 썩지 않고 원형을 유지하고 있는 경우가 많아 과거의 식물 분포 등을 연구하는 데 중요한 자료로 쓰인다.

우리나라의 쌀재배는 청동기 시대에 본격적으로 이루어졌다는 것이 일반적인 견해였다. 그런데 1991년 서울대 고고학과 임효재 교수 연구팀이 통진읍 가현리 토탄층을 조사하던 중 약 5천여 년 전의 탄화미와 각종 석기를 발견하여 김포가 우리나라에서 가장 먼저 쌀 재배가 시작된 지역 중 한 곳임을 밝혔다.

이어 같은 해에 고양 일산구 대화동의 유적지에서 5천여 년 전의 것으로 밝혀진 가와지볍씨까지 발굴됨으로써 우리나라의 쌀 재배는 한강을 중심으로 신석기 시대부터 활발했음을 뒷받침하게 됐다. 김포, 고양, 파주의 너른 평야를 총칭하여 김포평야라 부르는데 이 김포평야가 우리나라 벼농사의 시원이었던 것이다.

조강물참과 전류리포구

한강변 철책길은 하성면 후평리와 석탄리를 지나 전류리 포구까지 이어진다. 이 길을 걸을 때면 유난히 하늘을 많이 올려다보게 되는데 철책 때문에 시야가 갑갑한 탓도 있겠지만 이 지역이 철새 도래지로 운이 좋으면 철새들의 군무를 볼 수 있기 때문이다.

철새 도래지란 주로 너른 평야, 강 하구, 갯벌, 습지 등 새들의 먹잇감이 풍부한 곳에 철새들이 다른 지역에서 들어와 머무는 곳을 말한다. 우리나라에서는 철원평야와 순천만, 천수만과 금강 하구 그리고 낙동강 하구가 가장 유명한 철새 도래지이다. 철원평야로 날아오는 재두루미 중 일부가 이곳 후평리와 석탄리에 머무는 것 아닌가 생각된다.

마침내 평화누리길 3코스 종단점인 전류리포구에 도착한다. 전류(轉流)는 물이 뒤집혀 흐른다는 뜻으로 바닷물과 강물이 하루에 두 번 교차하며 뒤집히기 때문에 생긴 이름이다. 북방어류 한계선까지 고기잡이가 가능한 한강의 최북단 포구인데 군부대의 허가를 받은 20여 척의 어선이 눈에 잘 띄는 붉은 깃발과 태극기를 달고 조업을 한다. 선착장에서 바다 쪽으로 200미터, 한강 쪽으로는 김포대교까지 14킬로미터가 조업 구간이다. 봄이면 숭어와 웅어 그리고 그 유명하다는 황복이 잡히고 여름이면 농어와 장어, 가을이면 살진 새우와 참게가 그리고 겨울에는 사계절 별미인 숭어가 많이 잡힌다.

물도 길을 가다가
물을 만나면 반가운가 봅니다
아래쪽으로 흐를 줄만 아는 강은
거꾸로 올라오는 바다를 만나
좋아서 어쩔 줄 모릅니다
뒤집어집니다
이 짠물 같으니라구!

한강 철책길

이런 맹물 같으니라구!
서로의 어깨를 쳐주기도 하다가
엎어져 한바탕 속마음을 풀어놓습니다

깊고 푸른 것도 부럽지 않습니다

위의 시는 김포에 거주하는 임송자 시인의 시 「전류리포구」이다. 해와 달이 지구에 끼치는 인력과 원심력에 의해 바닷물이 들고 나는 물참과 잦감을 재미있고 재치 있게 표현하였다. 전류리에서는 하루에 두 번 밀물과 썰물이 교차한다. 바다의 짠물이 6시간 밀고 들어오면 곧이어 상류의 민물이 6시간 치내려온다. 밀물 들어오는 시간은 매일 40분씩 늦춰지는데 서해의 사리 때면 물살이 몹시 세차게 흐른다. 고려시대 대문호 이규보가 「조강부」에서 묘사했던 그 물살이다.

나도 이 글을 쓰면서 느낀 소회를 「조강물참」이라는 제목으로 풀었다. 2023년에 발간한 시집 『촛불 하나가 등대처럼』에 수록되어 있다.

누가 저 강에다 선을 그어 강물을 갈라놓았나
강물이 물길을 거역하여 선을 그었을 리 만무하고
선이라고 띄워놓은 부표마저 떠내려가기 일쑤인데
조강물참 물때가 만든 물길도 모르면서
누가 제멋대로 선을 그어 이 땅을 갈라놓았나

밀물 때는 염하와 한강이 조강에서 하나 되고
썰물 때는 임진강과 한강이 조강에서 하나 되는 물참

지금도 **어업활동을 하고 있는 전류리포구**. 전류는 물이 뒤집혀 흐른다는 뜻으로 바닷물과 강
물이 하루에 2번씩 교차하며 뒤집히기 때문에 생긴 이름이다.

물길이 수만 번 바뀌고 물살이 수천 번 뒤집혀도
조강에 그어진 선을 거둬내지 못함은
냉전이라는 망령이 여전히 떠다니고 있기 때문이다

고려 시대 선비 백원항도 조강을 건너지 못하고
앞사람이 건너기 전 뒷사람이 또 왔다고
언덕 저편 세상일은 언제 끝나려나 저어했는데
한강과 임진강 예성강이 물참으로 하나 되는 조강은
예나 지금이나 갈라진 세상을 품고 흐른다

— 졸시 「조강물참」 전문

행주나루길

임진왜란의 판도를 바꾼 행주대첩

평화누리길 4코스 행주나루길은 고양 행주산성 역사공원을 출발하여 일산 호수공원까지 11킬로미터를 한강변과 논길을 따라 걷는 길이다. 출발지인 행주산성은 창릉천이 한강과 합류하는 지점의 구릉지 덕양산 정상에 있다. 덕양산의 높이는 해발 124미터에 불과하지만 정상에 오르면 한강과 창릉천 주변의 너른 들판이 조망되어 예나 지금이나 군사적 요충지임을 한눈에 알 수 있다.

우리나라 지명 중에 볕 양(陽) 자가 들어가는 지역, 예컨대 한양, 평양, 밀양, 함양, 양양 등은 지형을 보면 뒤에는 큰 산이 있고 앞에는 강이 있는 전형적인 배산임수(背山臨水) 지역이다. 그리고 산과 강 사이에 너른 들판이 있어 사람들이 모여 살기에 좋은 평야를 이룬다. 행주산성이 있는 덕양(德陽)도 그런 의미를 가지고 있는 볕 양 자 지명이다. 덕양의 너른 들판은 우리나라 최초의 쌀 재배지인 김포평야이다.

고양(高陽)은 조선시대에 고봉현과 덕양현을 통합하면서 고봉(高峯)의 고(高)와 덕양(德陽)의 양(陽)을 취하여 생긴 지명이다. 고봉현은 고봉산이 있는 일산동구 지역을 말하며 덕양현은 덕양산 주변 지역을 말한다. 덕양현은 덕양구로 복원되었지만 고봉현은 일산구가 되어 끝내 지명을 회복하지 못했다. 고봉산이 이 지역에서 가장 높은 해발 203미터의 산이라서 큰 산(한메, 한산)로 불리다가 일산(一山)이 되었다는 주장도 있다.

행주산성은 초축이 토성으로 이루어져 있다는 점에서 백제성으로 비정된다. 한강 주변의 성을 연구해온 성순택은 강가에 세워진 성들은 해상 교통로를 방어하기 위한 해군기지 성격의 성이라고 주장했다.

백제는 한강 본류와 지류가 합쳐지는 지역의 구릉지마다 이러한 성들을 구축했는데 오두성은 한강본류와 임진강이 만나 조강이 시작되는 구릉지 오두산에 세워졌고 행주산성은 한강본류와 한강지류 창릉천이 만나는 지점의 구릉지 덕양산에 세워졌다는 것이다. 김포 동성산성과 북성산성, 고양의 멱절산토성, 양천의 양천고성과 용왕산토성 등도 같은 용도로 건설된 백제의 해군기지였다는 것이 그의 주장이다. 행주산성에서 최근 발견된 석성은 7세기 무렵 신라에서 쌓은 것으로 외성은 백제가 쌓은 토성이고 내성은 신라가 쌓은 석성으로 추정하고 있다.

임진왜란의 수많은 전투 중에 조선이 대승을 거둔 3대 대첩으로는 통영 한산도 앞바다에서 전개된 한산도 전투(1592.7)와 진주성을 사수한 진주성 전투(1592. 10), 그리고 임진왜란의 판도를 바꾼 고양 행주산성 전투(1593. 2)가 꼽힌다.

행주산성 전투를 승리로 이끈 권율(1537~1599)은 임진왜란이 발발하자 조정에 출사한 사대부 총동원령에 의해 55세의 나이임에도 불구하고 광주목사로 임명되어 전라도 각지를 돌며 군병을 모집하였고, 한성 탈환을 위해 북진하였다. 왜란 중에 조선군이 육지에서 처음으로 대승을 거둔 것은 권율 부대가 북진하면서 치른 전주 배고개 전투에서였다. 이 전투의 승리로 곡창지대인 전라도를 지킬 수 있었으며 권율은 광주목사에서 전라도관찰사로 승진하였다.

마침내 수원 독성산성에 도착한 권율은 병사를 나누어 한성 탈환 계획을 세웠다. 처음엔 양천 나뭇골로 군사를 이동시키고 한강을 도하하여 마포 애오개로 잠입할 계획이었으나 명나라 지원군이 벽제 숯돌고개에서 왜군에게 대패하여 퇴각하자 조선군 단독으로 한성을 탈환해야 하는 상황이 되었다. 권율은 덕양산 행주산성에 진지를 구축하자는 휘하 장수들의 건의를 받아들여 한성 탈환 계획을 급히 수정하였다.

행주산성의 남쪽 한강변과 동쪽 창릉변은 절벽과 경사가 심해 침투가 쉽지 않았다. 경사가 완만한 곳은 서북쪽인데 계곡과 계곡 사이에 능선이 길게 이어져 능선 자체가 성곽의 치(雉, 성벽에 기어오르는 적을 쏘기 위해 성벽 밖으로 군데군데 내밀어 쌓은 돌출부) 역할을 했다. 서북쪽만 잘 방어하면 수적으로 불리한 전투라도 승산이 있어 보였다. 행주산성에 진지를 구축한 이유도 바로 이러한 지형적 이점 때문이었다. 권율의 병사 1만여 명은 은밀히 한강을 건너 행주산성에 도착하였다.

권율 부대의 북진을 예의 주시하고 있던 고니시 유키나가(小西行長)는 권율 부대가 한성과 가까운 고양 덕양산에 주둔한 사실을 알고는 무려 3만 명의 병력을 동원하여 총공세를 펼쳤다. 행주산성 전투는 이렇

수륙양용 장갑차와 해병대 행주도강 전첩비. 임진왜란 때인 1593년 한성을 탈환하기 위해 권율부대가 한강을 건너 행주산성을 점령했던 것처럼 350여 년이 지난 1950년 한국전쟁 당시 서울을 수복하기 위해 인천상륙작전을 벌인 한미연합 해병대가 한강을 건너 행주산성 125고지를 점령하였다.

게 시작되었다. 왜군은 새벽부터 밤 늦게까지 일곱 차례에 걸쳐 행주산성을 공략했지만 성은 쉽사리 함락되지 않았다. 이에 전투에 승산이 없다고 판단한 고니시는 500여 명의 사상자를 남겨둔 채 퇴각하였다. 결국 그들은 한성을 포기하였고 남쪽 지방으로 후퇴했다.

대승이었다. 전쟁의 판도를 뒤집은 완벽한 승리였다. 그러나 전투가 장기화되면 계속 이기리라는 보장이 없었다. 행주산성은 1만여 명의 군대가 주둔하기엔 너무 협소했고 방어 이외에는 다른 전략이 없었다. 권율 부대는 바로 봉서산 파주산성으로 이동하였다. 권율 부대가 행주 나루를 지나서 한강변을 따라 파주를 향해 걸어갔던 길이 오늘날 평화누리길 4코스가 아니었을까 상상해본다.

행주산성 입구에 수륙양용 장갑차가 전시되어 있다. 그 뒤로 삼각형 모양의 '해병대행주도강전첩비'가 세워져 있다. 권율 부대가 한성을 탈환하기 위해 한강을 건너 행주산성을 점령했던 것처럼 350여 년이 지난 1950년 9월 20일 한국전쟁 당시 인천상륙작전에 성공한 한미연합 해병대가 한강을 도하하여 행주산성 125고지를 점령했다. 북한군이 장악한 서울을 탈환하기 위해서였다. 지금도 행주산성 부근에서 한강도하훈련이 매년 실시되고 있다. 그래서일까? 행주산성 주변에 세 개의 한강다리가 건설되었다. 행주대교를 중심으로 방화대교와 김포대교가 한강을 가로지른다.

고양팔현

북한산과 한강이라는 명산대천을 끼고 있는 고양은 자연경관이 수려하고 도성과도 가까워 조선시대 권문세족이 대대로 세거했던 고장이다. 평화누리길 4코스에는 이러한 집안의 문사들이 남긴 시비(詩碑)가 여럿 있다. 주인공은 남효온, 권필, 이신의이다. 남효온과 이신의는 고양팔현으로 문봉서원(일산동구 문봉동)에 제향된 인물이다. 지금은 빈터만 남아 있지만 문봉서원은 숙종 35년(1709) 왕이 친필 현판을 내려주는 사액서원이었다. 고종 2(1865)년 흥선대원군의 대대적인 사원 철폐령 때 훼철되었다. 남효온, 이신의와 더불어 문봉서원에 제향된 고양8현은 김정국, 기준, 정지운, 민순, 홍이상, 이유겸 등이다.

남효온(1454~1492)은 조선 제10대 왕인 연산군의 재위기간(1495~1506)에 발생한 무오사화(1498), 갑자사화(1504)와 연관된 문신이다. 두 사화 모두 남효온 사후에 발생했지만 그의 스승인 김종직과 관련되어 있어 화를 피하기가 쉽지 않았다. 무오사화 때는 김종직이 부관참시

당했고 그와 함께 수학했던 김굉필, 정여창 등은 유배를 갔다. 갑자사화 때는 그가 부관참시를 당했는데 문종의 비 현덕왕후(단종의 친모)의 소릉 복위를 상소했다는 이유에서였다.

1513년 소릉이 복위되자 그도 신원되었다. 부관참시 후 한강에 버려졌던 그의 시신은 고양시 덕양구 대장동 선산에 묻혔다가 1987년 일산 신도시가 개발되면서 강 건너 김포시 하성면으로 이장되었다. 김시습, 원호, 이맹전, 조려, 성담수 등과 함께 생육신으로 불린다. 행주나루에 건립된 그의 시비에는 그의 대표적인 시 두 수가 새겨져 있는데 그중 「숙강포거려(宿江浦遽廬, 강나루 주막에 묵으며)」가 유명하다.

비단옷 입고 고기반찬에 배부른 자들이여	紈袴飽肉者
수양산 고사리 맛 그 어찌 알겠는가	安知西山蕨
날짐승 들짐승이 보금자리 달리하듯	飛走不同穴
나만은 벼슬을 부끄럽게 여기노라	我獨恥干謁
시골에 묻혀 밭고랑을 일구며	畎畝尋要術
뱃전의 낚시질로 세월을 보낸다네	漁舟費日月
한세상 사는 삶이 뜻대로면 그만이지	人生適意耳
어찌하여 한평생 아등바등 지낼 것인가	何用終歲矹

이신의(1551~1627)는 임진왜란 때 고향인 고양에서 의병을 일으킨 의병장 출신 문신이다. '이신의 창의대'라는 이름으로 향병을 조직하여 왜군의 고양 진입을 막고 권율의 병사 1만여 명이 한강을 건너 행주산성에 집결할 수 있도록 도왔다. 행주산성 전투에도 참전하여 행주대첩을 견인하는 데 힘을 보태기도 했다. 이러한 그의 행적이 조정에 알려

져 직산(천안)현감에 임명되었고 전란이 끝날 때까지 현직에 봉직하면서 이몽학의 난(1596)을 진압하는 데 공을 세워 선조 38년(1605)에 선무원종 2등공신에 책록되었다.

이신의는 광해군 10년(1618) 인목대비(선조의 후비, 영창대군의 친모) 폐위를 반대하다 5년 동안 유배를 갔다. 그 시기에 그는 소나무, 국화, 매화, 대나무를 예찬한 시조 「사우가(四友歌)」를 지었는데 훗날 윤선도(1587~1671)가 지은 「오우가(五友歌)」와 비교되기도 한다. 전 생애 중에 20여 년을 귀양살이하고 10년을 은거하며 살았던 윤선도에게 자연은 현실 속에서의 좌절을 해소해준 유일한 친구였다. 자연을 벗삼아 자기 수행의 계기로 삼으려 했다는 점에서 두 사람의 공통점이 발견된다.

소나무

바위에 서 있는 솔 어엿하여 반갑구나
풍상을 겪었어도 여윈 흔적 전혀 없네
어찌해 봄빛을 쪼여도 그 모습이 같은가

국화

동쪽 울밑 심은 국화 귀한 줄을 뉘 아는가
봄빛을 마다하고 된서리에 홀로 피니
오오라 청고한 내 벗은 너 말고는 없구나

매화

하 많은 꽃 중에서 매화를 심는 뜻은
눈 속에 흰 빛으로 꽃이 피기 때문이라

더더욱 그윽한 향기는 귀하고도 귀하네

대나무
백설이 잦은 날에 대를 보려 창을 여니
온갖 꽃 다 져버리고 대숲만 푸르구나
때마침 부는 청풍을 반기면서 춤추네

덕양 기준과 고봉 기대승

고양팔현으로 문봉서원에 제향된 인물 중에 고양을 대표하는 행주
기씨 가문의 기준(1492~1521)이 있다. 그는 조광조(1482~1519)를 따르는
신진 사림의 일원이었다. 조광조는 무오사화 때 부관참시 당한 김종직
의 제자로 반정을 통해 연산군을 폐위시키고 조선 제11대 왕위에 오른
중종(재위 1506~1544)이 신진 사림을 등용해 개혁의 동력으로 삼고자 했
을 때 중종에 의해 발탁된 개혁의 아이콘이었다.

조광조를 비롯한 신진 사림은 연산군에 의해 파괴된 유교적 정치질서
를 회복하고 대의명분과 오륜을 존중하는 성리학의 장려에 힘썼다. 또
중국의 왕도정치를 이상으로 하는 이른바 지치주의(至治主義) 정치를 실
현하기 위해 현량과 설치, 소격서 폐지, 향약 실시 등을 추진하였다.

훈구 세력을 압박하기 위해 반정공신 위훈 삭제를 주장하기도 했는
데 이들의 개혁정책으로 입지가 불안해진 훈구 세력은 조광조 일파가
붕당을 지어 나라를 어지럽혔다는 이유로 사림파를 제거하려 하였다.
마침 조광조의 개혁에 피로감을 느낀 중종이 이에 동조함으로써 1519

덕양서원. 고양시 덕양구 성사동에 있는 덕양서원은 행주 기씨 선산인 도선산에 2002년 건립되었다. 행주 기씨를 다시 일으킨 기건을 비롯하여 기찬, 기준, 기대승, 기자현, 기정진 등 6현을 제향하였고 2005년에 조광조와 정지운을 배향하였다.

년 11월 조광조 일파는 한밤중에 갑작스런 왕명에 의해 실각했다.

'기묘사화'라 부르는 이 사건으로 조광조는 붕당의 수괴로 몰려 사사당하고 김식은 자결했으며 기준, 김정, 한충 등은 중종 16년(1521) 안처겸의 옥사 때 추죄되어 죽음을 당했다.

중종이 죽고 인종(재위 1544~1545)이 즉위하자 기묘사화의 희생자들이 제일 먼저 신원되었다. 기준은 문민(文愍)이라는 시호를 받고 기묘명

현에 이름을 올렸다.

　기준의 형 기진(1487~1555)도 조광조의 문인이었다. 그는 스승과 동생의 죽음에 상심하여 도학정치의 꿈을 접고 처가가 있는 전라도 광주로 내려가 은거했다. 그래서 기진의 아들이자 기준의 조카인 기대승(1527~1572)은 고양이 아닌 광주 광산 너브실마을에서 태어났다. 그는 당대 최고의 성리학자 퇴계 이황(1502~1571)과 '사단칠정론'을 놓고 팽팽한 논쟁을 벌인 사상가로 유명한데 율곡 이이(1536~1584)의 학문에도 지대한 영향을 주는 등 율곡학파의 선구자로 알려져 있다. 기대승의 호는 고봉이고 기준의 호는 덕양이다. 오늘날 고양의 어원이 된 고봉산과 덕양산을 자신의 호로 삼을 만큼 행주 기씨의 정체성은 확고했다.

반구정길

5판서 3정승을 역임한 황희

평화누리길 8코스 반구정길은 황희 정승이 갈매기를 벗 삼아 여생을 보냈다는 반구정(伴鷗亭)을 출발하여 율곡습지공원까지 13킬로미터를 임진강을 끼고 민통선을 따라 걷는 길이다. 들길과 산길로 이어진 파주 관내 네 개의 평화누리길 중 세 번째 구간이다. 출발지 반구정의 정식 명칭은 '황희 선생 유적지'이다. 반구정 이외에 재실인 경모재, 영정을 모신 영당, 업적과 유품을 전시한 방촌기념관 등이 있다.

황희(1363~1452)는 개성에서 태어났지만 본관은 장수이고 그의 조상은 대대로 남원에서 살았다. 그가 남원에서 유배 생활을 할 때 지었다는 정자 광통루가 『춘향전』의 무대인 광한루이다. 그의 무덤은 반구정에서 멀지 않은 파주시 탄현면 장수 황씨 선산에 있다. 도로명주소를 검색하니 탄현면 정승로 88이라고 알려준다.

그의 이름 뒤에는 언제나 '정승'이라는 호칭이 붙는다. 영의정 18년,

좌의정 5년, 우의정 1년 등 총 24년을 정승으로 재직했기 때문이다. 영의정 18년은 조선에서 가장 오랫동안 봉직한 기록이다. 그만큼 그는 태종과 세종의 신임을 받으며 조선이 건국의 초석을 다지고 왕권을 강화하는 데 크게 공헌하였다.

황희의 재상 리더십에 관한 논문 중 「황희의 재상 역할에 대한 후대의 평가」가 눈길을 끈다. 논문의 저자인 김문준 교수는 "조선 초 지식인은 정몽주-길재로 이어지는 도학자 계열과 정도전-권근으로 이어지는 경세가 계열로 분리되는데 황희는 정도전과 권근과 같은 계열의 현실 경세가로 활약했다."고 분석했다.

그러면서 황희는 능력 있는 원로로서 임금과 신하, 임금과 백성 간의 조정을 이끌어내어 사업이 원만히 이루어지도록 하는 역할을 잘 했다고 평가했다. 이러한 점에서 황희는 조정자형 재상으로 분류할 수 있다. 국정을 수행하는 과정에서 구성원들 간의 갈등이나 이해관계, 정파 간의 대립을 효과적으로 조정한 재상이라는 것이다.

재상이 국정 전반의 실질적인 조정자가 되려면 임금에게는 간언을 잘 해야 하고 관리들에게는 원만하면서도 엄격한 관리자가 되어야 한다. 조선 선비들이 황희를 명재상으로 평가한 이유는 무엇보다 그가 간언을 잘 했기 때문이었다. 조광조는 황희 정승이 세종의 잘못들을 그대로 따르지 않고 드러내어 고치게 한 점을 높게 평가하였다.

황희에 대한 역사적 평가는 재상으로서 탁월하다는 평가와 현신(賢臣)이지만 도학적 견지에서 볼때 미흡하다는 평가가 있다. 장유(1587~1638)와 허목(1595~1682) 그리고 이이(1536~1584)와 허균(1569~1618) 등이 황희에 대한 평가를 남겼는데 장유와 허목은 황희를 명재상

반구정. 파주시 문산읍 사목리에 있다. '갈매기를 벗 삼은 정자'라는 뜻이다. 한국전쟁 때 소실된 것을 최근에 개축하여 완전 복원하였다. 허목이 쓴 「반구정기」를 보면 '정자는 파주에서 서쪽으로 15리 지점에 있는 임진강 하류에 위치하는데 매일 조수가 나가고 뭍이 드러나면 하얀 갈매기들이 날아든다. 주위가 너무도 펀펀하여 광야도 백사장도 분간할 수 없고 9월이면 철새들이 첫선을 보이기 시작하며 서해의 입구까지 30리가량 된다'고 기록하였다.

으로 평가했고 이이와 허균은 황희가 현신이기는 했으나 도학적으로 사업을 이루는 측면에서는 미흡했다는 평가를 남겼다. 허목은 「반구정기」에서 황희의 탁월함을 이렇게 표현하였다.

> 황희의 업적과 공렬에 대해서는 지금까지 무지한 촌부들조차 모두 칭송하고 있다. 황희는 나아가 조정에 벼슬할 때에는 선왕(세종)을 잘 보좌하여 나라를 다스리는 강령을 확립하고 백관을 바로잡았으며, 현명하고 유능한 사람들에게 직책을 주어 사방에는 우환이 없고 백성들이 생업을 즐겼으며, 물러나 강호(江湖)에서 노년을 보낼 때에는 화락하게 갈매기와 함께 어울려 살며 세상의 벼슬을 뜬구름처럼 여겼으니, 대장부의 일은 그 탁월함이 의당 이러하여야 한다.

반구정에서 임진강과 너른 백사장을 조망하고 내려와 본격적으로 걷기 시작하면 한 시간도 안 되어 임진강역과 임진각에 도착한다. 임진강역은 경의중앙선 최북단 역으로 민간인이 자유롭게 출입할 수 있는 우리나라의 마지막 역이다. 더 가면 도라산역이 나오지만 거긴 민간인 출입 통제 구역이라 출입 수속을 밟아야 갈 수 있다.

임진각 주변은 1950년 한국전쟁의 상흔이 그대로 남아 있는 곳이다. 전쟁 초기에 폭파된 임진강 철교와 북한군에게 포로로 잡힌 국군과 유엔군 12,773명이 자유를 찾아 건너왔다는 자유의 다리 그리고 경의선 장단역에서 피폭된 증기기관차가 예전 모습 그대로 분단을 증거하고 있다. 특히 실향민들이 고향을 향해 제사를 지내는 망배단의 추념 행사는 참가 인원이 갈수록 줄고 있으며 실향민보다는 탈북자의 참여율이 더 높다고 한다.

학문으로 맺은 귀한 인연의 기록

보물 제1415호로 지정된『삼현수간(三賢手簡)』이라는 서한집이 있다. 고양팔현 못지않게 유명한 파주삼현이 주고받은 편지를 모아서 엮은 책이다. 파주삼현은 이이(1536~1584), 송익필(1534~1599), 성혼(1535~1598)을 일컫는다. 이들은 연배가 비슷하여 스무 살 무렵부터 300여 년 동안 주요 사안에 대해 편지를 주고받으며 의견을 나눴다. 세 사람 모두 파주에서 살았기에 잦은 만남과 편지 왕래가 가능했다. 이이는 파평군 율곡리에, 성혼은 눌노리에, 송익필은 교하읍 산남리에 거주했다.

국가유산청에서는『삼현수간』을 '학문으로 맺은 귀한 인연의 기록'이라고 소개하고 있다. 젊었을 때부터 함께 학문을 연마한 세 사람은 도의지교(道義之交)를 맺은 사이로 이들이 나눈 학문적 교유와 참된 우정이 잘 나타나고 있는 것이『삼현수간』이라는 것이다.

특히 송익필이 집안 내력(원래 서출이라는 신분과 아버지 송사련이 안처겸의 모반 사건 조작과 관련된 기묘사화에 연관되어 죽음)으로 천민의 신분으로 환천되었음에도 불구하고 세 사람이 돈독한 우정을 유지한 것은 매우 이례적이라고 평가하였다.

『조선의 숨은 왕』의 저자 이한우는 이들의 우정을 당파성으로 해석했다. 명종(재위 1545~1567)의 처남인 심의겸(1535~1587)이 파주 광탄에 살면서 이들을 후원하였는데 파주의 이 네 청년이 일찍부터 한 무리가 되어 조정 일에 개입을 시도한 것이 서인(西人)의 출발이었고 이 무리에 이이의 친구인 정철(1536~1593)이 가세하여 서인의 당파성을 더욱 확고히 했다는 것이다. 파주의 네 청년 중 이한우가 주목한 인물은 송익필이다. 그가 이 무리의 좌장이었기 때문이다. 나아가 인조반정 이후 조선을 지배한 서인-노론-벽파의 중심에 항상 송익필이 있었기 때문이다. 그래서 그는 송익필을 '조선의 숨은 왕'이라 칭했다. 그의 영향력은 조선이 망할 때까지 300년 동안 계속되었다는 것이 그의 주장이다.

이이와 성혼에게 송익필은 스승 같은 벗이었다. 송익필은 당대 팔문장(八文章 : 송익필, 백광훈, 윤탁연, 이산해, 이순인, 최경창, 최집, 하응림)의 한 사람이었고 시의 산림삼걸(山林三傑 : 송익필, 김시습, 남효온)로 일컬어질 정도로 문장이 뛰어났다. 성리학에도 조예가 깊어 조선 최초의 학술서적인「태극문」을 지었으며 이이도 인정할 만큼 성리학에 해박한 식견을 가지고 있었다.

무엇보다도 조선시대의 예학서 가운데 관례, 혼례, 상례, 제례의 4례를 모두 갖춘 최초의 주석서인『가례주설』을 지었으며 이이, 성혼, 정철을 비롯하여 김장생 등의 여러 제자들과 예(禮)에 관해 강마(講磨)했던 예학서『예문답』을 저술하였다.

이처럼 학문적 경지가 높았던 송익필은 이이와 성혼에게 출처의리(出處義理)에 대한 자신의 의견을 피력하고 성리학과 예학, 경세관과 수양방법 등에 있어서의 실천 방안을 조언하였다. 그래서『삼현수간』은 주로 이이와 성혼이 묻고 송익필이 대답하는 내용으로 채워져 있다. 송익필과 성혼은 예학과 수기(修己)에 관한 편지를 주고받았고 송익필과 이이는 국가 기강의 방책을 대비하고 세도(世道)를 바로잡으라고 권면하는 편지를 주고받았다.

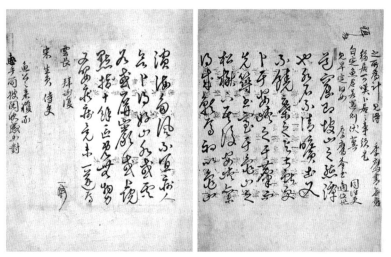

『삼현수간』 중 송익필이 이이에게 보낸 편지. 이이, 송익필, 성혼이 주고받은 편지를 엮은 책 『삼현수간』에는 송익필이 성혼과 이이에게 보낸 편지가 27통, 성혼이 송익필에게 보낸 편지가 49통, 이이가 송익필에게 보낸 편지가 13통, 송익필이 김장생 등에게 보낸 편지가 9통 등 총 98통의 편지가 수록되어 있다.

조선의 통치이념이 된 예학

평화누리길 6코스 출판도시길은 정규코스와 순환코스가 있다. 순환코스는 주로 심학산 둘레길을 걷는 코스이다. 지난해(2024) 작고한 풍수학자 최창조 교수가 파주 교하를 통일한국의 수도로 삼아야 한다고 주장하면서 '조산(朝山, 혈의 앞쪽에 위치하고 있는 산)'으로 언급했던 산이 심학산이다. 풍수지리에서는 혈의 요건으로서 조산이 반드시 필요하며 조산의 모양에 따라 길흉화복이 달라진다고 한다.

심학산 들머리에 '돌곶이'라는 지명이 있다. 돌곶이의 동쪽을 동패리, 서쪽을 서패리라 부르고 남쪽을 산남리라 부른다. 산남리에 송익필의 집터가 있다 하여 찾아갔다. 주소지는 이미 개발되어 흔적을 찾을 수 없었고 주소지 근처에 유허기념비가 세워져 있었다.

송익필은 스승 없이 독학으로 성리학을 공부하고 그 이치를 스스로 깨달을 만큼 뛰어난 지적 능력의 소유자였다. 당시 조선의 성리학은 중국의 주자학을 단순히 이해하고 수용하던 수준에서 벗어나 독자적인 해석을 추구하던 시기였다. 성리학자들이 사변적 탐구에 치우쳐 현실 문제를 소홀히 하고 있을 때 송익필은 실천 중심의 성리학을 연구하여 예학(禮學)으로 정립했다.

1560년 가을, 27세의 송익필은 13세의 김장생(1548~1631)을 첫 제자로 받아들였다. 김장생의 아버지는 훗날 대사헌에 오르는 김계휘(1526~1582)인데 송익필에게 천출 논란이 있었음에도 오로지 학문적 성취만 보고 자식을 맡겼다. 심학산 자락에서 구봉학맥은 이렇게 시작되었다.

김장생은 송익필에게 『예학』과 『근사록』을 배우고 스무 살 이후에는 이이에게 학문을 배웠다. 그는 두 스승이 이룩한 시대의 성과를 이어받아 예학을 자신의 학문으로 체계화하고 정리하였다. 김장생이 예학에 특히 관심을 가진 이유는 모든 인간이 어질고 바른 마음으로 서로를 도와가며 함께 살아갈 수 있도록 개개인의 행동방식을 구체적으로 규정하는 질서가 필요한데 그것을 실천할 수 있는 것이 예(禮)라고 여겼기 때문이다.

그러나 김장생이 정리하고 체계화한 예학은 학문의 차원을 넘어 조선을 다스리는 통치이념이 되었다. 임진왜란과 병자호란으로 신분 질서와 경제 질서, 사상 질서까지 모든 사회질서가 무너진 조선은 시급

송익필 유허기념비. 파주시 교하읍 산남리 심학산 자락에 있다. 이곳에서 멀지 않은 곳(약 30미터)에 송익필이 태어나 살았던 집터가 있었다고 하는데 지금은 주변에 건물이 들어서 유허기념비를 찾는 데도 애를 먹었다. 심학산의 옛 이름은 구봉산이며 송익필의 호도 구봉이다.

하게 이 무질서를 예학이라는 실천규범으로 바로잡고자 했다. 이이, 성혼, 송익필 문하의 제자였던 김장생과 김집 그리고 이들의 문인이었던 송시열과 송준길 등이 정치세력으로 성장하면서 서인으로 자리 잡은 것도 송익필이 심학산에서 홀로 깨우친 예학이 있어 가능했다.

율곡길

파해평사

파주의 옛 지명을 보면 백제와 고구려에서는 파평을 '파해평사(坡害平史)', 문산을 '술이홀(述爾忽)', 교하를 '어을매곶(於乙買串)'이라 불렀다. 파해평사는 강둑의 평평한 언덕을 의미하고 술이홀은 우두머리라는 뜻의 '수리'에 고을 '홀'을 붙여 큰 고을로 해석하는 견해와 '수리재'의 이두식 표기로 봉우리로 보는 견해가 있다. 어을매곶은 물이 모여 큰물로 흐르는 강가의 돌출된 곳 정도로 해석된다.

신라 경덕왕의 한화정책(신라의 관직 이름과 지방행정 지명을 모두 중국식으로 바꾼 것)으로 파해평사는 파평(坡平)으로 줄여 부르게 되었고 술이홀은 봉성(峰城)으로, 어을매곶은 교하(交河)로 개명되었다. 조선 태종 때(1414) 이 세 지역을 합쳐 원평도호부라 했는데 세조의 부인인 파평 윤씨가 왕비(정희왕후)가 되면서 파평이 파주목으로 승격(1460)되어 파주라는 지명을 갖게 되었다.

평화누리길 9코스 율곡길은 파해평사 즉 강둑의 평평한 언덕길을 고즈넉이 걷는 코스이다. 율곡습지공원을 출발하여 연천군과의 경계인 장남교까지 임진강을 거슬러 올라가는 19킬로미터의 노정인데 파평면의 여러 마을을 통과한다. 율곡리, 두포리, 금파리, 눌노리, 장파리, 장좌리, 자장리, 두지리, 원당리의 산길과 강길, 들길을 지난다.

평화누리길 9코스가 율곡길로 명명된 것은 이 길의 주인공이 이이(1536~1584)이기 때문이다. 또 이이와 도의지교를 맺은 눌노리 출신 성혼(1535~1598)의 이야기도 빼놓을 수 없다. 더불어 조선왕조에서 여섯 명의 왕비를 배출한 파평 윤씨의 관향인 만큼 문중의 역사도 궁금하다.

파평면 율곡리는 덕수 이씨의 세거지로 이이의 조상이 대대로 살아온 마을이다. 조부를 비롯한 선대의 묘소가 이곳에 있다. 마을 앞으로 임진강이 흐르고 마을 뒤로는 임진강 줄기 따라 산줄기가 이어진다. 그 산에 유난히 밤나무가 많아 밤골(율곡)이라 하였다.

율곡리에서 멀지 않은 법원읍 동문리 사방산 자락에 이이의 유적지가 있다. 이이는 선대로부터 이곳의 전토(田土)를 물려받았다고 하는데 생가가 이곳에 있었는지는 알 수 없다. 유적지에는 그의 가족 묘역과 자운서원, 묘정비, 신도비 등이 있다. 가족 묘역에는 이이 부부묘 2기를 비롯하여 부모(이원수와 심사임당) 합장묘 1기, 큰형 이선 부부 합장묘 1기, 큰아들 이경림 묘 1기 등 모두 13기의 묘가 조성되어 있다.

이이의 제자들과 파주 유림들이 자운서원 건립을 추진했던 광해군 연간은 영창대군 추대와 관련된 계축옥사(북인이 영창대군과 반대 세력을 제거하기 위해 1613년에 일으킨 옥사)의 여파로 서인이 박해를 받던 시기였다. 서인의 주축을 이루었던 이이의 문인들은 서원 건립을 통해 자신들의 당파적 결속을 다지고 정치적 기반을 마련하여 향후 재기의 기회를 모색하려 하였다. 이러한 목적에서 광해군 7년(1615) 이이의 제자인 김장생의 주도로 자운서원이 창건되었다.

자운서원보다 47년 앞선 선조 원년(1568) 파평면 눌노리에 파산서원이 세워졌다. 파산서원의 건립을 주도한 사람은 당시 32세의 이이와 그의 스승인 백인걸(1497~1579)이다. 스승 없이 조광조를 사숙하던 이이는 조광조의 문하생인 백인걸을 찾아가 수학하였고 백인걸의 문하에서 평생 친구 성혼을 만나 도의지교를 맺었다. 성혼은 조광조의 또 다른 문인인 성수침(1493~1563)의 아들이자 제자이기도 했다.

조선에서의 서원은 중종 38년(1543) 풍기군수 주세붕이 고려 말 학자 안향을 배향하고 유생을 가르치기 위하여 세운 백운동서원이 효시이다. 백운동서원은 1550년 풍기군수 이황(1502~1571)의 요청에 의해 명종이 소수서원이라는 친필 현판을 내려줌으로써 최초의 사액서원이 되었다.

파산서원이 있는 눌노리 동쪽에는 감악산이 있고 맞은편에는 파평산이 마을을 병풍처럼 둘러싸고 있다. 서원의 뒷산 이름이 파산(坡山)이라 파산서원이라 하였으며 서원 앞으로 소개울이 흘러 우계(牛溪)라 하였다. 우계는 감악산과 파평산에서 발원한 개울이 임진강으로 흘러 들어가는 하천으로 지금은 눌노천이라 부른다. 성혼은 이 하천의 이름 우계를 자신의 호로 삼았다.

파산서원에는 성혼과 성혼의 아버지 성수침, 작은 아버지 성수종(1495~1579) 그리고 성혼의 스승이자 파산서원을 세운 백인걸이 배향되어 있다. 성혼을 제외한 나머지 세 사람은 모두 조광조의 문인이다. 기

자운서원과 송시열이 지은 묘정비. 자운서원은 이이의 위패와 영정을 모신 곳이다. 이이 사후 30년이 지난, 1615년(광해군 7)에 그의 제자 김장생이 주도하여 건립했다. 효종 원년(1650)에 효종으로부터 '자운'이라는 친필 현판을 받았으며 숙종 39년(1713)에 김장생과 박세채를 추가로 배향하였다. 고종 8년(1871) 흥선대원군의 대대적인 사원 철폐령 때 훼철되었다가 1970년에 복원되었다.

묘사화(1519)로 조광조가 죽자 벼슬길을 단념하고 파주에 은거하였다.

성혼은 창녕 성씨로 사육신의 한 사람인 성삼문과 생육신의 한 사람인 성담수(성삼문의 6촌 동생)와 같은 집안이다. 그런데 성혼 집안의 내력을 살펴보니 덕수 이씨인 이이 집안과 통혼한 사실을 알게 되었다. 이이의 재종부, 즉 아버지 이원수의 5촌 당숙으로 명종 때 영의정을 지낸 이기(1476~1552)의 외가가 창녕 성씨 집안이었던 것이다. 성담수는 그의 외숙부였다. 뿐만 아니라 성혼 집안은 파평 윤씨와도 통혼하여 성혼의 외가가 파평 윤씨였고 사위도 파평 윤씨 집안에서 맞았다.

성혼의 어머니 파평 윤씨는 윤사원(정현왕후의 조카)의 딸이며 사위 윤황(1572~1639)은 조광조의 스승인 윤탁(1472~1534)의 고손자로 성혼의

파산서원. 파산서원은 선조 원년(1568)에 이이와 그의 스승 백인걸의 주도로 창건되었다. 경상도 순흥(영주시)에 세워진 백운동서원의 영향을 받았다. 창건된 지 82년 만인 효종 원년(1650)에 효종으로부터 친필 현판을 받아 자운서원과 함께 사액서원이 되었다. 자운서원이 흥선대원군의 사원 철폐령으로 훼철된 것과 달리 파산서원은 존속된 47개 서원 중 하나이다.

제자이기도 했다. 조선의 세 명문가가 파주의 작은 동네 파평에 모여 살았으니 서로 교유하고 통혼하는 것은 지극히 자연스러운 일이었다.

서원의 전성시대

여기서 성혼의 사위 윤황을 눈여겨 볼 필요가 있다. 그의 아들 윤선거(1610~1669)와 손자 윤증(1629~1714)이 서인을 노론과 소론으로 분화시키는 데 결정적인 역할을 했기 때문이다.

서인은 『삼현수간』 주인공 중 이이와 성혼을 종장(宗匠)으로 하는 당파이다. 신분적 흠결(천출 논란) 때문에 송익필을 종장으로 내세울 수는

파평 윤씨 용연. 파평 윤씨 시조인 윤신달(893~973)의 탄생설화가 전해오는 연못이다. 파평면 눌노리에 있다. 윤신달은 왕건을 도와 고려를 개국하는 데 공을 세운 벽상삼한 익찬공신 29인 중 한 명이다. 연못에서 떠오른 옥함 속에 들어 있었다는 그의 탄생설화는 그가 신라의 토착 세력이 아니라 외부에서 이주해온 신흥 세력임을 암시한다. 발해인들이 대거 고려로 망명했을 때 귀부하지 않았나 추측된다.

없었지만 그의 학문과 사상이 서인의 뿌리였음을 굳이 숨기지는 않았다. 파주 삼현의 학문과 사상은 김장생과 김집, 윤황 등을 통해 송시열, 송준길, 윤선거로 이어졌고 기호학파의 근간을 이루었다.

윤선거는 성혼의 외손자였으므로 당연히 성혼의 학문을 계승했다. 또 집안과 교류가 많았던 김장생과 그의 아들 김집의 문인이었기에 이이의 학문도 수혈받았다. 학통을 중시하는 조선 사회에서 서인들의 정통 학통을 제대로 이은 것이다. 때문에 당시 주목받기 시작한 비슷한 연배의 젊은 사대부들, 권시, 유계, 이유태, 윤휴, 송시열 등과 활발히 교류하며 학문의 지평을 넓혀 나갔다.

이들과의 관계는 학연으로 시작해 혈연으로까지 연결되었다. 권시(1604~1672)는 아들 윤증의 장인이 되었고 송시열(1607~1689)은 친형 윤문거의 아들 윤박의 장인이 되었으며 윤선거의 누이는 윤휴(1617~1680)의 처남인 권준의 부인이 되었다. 윤선거 입장에서 보면 이들과 모두 사돈을 맺은 것이다. 이들과 함께한 10여 년 동안 윤선거의 학문 활동은 유계와 『가례원류』를 편찬하고 송시열, 이유태, 유계와 고례를 연구했으며 성혼과 정철의 「연보」를 편찬한 것 등이었다.

윤증은 윤선거로부터 성혼의 학문을 물려받았고 송시열 문하에서 이이와 김장생의 학문을 전수받았다. 이런 윤증의 학문적 성취는 이미 20대 후반부터 상당한 명망을 얻고 있었는데 조정으로부터 끊임없이 여러 관직을 제수받았지만 한 번도 출사하지 않아 더욱 유명해졌다. 그가 제수받은 벼슬은 공조좌랑, 사헌부 지평, 세자시강원 진선, 사헌부 장령, 집의, 호조참의, 대사헌, 찬선, 이조참판, 우참찬, 이조판서, 좌참찬, 좌찬성, 우의정 등이다.

그러나 숙종 7년(1681) 회니시비(懷尼是非)라 하여 사제관계인 송시열과 윤증 간의 불화가 급기야 스승을 배반한 죄로 윤증이 고발당하는 지경에 이르자 정치적 분쟁으로 비화되었다. 이때 송시열을 지지하는 세력은 노론이 되었고 윤증을 따르는 세력은 소론이 되었다.

회니시비의 가장 큰 원인은 복제 논쟁과 북벌대의를 두고 송시열과 대립한 윤휴를 두둔했다가 송시열로부터 굴욕에 가까운 모욕을 당했던 윤선거가 사망한 후에도 묘갈문을 통해 여전히 조롱을 당하자 이에 반발한 윤증이 스승인 송시열과 절교를 선언함으로써 비롯된 것이다.

윤선거와 그의 아내 공주 이씨(1607~1637)의 합장묘는 탄현면 법흥리에 있다. 장인 이장백 부부묘와 나란히 있는 것으로 보아 병자호란 때 강화도에서 자결한 아내에 대한 배려가 아니었을까 생각된다.

공주 이씨는 병자호란이 발발하자 남편을 따라 시어머니와 자녀(9세 윤증과 10세 딸)를 데리고 강화도로 피난 갔다가 강화도가 청군에 함락되자 스스로 목숨을 끊었다. 윤선거도 함께 죽으려 했으나 노모와 자식들 때문에 차마 죽지 못하고 도망쳤다. 윤선거는 이러한 사실을 평생 부끄러워하며 살았다. 송시열은 윤선거의 묘갈문을 쓰면서 이 사실을 조롱했기에 윤증의 반발을 산 것이다.

숙종 7년(1681) 회니시비가 한창일 때 공주 이씨는 정경부인으로 봉해지고 정려를 하사받아 논산 노성의 파평 윤씨 집성촌에 정려각이 세워졌다. 또 숙종 9년(1683)에는 파주 지역 유생들의 주창으로 윤선거를 배향하기 위해 교하읍 금성리에 신곡서원을 건립했다. 신곡서원은 숙종 21년(1695)에 숙종으로부타 친필 현판을 받아 사액서원이 되었다.

소론이 윤선거를 추승하며 파주에 집결하자 송시열은 숙종 9년

(1683) 자운서원에 묘정비를 세우고 해주에 살고 있던 이이의 후손을 파주로 이주시켜 서원의 관리를 맡겼다. 자운서원을 통해 노론의 지지 세력을 끌어들이기 위함이었다. 자운서원은 송시열의 의도대로 노론을 지지하는 파주 사람의 여론을 모으는 거점 구실을 하였다.

조선 제19대 국왕 숙종은 45년 10개월을 재위(1674~1720)하여 51년 7개월을 재위(1724~1776)한 영조 다음으로 오래 왕위를 영위한 임금으로 기록되어 있다. 그는 재위 기간 동안 세 차례에 걸쳐 집권 정당을 교체하는 이른바 환국정치를 단행하였는데 이는 붕당의 힘을 약화시키고 왕권을 강화하기 위함이었다.

숙종 연간에 166개의 서원이 건립되었다. 그중 105개가 왕이 친필 현판을 내려주는 사액서원이었다. 과히 서원의 전성시대라 할 만했다. 사원이 급속하게 증가한 것은 붕당정치 때문이었다. 사림의 집권과 함께 형성된 붕당은 정쟁의 방식이 학문에 바탕을 둔 명분론과 의리를 중심으로 전개되었으므로 당파 형성에 학연이 절대적으로 작용하였다.

그러므로 학연의 매개체인 서원이 당파 형성에 중심적인 역할을 하였는데 각 당파에서는 당세 확장 방법으로 지방에 서원을 세워 그 지역 사림과 연결을 맺고 이를 자기 당파의 지지 세력으로 확보하려 하였다. 이런 당파적인 차원에서 본다면 자운서원은 노론 사림의 서원이었고 파산서원과 신곡서원은 소론 사림의 서원이었다.

1871년 흥선대원군의 대대적인 사원 철폐령이 시행되기 전까지 전국에 서원은 417개, 사우는 492개가 있었다. 그중 서원 166개와 사우 174개 등 모두 340개가 숙종 연간에 건립된 것이다. 흥선대원군은 먼저 사액서원이 아닌 서원부터 철폐하였고 사액서원일지라도 1인 1원

율곡길

(一人一院) 이외의 첩설서원은 모두 철폐하도록 명하였다. 이때 47개가 존치되었는데 서원이 27개, 사우가 20개였다.

1인 1원의 원칙에 따라 이이를 배향한 서원으로 황해도 배천의 문회서원이 선정됨에 따라 자운서원은 훼철되었고 윤황과 윤선거를 배향한 서원은 충청도 노성의 노강서원이 선정됨으로써 신곡서원도 훼철되었다. 성혼을 배향한 파산서원만 훼철되지 않고 살아남았다.

임진적벽길

〈태령십청원도〉

평화누리길 12코스 임진적벽길은 연천을 관통하는 임진강을 거슬러 올라가며 자연이 만든 천혜의 절경을 조망하는 길이다. 높이 40미터, 길이 1.5킬로미터에 달하는 수직 절벽이 임진강을 따라 병풍처럼 펼쳐저 있다. 한반도 내륙에서 볼 수 있는 강안 주상절리이다.

주상절리는 단면이 다각형 기둥 모양인 절리를 말한다. 용암대지에 임진강 물이 흘러들면서 절리면을 따라 침식되어 수직 절벽이 형성된 것이다. 이 단애절벽이 중국 황주의 적벽을 닮아서 적벽길이라 했는지 아니면 소동파의 『적벽부』를 모방하여 적벽길이라 했는지 모르겠으나 가을이면 절벽 틈 단풍이 붉게 물들어 저절로 적벽이 된다.

태종 13년(1413) 태종은 지방 군현의 명칭을 대대적으로 개정하였다. 고려 후기에 무질서하게 승격되었던 군현의 이름 가운데 '주(州)'가 있는 지명을 모두 '산(山)' 또는 '천(川)'으로 고친 것이다. '주'는 원래 대읍(大

〈태령십청원도〉. 허목의 고택 은거당 그림이다. 허목은 초가집 마당에 열 가지의 늘 푸른 나무를 심어 십청원을 가꾸었고 기이하게 생긴 돌을 모아 괴석원을 꾸몄다. 허목의 나이 84세 때(1678) 그의 집이 불타자 숙종이 새 집을 지어주었다. 사람들은 이 집을 은거당(恩居堂)이라 불렀다. 김정희의 제자로 허목과 같은 양천 허씨인 허련은 일부러 그의 집을 찾아가 〈태령십청원도〉를 그렸다.

邑)의 호칭이었는데 권문세족들이 자신들의 권세를 높이기 위해 함부로 참칭했던 것이다. 고려의 흔적을 지우기 위함이었다는 견해도 있다.

전국에서 59개 군현의 명칭이 개정되었다. '산'으로 개명된 군현이 23개, '천'으로 개명된 군현이 36개였다. 경기도의 경우 '산'으로 개명한 군현은 없고 '천'으로 고친 군현은 인주→인천, 과주→과천, 수주→부천, 포주→포천, 연주→연천 등 5개이다.

연천에서는 임진강을 연강이라 불렀다. 또 나루마다 부르는 이름이 따로 있어 징파(澄波)나루가 있는 군남면과 왕징면 사이의 강을 징파강이라 하였고 아미산을 끼고 있는 마전의 강을 미강이라 불렀다.

임진강의 하류인 파주가 황희, 이이, 성혼의 자취가 남아 있는 곳이라면 상류인 연천은 허목(1595~1682)의 흔적이 남아 있는 곳이다. 허목은 마포에서 배를 타고 고양 행주의 행호나루와 파주 적성의 자애포구를 거쳐 사흘 만에 연천 징파나루에 도착한 여정을 글로 남겼다.『무술주행기』가 그것이다. 나루에서 멀지 않은 곳에 그의 집이 있었다.

석록산 태령 기슭에 있는 그의 집은 가난한 초가집이었지만 마당에 십청원(十靑園)과 괴석원(怪石園)을 조성했다. 십청원은 열 가지의 늘 푸른 나무를 심어 가꾼 것을 말하며 괴석원은 기이하게 생긴 돌을 모아 정원을 꾸민 것을 말한다. 허목은 이 집에 살면서 임진강을 기행시문의 명소로 만들었다.

소론의 영수로 경종 때(1723) 영의정을 지냈던 최규서(1650~1735)는 아버지가 연천현감으로 근무하던 때인 1665년 71세의 허목을 찾아뵙고 다음과 같은 글을 남겼다. 그때 최규서의 나이는 15세였다.

임진적벽길

세 칸의 띠집이 숲속 그늘에 있었는데 넓은 뜨락 한모퉁이에는 뾰족한 돌무더기를 모아 금강산 모습으로 만들었다. 바위에는 이끼 무늬가 어룽대고 그런 사이에 전서 글씨를 새겼으니 제법 예스러운 모습으로 보였다. 방 안에는 쓸쓸하게 다른 물건은 없었고 더부룩한 눈썹에 성긴 수염은 청고(淸高)한 골상(骨相)이 마치 깡마른 학의 모습 같았다.

허목의 학문을 사숙했던 이익(1681~1763)은 1738년 「은거당 중신기」를 지었고 신유한(1681~1752)은 1739년 연천현감으로 부임하자마자 은거당을 찾아 「허재상의 은거당 정원을 보고 쓴 기문」을 남겼다. 두 사람 모두 남인이었기에 당파의 종장(宗匠)인 허목의 유적을 꼼꼼이 챙겼다.

허목의 나이 84세 때(1678) 그의 집이 불타자 숙종이 새 집을 지어주었다. 왕의 은혜에 감사하며 머문다는 뜻으로 새 집의 당호를 은거당(恩居堂)이라 하였다. 허목과 같은 양천 허씨인 허련은 일부러 그의 집을 찾아가 은거당을 그림으로 남겼다. 〈태령십청원도〉가 그 그림이다.

은거당은 한국전쟁 때 소실되어 지금은 유지(遺址)임을 알리는 표지석만덩그러니 서 있다.

『연강임술첩』

조선의 사대부들에게 북송대 문인 소동파(1037~1101, 본명은 소식)는 늘 선망의 대상이었다. 옥계시사 문집에서 보듯 인명이나 지명, 정자나 집 등의 명칭을 소동파의 행적과 문학작품에서 차용하거나 모방했으며 편지를 쓰거나 날짜 계산에서도 소동파의 생일을 기준으로 삼았다. 그의 생일을 기념하는 시회 모임도 성행했는데 이 모임은 지금도 유지되고 있다.

이산뢰가 삭녕군수로 재직하던 때(1669)에 지었다는 우화정(羽化亭)은 소동파가 지은『전적벽부』에 나오는 시구를 차용한 것이다. '속세를 버리고 우뚝 솟은 듯/날개 돋아 신선이 되어 하늘에 오르는 듯했다(遺世獨立 羽化而登仙)'라는 구절에서 따왔다.

또 징파나루와 징파강도 소동파의 산동지역 봉래각 행적과 관련 있다. 산동성의 봉래십대선경(蓬萊十代仙景) 중에 '만리징파(萬里澄波)'를 맑고 깨끗한 임진강물에 비유한 것이다. 봉래십대선경은 선각능공(仙閣凌空), 신선현시(神仙現市), 만리징파(萬里澄波), 사동연운(獅洞烟雲), 어량가조(魚梁歌釣), 만곡주기(萬斛珠璣), 일출부상(日出扶桑), 만조신월(晚潮新月), 누천적윤(漏天滴潤), 동정함령(銅井含靈)을 일컫는다.

이렇듯 소동파와 관련된 지명으로 임진강을 기행시문의 명소로 만든 사람은 허목이다. 그는 천혜의 자연경관과 소동파를 매개로 임진강을 수준 높은 유람 공간으로 조성했다.

허목의 유지에 부응하듯 1742년(영조 18) 임술년 10월 15일 경기도 관찰사 홍경보(1692~1744)는 경기 동부지역 순시 중에 삭녕 우화정으로 당대 최고의 시인인 연천현감 신유한과 또 당대 최고의 화가인 양천현령 정선(1676~1759)을 불러 연강선유(蓮江仙遊) 행사를 가졌다. 삭녕 우화정에서 연천 웅연까지 임진강 물길 따라 뱃놀이를 즐긴 것이다. 이 행사는 같은 임술년인 1082년, 660년 전 소동파가 황강에서 뱃놀이했던 고사(故事)를 추모하여 재현한 행사였다.

정선은 이 행사의 장면을 〈우화등선(羽化登船)〉과 〈웅연계람(熊淵繫

임진적벽길

纜)〉이라는 그림으로 그렸다. 그림의 제목처럼 삭녕 우화정에서 배를 타고 출발하는 장면과 웅연에 도착하여 닻을 내리는 장면을 담은 것이다. 이 행사의 취지를 밝힌 홍경보의 서문과 신유한의 글「의적벽부(擬赤壁賦)」일부, 그리고 정선의 발문을 합하여 꾸민 서화첩이『연강임술첩』이다. 모두 세 벌을 만들어 각자 1본씩 소장하였다.

정선이 만든 세 벌의『연강임술첩』중 홍경보 소장본이 제일 먼저 세상에 나왔다. 이 서화첩은 홍경보의 서문과 〈우화등선〉, 정선의 발문과 〈웅연계람〉, 그리고 신유한의 글을 각각 액자로 표구하여 원형을 잃은 상태였다. 보존보다는 전시 목적으로 재표구한 것으로 보인다.

2011년 11월 동산방화랑의 '조선 후기 산수화' 기획전에 또 한 벌의 『연강임술첩』이 공개되었다. 정선이 만들 당시의 서화첩 모습 그대로였다. 다만 홍경보의 서문과 신유한의 글이 빠져 있는 것으로 보아 이 서화첩은 정선 소장본으로 추측하고 있다. 한 서화 수집가가 일본으로 반출되었던 것을 되찾아온 것이라 했다.

정선 소장본을 공개하면서 미술사학자 이태호 교수의 논문「새로 공개된 겸재 정선의 1742년작『연강임술첩』」이 발표되었다. 그는 2008년에『옛 화가들은 우리 땅을 어떻게 그렸나』라는 책을 낼 정도로 진경산수와 실제 풍경을 비교 연구한 학자로 유명한데『연강임술첩』속의 실제 풍경을 찾아 임진강을 답사하기도 하였다.

배를 타고 출발하는 삭녕 우화정은 북한 땅에 있으므로 현재의 모습을 알 수 없지만 배가 도착하여 닻을 내린 웅연은 연천에 있어 실제 풍경을 확인할 수 있다.

강을 건너던 나루마다 대부분 다리가 건설된 것처럼 징파나루에도

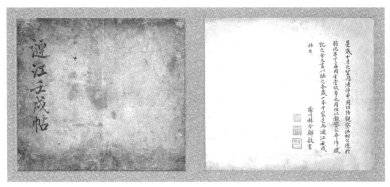

『**연강임술첩**』 **표지와 발문.** 겸재 정선이 직접 발문을 쓰고 〈우화등선〉과 〈웅연계람〉 두 점의
그림을 삽입하여 『연강임술첩』 세 벌을 만들었다.

〈**우화등선(羽化登船)**〉. 삭녕 우화정에서 배를 타고 출발하는 모습을 그렸다.

〈**웅연계람(熊淵繫纜)**〉. 연천 웅연에 도착하여 닻을 내리는 장면을 그렸다.

287   임진적벽길

석문 하석. 허목은 이 바위 밑에 기이한 모양의 웅연석문이 있음을 알려주기 위해 바위에 글씨를 새겼다 이 글씨가 있는 곳이 웅연이라는 말도 덧붙였다.

개안마루에서 조망되는 실제 웅연의 풍경. 겸재 정선의 웅연 뱃놀이 내용이 자세하게 설명되어 있다. 개안마루는 경치가 워낙 뛰어나 장님도 눈을 떴다는 곳으로 정선이 이곳에서의 풍경을 기억했다가 「웅연계람」을 그렸을 것으로 추측하고 있다.

북삼교가 놓여 허목의 집터와 무덤을 수월하게 갈 수 있게 되었다. 북삼교 아래에 바위절벽이 있는데 부엉이가 산다 하여 부엉바위라 불렸다. 한자로는 휴류암(鵂鶹巖)이라 쓴다. 이태호 교수는 이 휴류암을 〈웅연계람〉 그림 중앙에 있는 커다란 바위절벽으로 비정하였다. 즉 징파나루 주변을 웅연으로 본 것이다.

그러나 웅연의 위치를 알게 해주는 정보가 허목의 저서 곳곳에 남아 있고 웅연의 바위절벽에 허목이 직접 쓴 '석문(石文) 하석(下石)' 글씨를 새겨놓아서 이 글씨만 찾으면 웅연의 위치를 바로 확인할 수 있다. 허목은 풍화작용에 의해 웅연 바위에 새겨진 기하학적 무늬를 귀신이 쓴 글이라 하여 신서(神書)라 하였고 그 무늬를 웅연석문(熊淵石文)이라 하였는데 이 석문이 바위 밑에 있다는 것을 알려주기 위해 바위절벽에 '석문 하석' 네 글자를 새긴 것이다.

징파나루와 웅연 사이에 군남댐과 북삼교가 건설되면서 임진강 상류의 풍광도 많이 변했다. 군남댐이 홍수 조절과 농업용수 확보를 위해 담수를 시작함으로써 징파나루의 수량은 거의 여울 수준으로 줄었고 웅연의 바위절벽과 용연석물은 수몰을 피하지 못했다. 그러므로 현재 웅연의 모습은 〈웅연계람〉 속 모습과 다를 수 있다.

또 정선의 진경산수는 실제 대상을 눈앞에 두고 그린 것이 아니라 기억했다가 나중에 그린 것이 대부분이여서 실제 모습과 조금씩 다르다는 것이 통설이다. 더군다나 실경과 닮지 않은 변형 화법을 기억에 의존해서 그린 경우엔 실경과 많이 다르다고 한다. 여기서 변형 화법이란 위에서 내려다본 듯 전경을 포착하는 부감시(俯瞰視) 방식을 말한다.

연천 옥녀봉 〈그리팅맨〉. 유영호 조각가의 작품이다. 처음엔 남북간의 평화를 상징하는 의미에서 남쪽은 경기도 연천군 군남면 옥계리 옥녀봉에, 북쪽은 황해남도 장풍군 고잔상리 마량산에 서로 마주보는 형상으로 설치할 계획이었으나 남북 관계가 경색되는 바람에 실현되지 못하고 2016년 4월 남쪽에만 설치되었다.

미술사학자 이태호 교수는 '정선의 진경산수는 진경이 아니라 선경'이라는 진경 작품론을 주장하였다. 정선의 진경산수가 허목이 추구한 이상세계와 다르지 않다는 것이다.

겸재의 진경 작품이 실경을 닮지 않았다는 사실은 '진경(眞景)'의 의미를 다시 생각케 한다. 실재하는 경치라는 '진경'과 더불어, 참된 경치 '진경'에는 신선경이나 이상향이라는 '선경(仙境)' 의미가 내포되어 있다고 해석된다. 다시 말해서 실제 눈에 보이는 정경은 허상일 수 있다는 개념에 반한 '진경'인 셈이다. 이로 보면 겸재가 실제 풍경을 통해 현실미보다 성리학적 이상을 그리려 했던 것으로 파악된다.

허목은 교통이 불편하고 척박하여 도저히 살 수 없을 것 같은 연천

오지에서 자연과 더불어 성리학적 이상을 꿈꾸며 살았다. 평화누리길 11코스 임진적벽길에서 그 흔적을 만나고 이어지는 12코스 통일이음 길 개안마루에서 눈이 부시도록 아름다운 풍경을 만나니 불편한 교통을 수백 배 보상하고도 남는 곳이 연천이라는 생각이 들었다.

그 마지막 여정에서 거대한 조각상 〈그리팅맨〉을 만난다. 북녘 땅을 향해 인사하고 있는 그리팅맨은 해발 205미터 옥녀봉 정상에 10미터 높이로 서 있다. 유영호 작가의 작품이다.

처음엔 남북간의 평화를 상징하는 의미에서 남쪽은 경기도 연천군 군남면 옥계리 옥녀봉에, 북쪽은 황해남도 장풍군 고잔상리 마량산에 서로 마주 보는 형상으로 설치할 계획이었다. 그러나 남북관계가 경색되는 바람에 설치 계획이 무산되었고 2016년 4월 남쪽에만 먼저 설치되었다.

유영호 작가는 그리팅(Greeting), 즉 인사라는 가장 기본적이고 인간적인 행동을 통해 서로를 이해하고 존중하며 상대를 인정하는 평화와 화해의 메시지를 표현하고 싶었다는 소감을 밝혔다.

대륙세력과 해양세력이 만나는 바다

조강은 한강과 임진강이 합수하는 교하에서부터 김포와 강화를 지나 예성강이 합류하여 교동도 앞 말도(唜島)까지 흐르는 물길을 총칭한다. 말도는 강화의 부속 섬으로 '끝에 있는 섬'이라는 의미로 사용된 명칭이다. 1710년(숙종 36)에 윤두서가 제작한 〈동국여지도〉에는 '말점(末占)'으로 표기되어 있고 1783년 발행된『강화부지』에는 '맗도(末叱島)'로, 1894년『강화부지』에서는 '말도(唜島)'로 표기되어 있다. 한자 표기만 다를 뿐 모두 '말도'라 읽었고 의미도 '끝에 있는 섬'으로 통용되었다. 사실 말도는 바다로 둘러싸인 섬이므로 강이라기보다는 바다라고 불러야 마땅하지만 조수간만의 차가 큰 서해의 특성상 썰물 때면 한강, 임진강, 예성강의 강물이 이곳까지 밀려 내려오므로 조강의 끝을 여기로 비정한 것이 아닌가 생각된다.

말도 이후의 바다를 우리나라에서는 한반도 서쪽 바다라 하여 '서해(西海)'라고 부르고 북한에서는 '조선서해'라 부른다. 그러나 국제 표준의 공식 명칭은 'Yellow Sea', 황해(黃海)이다. 중국에서 장강 다음으로 긴 강인 황하의 토사가 유입되어 바다의 색깔이 누런빛을 띠었기에 황

프랑스의 지리학자 당빌이 1737년에 제작한 「신중국지도첩」. 서해를 황해(黃海, Hoang-Hai) 또는 Mer Jaune(Yellow Sea)라는 명칭으로 표기한 최초의 지도이다.

해라는 이름이 생겼다는 주장이 있는데 이는 사실이 아니다.

황해는 프랑스의 지리학자 당빌(D'Anville)이 1737년에 만든 「신중국지도첩」에 표기한 'Hoang Hai'가 국제 표준이 되면서 공인된 명칭이다. 당빌은 당시 조선의 지방 행정구역 명칭인 황해도(黃海道)가 이 바다와 맞닿아 있고 바다 '海' 자로 표기된 것으로 보아 서해의 이름이 황해인 줄 알고 이 명칭으로 표기한 것이다. 조강과 서해로 둘러싸인 황해도는 황주(黃州)와 해주(海州)의 첫 글자를 따서 만든 행정구역 명칭이다. 경상도(경주+상주), 전라도(전주+나주), 충청도(충주+청주)도 같은 방식으로 만들어졌다. 고려 때는 황해도를 서해도라 불렀다. 그러므로 황해라는

에필로그

명칭과 서해라는 명칭 모두 한반도의 행정구역에서 유래된 것이다.

「신중국지도첩」에는 중국 지도를 포함하여 총 42매의 지도가 실려 있다. 그중에 조선지도 〈조선왕국전도〉도 있는데 이 지도는 김정호의 〈대동여지도〉보다 130여 년 앞서 제작된 것으로 국경 문제를 연구하는 데 아주 중요한 자료이다. 특히 현재 '독도(獨島)'라 부르고 있는 '독섬' 이 조선의 영토로 표시되어 있고 간도를 비롯한 만주 일대까지 조선의 영토로 표시되어 있어 당시 중국이 간도에 대한 조선의 영토권을 인정하고 있었음을 알게 해준다.

당빌의 「신중국지도첩」이 사료적 가치가 높은 아주 중요한 자료임에는 틀림없으나 서해가 엉뚱하게 누런 바다(Yellow Sea)가 되고 서쪽 바다(West Sea)라는 단순한 방위적 개념뿐이라면 나는 이 바다를 '조해(祖海, Cho Hai)' 또는 '조상의 바다'(Ancestral Sea)'라 부르며 바다의 명칭에 역사성을 더하고자 한다. 한강과 임진강, 예성강을 품은 조강의 바다이기도 하지만 우리나라의 중요한 역사가 모두 이 바다에서 전개되었기 때문이다.

한반도에서는 조강(한강)과 더불어 압록강, 청천강, 대동강, 금강, 만경강, 동진강, 영산강이 조해로 흘러 들어가고 중국에서는 요하, 대릉하, 난하, 황하, 회수, 장강이 조해로 흘러 들어간다. 두 나라의 역사만큼 오랜 세월 동안 도도히 흘러온 강물을 모두 품은 이 바다는 대륙 세력과 해양 세력이 각축을 벌이며 역사를 이룩해온 우리 조상들의 바다, 즉 조해가 되기에 부족함이 없다.

서해 또는 황해를 조해로 개명하는 노력과 함께 동쪽 바다라는 방위적 개념의 동해(東海, East Sea) 또한 '독섬의 바다'라는 뜻의 독해(石海,

Dok Hai 또는 Stone Sea)로 개명할 것을 제안한다. 독섬(독도)을 댓섬(竹島)이라 부르며 끊임없이 영토분쟁을 일으켜 주변 바다를 일본해(日本海)로 고착화하려는 일본의 속셈을 알고 있는 이상 선제적으로 바다 명칭을 바꾸어 독섬은 물론이거니와 독해의 주권이 대한민국에 있음을 국제사회에 분명히 알려야 한다.

사실 지리의 명칭을 바꾼다는 것이 얼마나 어려운 일이고 비용이 많이 드는 일인지 잘 안다. 바꾸어야 할 대목이 한두 가지가 아니기 때문이다. '서해안 고속도로', '서해대교', '서해 수호의 날' 같은 지명과 기념일에서의 '서해'는 이미 지리적, 공간적 개념을 넘어 시간적 역사적 개념으로 통용되고 있다. 이를 '조해안 고속도로', '조해대교', '조해 수호의 날'로 바꾸는 일이 어디 말처럼 쉽겠는가? 하지만 지금 시작하지 않으면 시간이 흐를수록 더욱 바꾸기 어려워진다.

또 하나 제안하고 싶은 것은 강화도의 위상에 관한 것이다. 강화도는 천 년 넘게 우리나라의 관문이었다. 뱃길이 번성했던 시절 조강을 통해 한반도 내륙으로 들어가는 갑구지(나루 입구)로서 하루에도 천여 척이 넘는 범선이 이곳을 드나 들며 전국 각지의 물산들을 집하하고 분배하였다.

경제뿐만 아니라 군사와 외교적인 측면에서도 관방 유적이 몰려 있는 군사적 요충지로서 몽골, 후금(청나라), 일본 등과 국운이 걸린 협상을 했던 곳이다. 그 중요성 때문에 조선시대 때는 '나라의 심장' 같다 하여 '심도(沁島)'라 부르기도 했다.

그런 강화도가 1995년 인천직할시에 편입되어 인천광역시 강화군이 되었다. 인천시에 속한 부속 도서로 전락한 것이다. 인천시는 1981

에필로그

년에 인천직할시가 되었는데 1989년 김포군 계양면과 옹진군 소속의 영종도와 용유도가 인천직할시에 편입되었고 1995년에는 강화군과 더불어 옹진군과 김포군 검단면이 인천직할시에 편입되어 인천광역시가 되었다. 행정구역이 기존의 330.41km²에서 강화군(401km²), 옹진군(164km²) 등이 편입됨으로서 3배 가까이 증가한 954.13km²가 되었다. 표면적으로는 재정자립도를 내세웠지만 실상은 정치적 야합의 결과라고 한다.

강화도가 다시 경기도로 환원되어 우리 역사에서 차지했던 위상을 되찾았으면 하는 바람이다. 재정 자립도 차원이라면 신도시 조성으로 인구가 폭발적으로 증가하고 있는 경기도 김포시와의 통합도 고려해볼 만하다. 대도시 특례를 받고 있는 김포시의 인구는 벌써 50만이 넘었다. 강화도가 섬에서 탈출할 수 있었던 것도 김포와 연결된 두 개의 다리(강화대교, 초지대교) 때문이므로 생활권도 김포와 일치한다. 무엇보다도 통일한국의 위상을 생각한다면 김포와 강화가 가지고 있는 무한한 잠재력을 하나로 결집시킬 필요가 있다.

고재형,『역주 심도기행』, 도서출판 아진, 2008

김병욱 외,『김포 정명 1260년, 기원을 말하다』, 김포문화재단, 2017

김성호,『중국진출 백제인의 해상활동 천오백년』(1, 2), 맑은소리, 1996

김세정,『양명학, 돌봄과 공생의 길』, 충남대학교출판문화원, 2020

김영수,『건국의 정치』, 이학사, 2006

김종학,『개화당 기원과 비밀외교』, 일조각, 2017

김진균,『추금 강위 평전』, 소명출판, 2024

남찬원 외,『옛 관청을 품고 있는 마을 김포시 월곶면 군하리 마을』, 경기도 문화유
    산과, 경기문화재단, 김포문화재단, 2016

박세가,『북학의』, 돌베개, 2003

배우리,『또 하나의 생활지도 땅이름』, 마리북스, 2023

성순택,『베일 속의 고대왕국 한성백제』, e퍼플, 2017

신 헌,『심행일기』, 푸른역사, 2010

유홍준,『추사 김정희』, 창비, 2018

윤기묵,『만주 벌판을 잊은 그대에게』, 작가, 2021

윤내현,『한국열국사연구』, 지식산업사, 1998

윤재철,『우리말 땅이름』, 도서출판b, 2019

윤재철,『우리말 땅이름 2』, 도서출판b, 2020

윤재철,『우리말 땅이름 3』, 도서출판b, 2021

이경교,『지명발견록』, 문학수첩, 2024

이경수,『강화도사』, 역사공간, 2016

이경수,『김포역사 인물산책』, 역사산책, 2019

이경수, 『숙종, 강화를 품다』, 역사공간, 2014

이기봉, 『잃어버린 우리말 땅이름』, 새문사, 2021

이기봉, 『천년의 길』, 소수, 2016

이석우, 『겸재 정선, 붓으로 조선을 그리다』, 북촌, 2016

이은영, 『영재 이건창 평전』, 소명출판, 2024

이태호, 『옛 화가들은 우리 땅을 어떻게 그렸나』, 마로니에북스, 2015

이한우, 『조선의 숨은 왕』, 해냄, 2010

임형택, 『이조시대 서사시 1』, 창비, 2013

장주식, 『삼현수간』, 한국고전번역원, 2013

정   민, 『서학, 조선을 관통하다』, 김영사, 2022

정옥자, 『조선 후기 중인문화 연구』, 일지사, 2003

정은주, 『매천 황현 평전』, 소명출판, 2024

최시한 · 강미, 『조강의 노래』, 문학과지성사, 2019

최종규 외, 『김포의 미래, 포구에서 읽다』, 김포문화재단, 2016

최창조, 『한국의 자생 풍수 I』, 민음사, 2011

최창조, 『한국풍수인물사』, 민음사, 2013

하지영, 『천하제일의 문장』, 글항아리, 2021

한명기, 『최명길 평전』, 보리, 2019

한영규, 『창강 김택영 평전』, 학지원, 2024

한영우, 『서경덕과 화담학파』, 지식산업사, 2022

함민복, 『섬이 쓰고 바다가 그려주다』, 시공사, 2020

허경진, 『조선위항문학사』, 태학사, 1997

『삼국사기』『삼국유사』『고려사』『조선왕조실록』

누가 저 강에다 선을 그어 강물을 갈라놓았나
강물이 물길을 거역하여 선을 그었을 리 만무하고
선이라고 띄워놓은 부표마저 떠내려가기 일쑤인데
조강물참 물때가 만든 물길도 모르면서
누가 제멋대로 선을 그어 이 땅을 갈라놓았나